위기를 극복한
리더들의 생각을 읽는다

THINK
LEADER

위기를 극복한

리더들의
생각을 읽는다

크리스토퍼 호에닉 지음 | 박영수 옮김

위기에 대응하는 리더들의 행동력

오늘날 우리에게는 지식이 전략적 재산이고, 과학기술이 주요한 도구이다. 또한 지금과 같은 위기에 리더에게 가장 필요한 능력은 문제를 제대로 짚어내고 해결해내는 기술이다. 엄청난 속도로 밀어닥치는 어렵고 복잡한 문제들을 풀기 위해서는 지식과 정보를 수집하고 선택하고 결정하는 한편, 효과적인 행동을 취해야 한다.

대개의 리더들은 전체를 조망하지 못하고 부분에만 집중한다. 본질이 아닌 부수적인 업무에만 초점을 맞추거나, 기회를 붙잡기 보다는 문제점에만 집중한다.

복잡한 현상 이면에 단순한 원리가 존재하는 것처럼 우리 앞의 위기나 문제가 아무리 복잡하고 어려워 보여도 그 이면에는 단순하고 명쾌한 해결책이 존재한다. 올바른 태도로 접근하고(이노베이터), 지식을 습득하고 (발견자), 관계를 구축하고(의사소통자), 문제해결 과정을 관리하고(선도자), 해결책을 고안하고(창조자), 결과를 이끌어내는(실행자) 것이다.

이 책에서는 위기를 헤쳐 나가는 리더들에게 꼭 필요한 이 여섯 가지 요소를 정의하고 설명하고 있다. 이를 통해 여러분이 가진 능력을 최대한 끌어올리는 데 도움을 주고자 한다. 문제가 어렵고 방대하고 복잡할수록, 또한 지금 처한 환경이 빠르게 변하고 경쟁적일수록 더욱 중요해지는 이 요소들은 20여 년에 걸친 연구를 통해 도출해낸 것이다. 30여 개의 흥미로운 사례 연구를 바탕으로 노벨상 수상자와 사회사업가, 연구원, 농구 코치와 예술가까지 다양한 분야의 리더들을 망라하고 있다.

이 책에서 다룬 본질적 기술들은 사실 우리 내부에 잠재되어 있다. 이 잠재된 능력은 개인과 집단의 성과를 올리기 위해 발견되고 공유되고 계발되어야 한다. 리더들의 행동력도 바로 거기에서 나온다.

여러분을 모험의 세계로 초대한다. 위기에 봉착했을 때, 문제에 부딪쳤을 때, 꼭 필요한 이 여섯 가지 능력을 이해하고 적용하고 널리 전파하기 바란다.

– 크리스토퍼 호에닉

CONTENTS

섀클턴의 모험에서 배우는 희망

1915년 10월 24일 오후 6시 45분, 어니스트 섀클턴 경^{Sir. Ernest Shackleton}은 뒤를 돌아보기 시작했다. 그는 6개월 전 남극권의 관문인 사우스 조지아 섬의 포경기지를 출발한 이후, 16,000킬로미터 이상을 항해해왔다. 그러나 지금은 나무 배 한 척에 의지해 27명의 대원들과 함께 얼어붙은 바다에서 표류하고 있다.

섀클턴은 두 번이나 세계 최초로 남극에 도달하려는 시도를 했었다. 하지만 두 번 다 실패했다. 한 번은 목표지점에서 160여 킬로미터 떨어진 곳까지 도달했지만 말이다. 비록 남극점 정복의 영예는 실패했지만 그는 포기하지 않고 새로운 목표를 세웠다. 남극 대륙을 횡단하기로 한 것이었다. 기나긴 여정이었고 처음에는 바다를 건너, 그 다음에는 개 썰매를 타고 대륙을 이동해야 했다. 역사상 처음으로 이 위업을 달성할 수 있는 절호의 기회였다. 기온은 영하 34도로 떨어졌고 바람은 시속 320킬로미터로 불었다. 그런데 이때 너무나도 끔찍한 일이 벌어지고 말았다. 그들이 타고 있던 배, 인듀어런스호가 부빙(바다 위를 떠다니는 얼음 덩어리) 사이에 갇혀 버린 것이다. 통신 수단도 없었고, 구조를 요청할 수도 없었다.

게다가, 얼음의 압력이 천천히 배를 조여왔다. 배는 빠르게 가라앉았고 새클턴과 대원들은 오도가도 못하게 되었다. 겨울은 다가오고 있었고, 구조되거나 살아서 돌아갈 수 있다는 희망은 거의 없었다.

지금은 널리 알려진 이 새클턴의 모험에는 한 가지 아이러니가 있다. 그것은 바로 새클턴이 목적지에는 한 번도 도달한 적이 없다는 사실이다. 그는 배가 출발한 뒤 2년 동안 상상도 할 수 없는 조건에서 빙산, 그리고 극지방의 겨울과 싸우며 보냈다. 이 모험의 끝에서, 그는 대원들과 함께 구명보트 한 척에 몸을 의지한 채 수천 킬로미터를 항해하여 살아남았다. 놀라운 것은 원정대 전체가 생존했다는 사실이다.

새클턴의 이야기를 서두에 꺼내는 이유는 바로, 새클턴의 모험이 오늘날의 위기와 문제를 헤쳐 나갈 수 있는 용기와 지혜를 배울 수 있는 아주 좋은 사례이기 때문이다. 모든 문제는 상황 A에서 B로 향하는 모험이고, 모든 모험은 지점 A에서 B로 이동하는, 해결해야 할 문제이다. 문제를 해결하는 것은 출발지에서 목적지까지의 여정에 비유할 수 있다. 그것은 두려울 수도 있고 유쾌할 수도 있으며, 성공할 수도 있고 실패할 수도 있는 미지의 세계로 진입하는 모험이다.

우리는 새클턴의 모험을 실패로 생각할 수도 있다. 새클턴은 미흡한 계획과 극지방의 빙하 유형에 대한 불충분한 지식, 그리고 부실한 장비로 고생했다. 새로운 모험을 꿈꾸고 시도하기 위해 2년을 보냈지만, 결국에는 목적지에 가까이 가지도 못했고, 출발점에조차도 도착하지 못했다! 겨우 살아서 고향에 돌아온 그런 사람을 어떻게 생각해야 하는가? 오늘날의 결과 지향적인 사회에서 경영자나 프로젝트 지도자가 그런 기록을 가졌다면 성공했다고 말할 수 있을까?

하지만 섀클턴은 전설적인 인물이 되었다. 그의 모험이 왜 세대에 세대를 거치면서 계속 회자되고 있는 것일까? 그의 경험이 왜 그렇게 포괄적으로 연구되고 분석되며, 미술 전시회와 TV 특별 프로그램뿐만 아니라 경영학 교실과 경영 서적에 이르기까지 모든 곳에서 다루어지고 있을까? 이는 많은 사람들이 그의 실패를 성공으로 생각한다는 것을 보여준다. 섀클턴은 불가능한 장애물을 뛰어넘었고 살아남아 그것을 입증했다. 그는 긍정적이고 건설적인 태도를 보여주었고, 대원들에게 비길 데 없는 충성과 헌신을 보여주었으며, 살아남기 위해 끊임없이 혁신했다.

성공이냐 실패냐에 대한 논쟁을 넘어서서, 그의 이야기를 듣는 사람들은 그의 인간적 성취에 끝없는 찬사를 보낸다. 루스벨트는 그것을 이렇게 표현한다.

"탐험의 정신을 보여주는 사람은 강인한 사람이 어떻게 실패할 수 있는지를 지적하는 사람도 아니고, 그 수를 세는 비평가도 아니다. 보다 나은 결과를 얻어낼 수 있었을 장소를 이야기하는 사람은 더욱 아니다. 그 영예는 실제로 그 영역에 있는 사람, 자신의 얼굴이 먼지와 땀 그리고 피로 더럽혀진 사람, 용감하게 분투하는 사람, 실패를 딛고 계속 노력해도 목표에 못 미치는 사람에게 돌아간다. 실수 없는 성공은 없기 때문이다. 그리고 또 실제로 그 행동을 하기 위해 노력하는 사람, 위대한 열정을 아는 사람, 가치 있는 목적을 위해 헌신하는 사람, 가장 좋게는 결국 위대한 성취를 이루어낸 사람, 그리고 가장 나쁘게는 실패해도 용감하게 맞서며 실패하는 사람의 몫이다."

이 책에는 위기에 맞서 성공한 사람들과 모험가들의 지식과 기술, 즉 삶의 태도, 지혜, 성실함, 비전, 도구, 그리고 훈련에 대한 내용들이 담겨 있다. 문제를 해결하고 성공을 추진하는, 여섯 가지 본질에 초점을 맞춤으로써 실용적인 안내서 역할을 할 것이다. 우리는 성공과 실패의 여부에 상관없이 자기 발전을 위한 여행, 분투하고 창조하고 우리의 잠재력을 실현하는 여행을 받아들여야 한다.

사람들마다 이 여섯 가지 특성들을 다르게 갖고 있다. 한두 가지 특성에 강하게 초점이 맞춰진 사람도 있고, 보다 폭넓은 특성을 갖고 있는 사람도 있다. 중요한 것은 이 여섯 가지 특성 중 많은 요소를 가질수록 성공할 가능성이 커진다는 점이다. 성공하는 사람들은 자신의 강점과 약점을 알고 그것을 보완할 사람과 함께 팀을 구성한다. 그들 각각을 합친 것과 같거나 그보다 뛰어난 전체를 창조하는 것이다.

리더의 여섯 가지 유형

1. **이노베이터형_** 올바른 태도로 역사를 새로 쓰고 미래를 바꾼다
2. **발견자형_** 끊임없이 질문하며 올바른 정보를 캐낸다
3. **의사소통자형_** 그들은 소통하는 방법이 다르다
4. **선도자형_** 올바른 목적지로 잘 가고 있는지 리드한다
5. **창조자형_** 전략과 전술에 적합한 팀을 만든다
6. **실행자형_** 직관에 따라 행동한다

이 책은 '태도'에서부터 '실행'에 이르기까지 완벽한 문제해결 과정을 다룬다. 각각의 과정을 차례로 지나면서 질문을 던지고, 여러분이 이미 알고 있는 것은 직접 시험해보기 바란다.

최고의 리더와 최악의 리더의 차이는 문제해결 요소에 어떻게 집중하고, 그것들을 조화시켜 문제의 본질들을 이해하는지에서 드러난다. 최악의 리더는 자신의 잠재력은 물론 다른 사람들의 잠재력도 깨닫지 못하고 사실상 그것을 파괴한다. 반면 최고의 리더는 자신의 잠재력을 실현할 뿐만 아니라 다른 사람들의 잠재력 또한 창조해낸다.

위기와 문제가 크고 까다로울수록 최고와 최악의 차이는 여실히 드러난다. 진정한 전문가는 언제나 문제의 본질과 비판적 생각에 기초를 둔다. 그러나 대부분의 사람들은 그 본질들을 똑바로 보지 못하기 때문에 곤란한 문제에 빠졌을 때 무척 힘들어한다.

물론, 문제를 해결하는 것이 쉬운 일은 아니다. 많은 리더들이 문제해결 능력을 갖고 있을 수도 있겠지만, 그들이라고 해서 해결책을 도출하는 어떤 묘책이나 만병통치약을 가진 것은 아니다. 누구나 위기를 극복하고 문제를 해결하기 위해 고심하기 마련이다. 다행인 것은 누구나 이 여섯 가지 본질적 요소들에 접근하여 부단히 적용하면 자신의 능력과 영향력을 키울 수 있다는 점이다.

그렇다면, 다시 어니스트 섀클턴으로 돌아와보자. 과연 그는 최고의 리더인가, 최악의 리더인가? 그는 대담한 모험을 감행하고, 관점을 바꿔가며 모든 가능성에 대비했고, 대원들을 위해 목표를 재구성하고, 새로운 요구에 부응하는 능력을 개발했다. 그는 효율성, 혁신, 그리고 적응력을 보여주었다. 그러나 섀클턴을 위대한 인물로 끌어올린 것은 통제할 수 없는 위기에 직면했을 때 발휘된 그의 정신이다. 역설적이게도 그에게 인내, 리더십, 순수한 의지를 심어준 것은 바로 '실패'였다. 실패가 그를 영웅으로, 그리고 궁극적으로 성공한 사람으로 만들어준 것이다.

지금 사회는 모험가를 원한다. 탐험의 의지를 갖고 조직을 이끌 수 있는 사람들을 원한다. 순수함과 지혜, 자립성, 열린 마음, 정상에 오를 수 있는 능력, 그리고 지도에 없는 숲을 헤쳐 나갈 수 있는 인내력 등 모험가의 기질을 갖춘 리더들을 말이다.

이 책의 내용은 어느 분야에서든 적용할 수 있기 때문에, 다양한 목적을 추구하는 다양한 개인들이 유용하게 활용할 수 있다. 직장인은 이를 통해 업무 능력을 향상시킬 수 있으며, 팀의 리더는 이를 프로젝트의 분쟁을 해결하기 위한 교훈으로 삼을 수 있다. 기업의 대표는 이 생각을 기업 문화와 전략, 그리고 운영에 적용함으로써 경쟁적 우위를 추구할 수 있다.

현재의 위기와 문제, 기회와 가장 관련 있는 분야를 찾고, 그곳에서부터 시작하라. 주변을 탐색하고, 아이디어와 익숙해질 수 있는 시간을 가져라. 천천히 충분히 이해하라. 그러면 빨라진 속도와 효율, 능력을 느낄 수 있게 될 것이며, 어느 정도 책임 있는 위치에 올랐을 때 거칠고 까다로운 문제를 흥미롭게 받아들이게 될 것이다. 결국 다른 사람들을 이끌면서 그들을 지도하고, 가르칠 수 있게 될 것이다.

이것이 바로 모든 위기극복 · 문제해결 여행의 궁극적인 목적지이다.

─ 이노베이터형 ─

올바른 태도로
역사를 새로 쓰고
미래를 바꾼다

태도가 가진 힘은 강력하다. 마음가짐과 신념은 세계와 사물을 보는 관점을 바꾸어줄 만큼이나 힘이 세다. 관점은 우리가 지금 처한 상황과 앞으로의 인생에 대한 전망뿐만 아니라, 무엇을 바꾸고 싶어하는지의 여부와 그 방법까지도 결정한다. 태도의 영역에서는 자신이 지각하고 받아들일 수 있는 세계만 보인다. 같은 곳에 서 있어도 어떤 사람은 구조를 보고, 또 어떤 사람은 빈 공간을 본다. 위협을 느끼는 사람이 있는 반면 기회를 보는 사람도 있다. 아인슈타인은 '신의 뜻'이라는 특별한 관점을 택함으로써 상대성 이론을 발견할 수 있었다고 한다. 그가 던진 질문은 오직 하나였다. "신이 어떻게 우주를 창조했을까?" 이 출발점이 결국 상대성 이론을 만들어냈다.

올바른 태도를 갖는다는 것은 아주 막연하게 들릴 수도 있다. 하지만 위기가 닥치고 문제가 생겼을 때 가장 중요하고 필요한 요소가 바로 '올바른 태도'이다.

그릇된 태도는 위기 속에 숨어 있는 풍부한 기회를 놓치게 하고, 고집만으로도 문제를 해결할 수 있다고 믿게 만든다. 결국 자신의 취약점에 굴복하고, 불필요한 손해를 감수하게 된다. 이에 반해 패배와 의심에 맞서는 올바른 태도는 우리를 이노베이터innovator(혁신가)로 만들어주며, 보이지 않는 가능성을 찾아내고 다른 사람들은 상상도 하지 못하는 방식으로 꿈을 실현할 수 있도록 해준다. 자기 의심의 단계를 넘어 결단과 혁신에 이르도록 해주는 것은 물론, 특별한 방식으로 세계를 바라볼 수 있게 된다. 올바른 태도는 다른 사람들이 실패를 보는 곳에서도 잠재성을 찾아내도록 도와주며, 골짜기에 있을 때에도 산의 정상을 그릴 수 있게 해준다.

유연한 태도와 열린 마음을 갖게 되면 긴장과 모호함을 조절할 줄 알게 되며, 이를 통해 어려운 상황에서도 탄력을 잃지 않고 균형을 유지하면서 새로운 곳을 발견할 수 있게 된다.

미지의 세계를 향한 콜럼버스의 도전

어느 누구도 해안에서 나흘 거리 이상을 항해해 본 적이 없던 5세기 전, 콜럼버스Christopher Columbus는 최초로 대서양 서쪽을 향해 출발했다. 두려움이라는 장벽, 광활한 미지의 대양을 넘어서는 것이 어떤 일인지는 그 누구도 상상조차 못했을 일이다.

하지만 콜럼버스에게는 다른 사람들이 위험을 보는 곳에서 보물을 보고 상업의 가능성을 볼 수 있는 통찰력이 있었다. 콜럼버스는 그것을 진심으로 믿었기 때문에 사람들에게 수없이 거절당하고 극심한 빈곤을 겪으면서도 서반구를 경유하여 아시아로 가는 항해에 대한 소신을 굽히지 않았다. 항해 도중 선원들은 안전을 택하느냐, 부를 택하느냐의 문제에서 갈등을 겪었지만 콜럼버스는 두 가지 모두를 얻을 수 있다는 것을 확신했다. 그는 다른 사람들이 불가능하다고 생각하는 한계를 향해 발을 내딛었고, 결국 그것을 초월해 새로운 세계를 열었다.

콜럼버스 같은 혁신가들은 두려움, 무지, 그리고 잘못된 인식을 극복하고 무한한 가능성을 창조한다. 이들은 그 누구도 상상하지 못한 새로운 여행을 마음에 품는다. 욕망을 잘 조화시켜 새로운 세계와 마주하는 이들은 꿈을 추구하기 위해 용기를 낸다.

비록 이 과정이 계획대로 진행되지 않아도 혁신가들은 세계의 전망을 바꾸고, 그 뒤를 잇는 사람들에게 가능성을 제시한다. 오늘날의 혁신가들은 보건의료 분야에서는 영생을 위한 탐험을 하고, 사업 분야에서는 지구촌을 하나로 만든다. 시민 혁신가들은 가난과 굶주림이 없는 세계를 마음속에 그린다. 그것은 결국 인내력을 가진 영웅적 노력이 필요하다는 것을 의미한다.

올바른 태도는 미지의 세계로 떠나는 두려움을 극복해내는 데 큰 도움이 된다. 즉, 모험을 지지하는 사람들의 사기를 북돋우고 그들로부터 헌신을 이끌어낸다. 또한 시련과 고난 속에서도 끝까지 포기하지 않는 신념과 용기를 주며 개혁을 지속시킨다.

이노베이터는 다양한 관점을 받아들인다

태도가 가진 힘은 강력하다. 마음가짐과 신념은 세계와 사물을 바라보는 관점을 바꾸어줄 만큼이나 힘이 세다. 관점은 우리가 지금 처한 상황과 앞으로의 인생에 대한 전망뿐만 아니라, 무엇을 바꾸고 싶어하는지의 여부와 그 방법까지도 결정한다. 태도의 영역에서는 자신이 지각하고 받아들일 수 있는 세계만 보인다. 같은 곳에 서 있어도 어떤 사람은 구조를 보고, 또 어떤 사람은 빈 공간을 본다. 위협을 느끼는 사람이 있는 반면 기회를 보는 사람도 있다. 이러한 불일치는 사람들 저마다의 신념과 개인적 경험에 따라 만들어진 관점의 차이에서 생기는 것이다. 아인슈타인은 '신의 뜻'이라는 특별한 관점을 채택함으로써 상대성 이론을 발견할 수 있었다고 한다. 그가 던진 질문은 오직 하나였다. "신이 어떻게 우주를 창조했을까?"

이 출발점이 결국 상대성 이론을 만들어냈다. 다양한 관점을 개발하고 다른 관점으로 볼 줄 아는 것은 창조성과 객관성의 근원이다. 고통은 극복해야 할 것일 수도 있고, 응수해야 할 것일 수도 있다. 기쁨은 축하할 일일 수도 있지만 주의를 기울여 판단해야 할 문제일 수도 있다. 위험은 위협일 수도 있지만, 기회일 수도 있다. 희생 또한 동정이 필요할 수도 있고, 도전이 필요할 수도 있다.

우리가 세계를 보는 관점과 그 관점을 통한 여정, 그리고 개인이나 조직의 운명은 비관주의에서 낙관주의, 희망에서 두려움, 낙담에서 열정을 넘나들며 다양하게 나타난다.(표 1) 훌륭한 이노베이터들은 다른 사람들의 눈을 통해 자신의 모습과 문제를 볼 수 있는 능력을 개발한다. 그들은 다양한 관점을 받아들이고 사람, 문제, 의문, 사건, 혹은 상황을 실험할 수 있다.

자신과 다른 사람들의 관점들을 받아들이고, 시험하고, 그중 가장 가치 있는 것을 선택하고, 질문을 통해 유연한 시각을 유지하여 결국 새로운 방식으로 이 관점들을 통합하는 것, 이 모든 것이 이노베이터형 리더들의 강력한 태도를 형성한다.

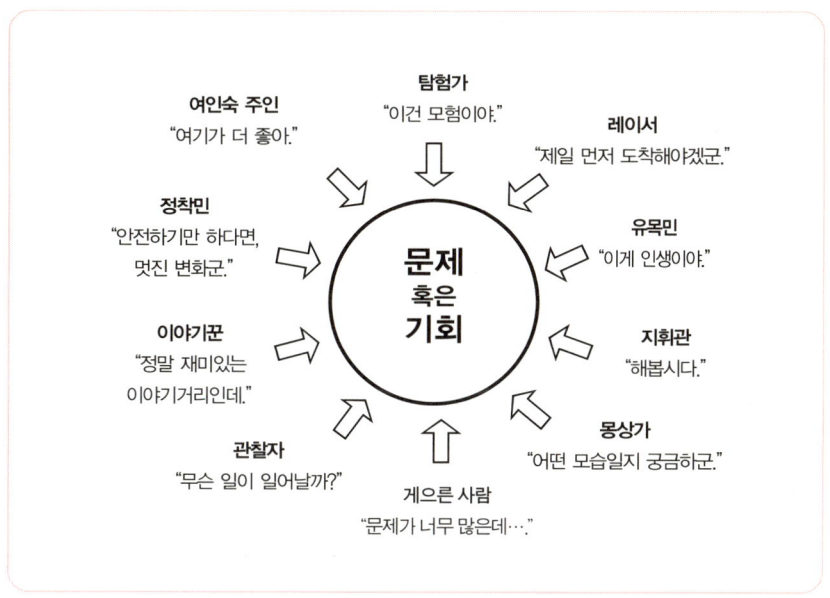

〈표 1〉 문제를 바라보는 다양한 관점

　올바른 태도와 인내심을 동시에 갖출 때 비로소 위기를 극복할 수 있고 문제를 해결할 수 있게 된다. 이노베이터들은 목표가 생기면 그것을 즐기려고 노력한다.

　이 장에서는 이노베이터형 리더들이 어떻게 위기를 현명하게 극복해나가는지 알아보기로 한다.

제프 베조스

열정과 의지로 이루어낸 아마존닷컴의 성공신화

Jeff Bezos

아마존닷컴의 설립자, 제프 베조스^{Jeff Bezos}는 시애틀 교외의 창고에서 인터넷 서점을 시작했다. 사업 초기에는 고객들의 소포를 직접 우체국까지 운송했지만 지금은 우체국에서 직접 12미터 크기의 콘테이너가 달린 트럭을 매일 베조스의 창고로 보낸다. "어떤 일이 벌어질지 미리 예측할 수 있었다면 누구나 뛰어들었겠죠." 베조스는 웃음을 터뜨리며 말한다.

아마존닷컴은 4년이 넘도록 이익을 창출하는 데 실패했기 때문에, 월스트리트에서는 이 회사의 가치를 두고 의견이 분분했다. 1999년에는 매출액 300억 달러의 기업으로 평가했고, 다음 해에는 그에 현저하게 못미치는 금액으로 평가했다. 그리고 그때 당시 많은 닷컴 신화들의 이면에 존재한 활력 없는 시장을 가차없이 폭로함에 따라, 베조스와 재정팀은 투자자들을 설득하기 위해 훨씬 더 열심히 일해야 했다. 아마존닷컴이 낮은 수익을 내는 소매 산업 이상의 의미를 갖고 있다는 것을 직접 보여쥐야 했다. 그러나 베조스는 자신의 비전을 버리지 않았고, 그로 인해 지금은 음악, 비디오, 선물, 약품 등 다양한 소매 산업으로 확장하느라 바쁜 나날을 보내고 있다. 그는 20년 후의 미국에서는 거의 모든 거래가 인터넷을 통해 이루어질 것이라 예상한다. 흥밋거리로 가득 찬 사이버 쇼핑몰은 번영할 것이고 시대에 뒤처지고 낡은 상점들은 파산할 것이라고 베조스는 말한다. "즐비하게 늘어선 쇼핑센터는 이제 과거의 일입니다."

상투적인 말이긴 하지만 성공은 마음속에서 시작된다. 마음속에 무언가를 품을 수 있다면 그것은 언젠가 실현된다. 성공은 다듬어지지 않은 꿈, 정당한 분노, 불안감, 불편함 혹은 단순한 영감에서 시작된다. 마음으로 받아들이고 분석하고, 그것이 가져올 위험과 보상을 생각해보라. 그리고 결정을 내려라. 이제 당신은 첫 발을 내딛은 것이다. 일단 시작하면, 세상이 당신과 함께 변하기 시작할 것이다.

절대, 절대, 절대로, 포기하지 않는 태도

1994년 베조스는 웹이 성장할 것이라는 글을 읽고 기회, 즉 성공할 수 있는 사업 아이템을 조사했다. 베조스는 이렇게 말한다. "나를 깨워준 신호는 웹 이용자가 매년 200~300퍼센트 증가하고 있다는 글이었죠." 베조스는 인터넷을 통해 잘 팔릴 것 같은 상품 스무 가지를 생각해냈고, 거기에 두 가지 기준을 적용했다. 고객에게 실제로 가치를 부여하는 상품이어야 하고, 인터넷이 없으면 효과적으로 팔릴 수 없는 상품이어야 했다. 책, 음악, 잡지, 옷, 컴퓨터, 소프트웨어 등을 메모한 그는 치밀한 생각과 세분화된 경쟁적 시장 조사를 통해 책과 음악으로 줄여나갔고, 결국에는 책으로 결정했다.

베조스는 성공할 수 있다고 확신했고, 결단을 내렸다. 이것은 단지 직업을 바꾸는 문제가 아니었다. 베조스의 상사는 떠나지 말라고 만류하며 그가 겪게 될 치열한 경쟁과 재정적 위험에 대해 충고했지만, 베조스는 아내와 함께 짐을 싸서 서쪽으로 향했다.

상대방은 당신의 표정과 목소리에서 그 힘을 본다. 그것이 진정한 것인가 하는 문제는 의심할 여지가 없다. 그 과정에서 장애물과 실패를 만났을 때, 당신은 자신을 다시 일으켜 세우고, 고난을 극복하고 결국 승리를 준비할 수 있다. 일단 문제를 해결하는 데 전념한다면, 조용하지만 힘있는 결단의 목소리가 당신을 이끌어줄 것이다. 그 목소리의 진실과 권위에 당신은 이끌릴 수밖에 없다. 당신은 다른 사람들의 거절을 극복하고, 자기 의심을 받아들이고, 안정된 마음으로 다른 사람들보다 한 발 먼저 내딛을 수 있는 정신적 강인함을 길러야 한다.(표 2)

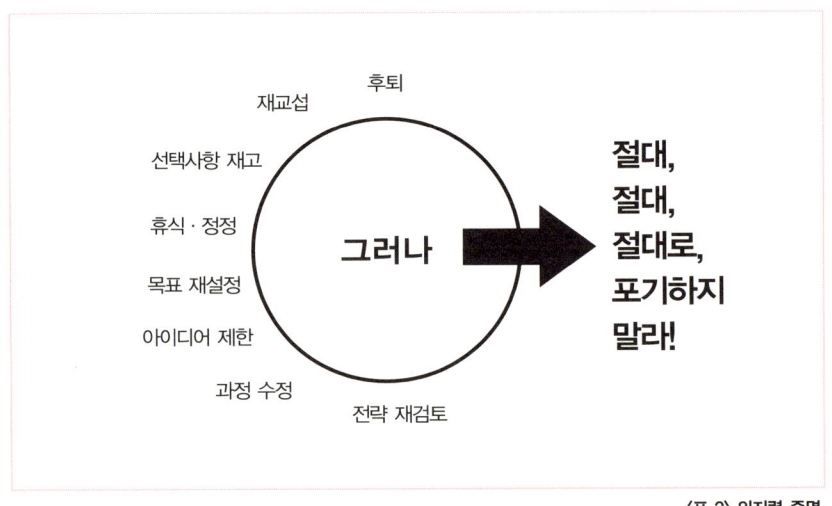

〈표 2〉 의지력 증명

베조스가 새로운 사업을 시작했을 때, 그는 장래 투자자가 될 만한 사람들에게 전화를 걸었다. 출판산업에 관련된 동료 셋은 모두 베조스가 절대 성공할 수 없을 거라고 말했다. 그들은 베조스의 사업계획을 실패로 평가했고 전혀 투자할 가치가 없다고 판단했다. 그럼에도 불구하고 베조스가 포기하지 않고 사업을 추진할 수 있었던 것은 자신에 대한 강한 믿음 덕분이었다.

통찰력과 초점을 잃지 않기 위해 노력하라

베조스는 굴하지 않았고 벤처 투자자들로부터 수백만 달러를 모았으며, 회사명은 '세계에서 가장 큰 강'을 뜻하는 AMAZON으로 정했다. 그가 원래 생각했던 이름은 '카다브라Cadabra'였는데, 그 발음이 '시체 혹은 파산'을 뜻하는 cadaver와 너무 비슷하다고 해서 아마존으로 바뀐 것이었다. 그는 정상, 즉 지구상에 흐르는 가장 큰 '책의 강'이 될 인터넷 서점에 대한 자신의 꿈에 전념했다. 베조스는 아내와 함께 네 명의 직원을 두고 시애틀 교외의 창고에서 사업을 시작했다. 전선 코드가 비좁은 공간을 뱀처럼 휘감고 있고 그 한가운데는 난로가 있었다. 그들은 가구가 도착하기도 전에 소프트웨어를 만들었다.

베조스를 생각하면 한때 윈스턴 처칠이 했던 이야기가 함께 떠오른다. 어느 날 처칠이 대학 학위 수여식 연설에 초청을 받았다. 2차 세계대전이 끝나고 몇 년이 지난 때였고, 처칠은 이런 암흑의 시기에 전설적인 리더십을 발휘하고 있었다. 그는 젊은 청중 앞에 나아가서 그들을 현명하고 깊은 눈으로 바라보았다. 침묵이 흘렀다. 그는 군중을 천천히 바라보며

고조된 억양으로 말했다. "절대로… 절대… 절대… 절대… 포기하지 마십시오." 여기까지 말하고 그는 앉았다. 단 여섯 마디였지만 학생들에게는 절대로 잊을 수 없는 연설이었다.

이런 정신으로 베조스는 여전히 큰 목표를 주시하고 있다. 그는 주가 변동에는 신경쓰지 않는다. "나는 주위 사람들에게 말합니다. 지금부터 5년 뒤 우리가 얼마만큼의 가치를 창출할 수 있는지 생각해보라고요. 우리가 실제 5년 뒤에는 주가에 영향을 미칠 것이기 때문이죠. 지금은 비록 내일의 주가도 통제할 수 없지만 말입니다." 비록 지금은 이윤을 창출해야 한다는 압력을 받고 있지만 그는 공격적인 광고와 내재적인 투자라는 자신의 전략이 정말로 중요한 것이라고 확신한다.

"이렇게 말하는 사람들도 있겠죠. '새로운 것을 도입해 지금 당장 돈을 벌고 그 이익으로 성장할 수 있다면 좀더 안심이 되겠군.' 우리는 그것은 근시안적인 전략이라고 생각합니다. 우리의 비전을 믿지 않는 사람들에게 나는 우리 주식에 투자하지 말라고 말하죠." 베조스가 수십 가지 상품을 다루는 지속적인 브랜드를 창출하고 그 목록과 거대한 소매 활동의 분배경제학을 관리할 수 있을지, 아니면 전체 계획이 너무 커져 무게를 버티지 못하고 붕괴해버릴 것인지가 결국은 궁극적인 질문이다.

베조스는 통찰력과 초점을 잃지 않기 위해 노력한다. "우리는 고객의 경험을 토대로 하여 기준을 매우 높게 잡고 있습니다. 그리고 우리는 다른 어떤 회사보다 더 빨리 성장하고 있습니다. 노력이 아주 많이 필요한 일입니다. 물론 우리는 다른 방향으로 가지는 않을 겁니다. 우리는 작은 방식으로, 그리고 그것보다 약간 큰 방식으로 세계를 바꾸고 개선하려고 노력하고 있기 때문이죠. 쉽지는 않을 것입니다. 어려운 일이죠."

베조스는 대부분의 사람들이 진가를 발견하지 못하는 부분에서 개혁을 한다. 영감은 쉬운 부분이다. 어려운 것은 얼마 안 되는 최고의 생각을 찾기 위해 조사하는 일이다. "아이디어는 중요합니다. 하지만 그것은 상대적으로 쉬운 것이죠. 백 가지 아이디어들의 목록에서 서열을 매기고 실제로 행동에 옮길 세 가지를 고르는 것, 그것이 정말 힘든 일이죠."

'사이버'라는 새로운 영역에 도전한 전형적인 이노베이터, 제프 베조스는 아마존닷컴의 기술적 정교함과 인터넷 사업 전략뿐만 아니라, 열정으로 미개척 분야에 도전함으로써 끊임없는 불신과 역경을 극복해냈다.

그는 항상 웃음을 잃지 않는다. "열심히 일하라, 즐겨라, 그리고 역사를 만들어라"라는 아마존닷컴의 모토는 모험을 꿈꾸고, 모험을 시작하고, 결국에 어떤 결과가 오더라도 부단히 노력하는 열정과 헌신을 보여주고 있다.

위기는 곧 기회다!

위기에서 기회를 찾아내는 것은 단지 시작일 뿐이다. 진정한 이노베이터라면 숨어 있는 잠재력을 깨닫는 데 전념해야 한다. 이노베이터에게는 몇 가지의 일을 했는가보다는 최소한의 열정과 노력으로 얼마나 많은 결정을 내렸는가가 중요하다. 물론, 바쁘게 움직였는데 성과가 나지 않을 때처럼 힘든 상황은 없다. 당신은 모든 장애물을 극복할 수 있을 만큼 강한 열정을 가져야 한다. 그렇지 않으면 필시 기술적으로 방심했던 문제의 희생물이 될지도 모르고, 궁지에 몰리거나 혹은 지쳤다는 이유로 결국 기회를 놓치게 될지도 모른다. 중간 목표가 수정될 수도 있고, 과정이 우회로를 포함하고 있을지도 모르지만, 이노베이터형 리더들은 결국 중요한 일을 성취해낸다. 정말로 불가능한 일이라고 판명되면, 그들은 새로운 영역이나 프로젝트로 이동하는 데 주저하지 않는다. 그리고 그곳에서 다시 한번 성공을 향한 열정을 보여줄 것이다.

행동하는 이노베이터

당신 자신의 내면에서 들려오는 조용한 목소리를 듣기 위해 시간을 내라. 혼자 있을 수 있는 장소를 찾아라. 이미 무언가에 전념할 것을 찾았고 지금도 전념하고 있다면, 축하한다. 지금 전념하고 있지 않다면 다시 시작하라. 전념할 것을 찾지 못했다면 가능성을 찾아 탐험하라. 그리고 끝냈을 때 당신 내면에서 들려오는 소리를 몇 문장으로 적어두어라. 다른 누군가를 위해서가 아니라 당신 자신만을 위해서. 그리고 그것을 지갑에 넣어 가지고 다녀라. 상황이 어려워졌을 때 그것이 당신의 열정을 되찾아줄 것이다.

비자카드

유쾌하고 즐겁게 일하지 않으면 미래도 없다

Dee W. Hock

비자 인터내셔널Visa International을 1조 달러 이상의 수익을 내는 기업으로 변화시킨 디 호크Dee W. Hock는 올바른 태도에 대해 이렇게 정의한다. "기분을 풀고 느긋한 마음을 가지십시오. 모든 사건 중 심각한 일은 엄청난 웃음과 함께 합니다. 이것은 우주의 법칙만큼이나 아주 정확합니다. 심각하고 어두운, 그리고 무거운 행동을 하는 사람들로 꽉 찬 그룹에서는 어떤 일도 일어날 수 없습니다."

처음 신용카드 혁명이 시작되던 30여 년 전 호크는 시애틀의 은행가였다. 지금은 전세계에서 전자거래가 리듬을 타고 활발하게 진행되고 있지만 그 당시의 결제 수단은 현금 또는 수표, 이 두 가지 뿐이었다. 비자는 10,000퍼센트 이상 성장했고 여전히 해마다 20퍼센트씩 확장하고 있다. 전세계에 5억만 명이 넘는 고객이 있으며 수익은 1조 달러가 넘는다. 비자는 도처에 존재한다.

호크는 비즈니스 명예의 전당에 올랐고 〈머니Money〉가 선정한 '지난 25년 간 우리 삶의 방식을 가장 많이 바꾼 여덟 명' 중 한 명으로 뽑혔다.

다른 이노베이터들과 마찬가지로, 호크의 문제해결 방식은 아주 새로운 것이었다. 그의 말에 따르면, 전통적인 문제해결 방식은 결핍에 기인하고 있으며 너무 직선적이다. 그것은 사람들에게서 새로운 개념을 생각하는 능력을 박탈한다. 효율적인 문제해결 방식을 위해서는 기회 지향적이고 전략적이어야 하며, 직선적이지 않아야 한다. 어려운 문제가 닥쳤을 때 그것을 푸는 자신만의 방법을 정의해달라는 질문에, 호크는 잠시 당황했다. "음, 그것은 즐거운 마음으로 일하는 태도라고나 할까요? 놀이를 하는 듯한 마인드요. 그 어떤 것에도 고정된 모습으로 접근하지 않는 어린아이처럼 말입니다."

비자 인터내셔널의 디 호크와 신용카드에 대한 이야기는 실제 이노베이터형 리더들이 잠재력의 장을 어떻게 개척하는지를 보여준다.

"위기가 커질수록 기회도 커진다고 생각했다!"

비자의 이야기는 비자가 존재하지 않을 때부터 시작된다. 1960년대 말, 초기 신용카드 산업은 통제불능의 상태였다. 은행은 부정행위와 기계 고장으로 수천만 달러의 손실을 봤다. 〈라이프Life〉는 플라스틱 날개를 달고 태양을 향해 날아가는 이카루스를 은행에 빗대어 표지에 싣기도 했다. 아래쪽에는 손실을 상징하는 붉은 바다가 있고 은행들은 날개가 녹아버려 그 안으로 빠져들고 있었다. 아메리카은행Bank of America은 교환지불 체계와 허가 문제를 조사하기 위해 오하이오주 콜럼버스에서 회의를 개최했다. 100명이 넘는 은행가들이 호텔 회의실을 꽉 채웠고, 회의장은 금세 독설과 삿대질이 난무하기 시작했다. 결국 점심 시간 동안 휴회하고 사람들이 돌아왔을 때, 호크가 앞에 섰다. 그는 은행가들이 문제라고 여긴 것을 기회로 바꿨다.

호크는 아메리카은행의 문제를 해결하기 위해 일곱 명의 영구적인 패널을 제안했다. 함께 한다면 효과를 볼 수 있다, 이것이 호크의 생각이었다. 위원회를 만들자는 생각은 참신한 아이디어는 아니었지만, 오전 내내 의견이 분분했던 은행가들은 호크의 제안을 듣고는 너무 기뻐하며 호크를 위원회 의장으로 선출했다.

혼돈을 보면서 호크는 바로 이용할 수 있는 기회를 만드는 것이 중요하다는 것을 깨달았다. 호크는 동일한 문제를 가진 사람들이 모두 같은 방에 있다는 사실을 이용해서 그들을 협력할 수 있도록 도왔다. 그는 새로운 질서를 만들어낼 기회를 잡았고 먼저 시작했다. 그 과정에서 결과에 대한 위험과 책임도 감수해냈다. 호크가 추진한 것은 '세계 공통의 화폐'라는 단순한 전망이었고, 이를 성취하기 위해 전념했다. 호크와 직원들이 아메리카은행의 관리들과 협상하기 위해 나타나면 사람들은 이렇게 외치곤 했다. "혁명가들이 온다!"

몇 주 뒤 호크는 손실이 수천만 달러가 아니라 수억 달러인 것을 알았다. 문제는 생각했던 것보다 훨씬 심각했다. 그때 호크는 이렇게 말했다. "갑자기 흙 속에 파묻혀 있는 다이아몬드처럼 그것이 반짝였습니다. 조직에 대한 새로운 개념과 그것을 실현시킬 수 있는 적합하고 유력한 발판의 필요성 말입니다."

어떻게? 어떻게? 어떻게?

대부분의 사람들은 고등교육을 받지 못했다는 것을 약점으로 여기지만 호크는 강점으로 활용했다. 그는 주로 산에서 혼자 공부했고, 고독을 좋아하며 부끄러움을 많이 타던 소년이었다. 이러한 성향이 후에 사려 깊은 태도와 이노베이터의 세계관을 갖는 데 토대가 되어주었고, 전통적인 교육에 지배받지 않았기에 다재다능한 사람이 될 수 있었다. 호크는 역사, 경제학, 정치학, 과학, 철학 등 분야를 가리지 않고 많은 것을 배우고 흡수했다. 이렇게 호크는 그의 경력 전반에서 새롭고 창조적인 방법으로 지식을 조화시켰다.

호크는 새로운 조직을 고안하기 위해 또 다른 전문위원회를 구성했다. 호크와 엄선된 세 명의 동료들은 캘리포니아 소살리토의 호텔에 묵으며 일주일 동안 고심했다. 호크는 그 일주일의 회의를 위해 한 가지 규칙을 만들었다. 그것은 어떤 문제점도 논의하지 않고, 오직 원리만 고안한다는 것이다. 이 방법으로 위원회는 취약점을 마치 강점인 것처럼 논의할 수 있었다. 도출된 원리가 그들이 추구하는 전망에 부합하면 호크는 그 것을 이론화했고, 이 과정에서 문제에 대한 해답은 저절로 드러났다.

열두 개 정도의 원리가 도출되었다. 이 중에는 모든 참가자(은행)들이 공정하게 소유해야 한다는 개념과, 권력이 '최대한으로' 분산되어야 하고, '무한히 융통성이 있어야 하지만 또한 아주 견고해야' 한다는 생각도 포함되었다. 위원회는 새로운 뱅크아메리 카드 National Bank-Americard Inc., 즉 현재의 비자를 창조해냈다. 호크는 비자의 사장으로 고용되었고, 카드 사용을 일상적이고 평범한 일로 만들었다.

은행, 돈, 그리고 신용카드라는 개념을 다시 정착시키기 위해 호크는 은행 문화가 가진 한계를 극복해야 했다. 그는 돈이란 "가치 없는 종이와 금속 위에 기록된, 알파벳과 숫자로 이루어진 정보에 불과하다"라고 믿었다. 그것은 이제 전자와 광자의 형태를 지닌 정보로 대체될 것이며, 대단히 적은 비용을 갖고 빛의 속도로 전세계를 누비리라 확신했다.

또한 호크는 그 정보를 세계적으로 최고로 보장하고 교환할 수 있는 조직이라면 사람들이 믿기 어려울 정도의 큰 시장을 갖게 될 것이라고 믿었다. 다시 한번 호크는 기존의 은행 사회와 구조적인 한계를 극복해야만 했다. 호크는 이렇게 회상한다. "나는 전세계 은행들의 자원을 모두 계산해봤습니다. 그 합계는 대부분의 국가의 자원과는 비교도 안 될 정도로 풍부했습니다. 함께라면 할 수 있다는 얘기였죠. 문제는 '어떻게' 하느냐 였습니다."

은행의 최고경영 이사진으로 구성된 위원회에 권한이 부여되었다. 독점을 막기 위해 투표 체계도 만들었으며 거대 은행들은 소규모 은행들에게 집단적으로 공격할 수 없었다. 즉, 같은 이해관계를 가진 은행들이 다른 입장의 은행에 적대적 입장을 취할 수 없었다. 경쟁과 협력 중 하나를 택하는 대신에 호크는 두 가지의 완벽한 혼합을 택했다. 은행은 여전히 서로의 고객을 끌어오기 위해 경쟁할 수 있었지만, 상점에서 통용되는 카드를 발급하는 데 있어서는 특정 기준에 동의해야만 했다.

비자는 날로 성장했고 1999년에는 약 1조 7천억 달러의 서비스와 상품이 비자카드로 구매되었다. 약 300개의 국가와 1천 6백만 곳 이상의 장소에서 800종류 이상의 비자카드가 사용되고 있으며, 시장점유율 55퍼센트라는 수치는 비자가 모든 경쟁사들을 합친 것 이상으로 널리 사용되고 있음을 설명해주고 있기도 하다.

비자에서는 오래 전에 은퇴했지만 호크는 여전히 새로운 것을 시도하고 있다. 그는 혼돈chaos과 질서order를 혼합한 혼돈질서chaordic의 개념에 대해 《카오딕 Birth of the Chaordic Age》이라는 책을 저술했다. 호크는 이렇게 말한다. "저는 순수하게 즐거움을 위해 이 일을 합니다. 그것을 계속하지 않는다면 미래는 없다고 생각하기 때문이죠." 그리고 호크는 분명 그의 첫 번째 '혼돈질서'와 그것을 실현하도록 도와준 사람들을 자랑스러워한다. "올바른 환경에서는 아주 평범한 사람들도 꿈, 결정력, 그리고 시도할 수 있는 자유만으로도 뛰어난 능력을 발휘할 수 있습니다."

행동하는 이노베이터

논쟁을 일으킬만한 문제를 선택하여 동료들과 함께 5분 동안 의심게임을 해보라.
그 문제에 대해 의심할 수 있는 모든 것을 기록하거나 논의하라. 그것을 해결하기 위해 할 수 있는 일은 무엇이 있을까? 그것이 정말 문제일까? 그것이 문제라고 해도 노력할 가치가 있는 것일까?
이어 5분 동안 믿음게임을 해보라.
게임이 끝난 뒤, 이 훈련을 통해 관점이 바뀐 사람이 있는지, 어떻게 바뀌었는지, 그리고 새로운 정보나 생각이 도출되었는지에 주목하라. 종합적인 관점을 도출할 때까지 의심과 믿음을 반복해보라.

토니 모리슨

역경을 딛고 자신의 약점을 강점으로 바꾸다

Toni Morrison

노벨문학상 수상 작가 토니 모리슨^{Toni Morrison}은 있는 그대로의 경험, 극심한 고통, 그리고 솔직하게 드러난 약점에서부터 이야깃거리를 생각해 낸다. "저는 보통 고통스러운 이미지, 사건, 관찰, 정신적 질병과 불안에 반응합니다. 그것은 진지한 문제죠." 이런 생각들이 모리슨의 머릿속에서 떠나지 않으면 그것은 책으로 쓸만한 가치가 있는 것이다.

"그것들이 계속해서 나를 따라 다니는 것처럼 느껴지면 메모지와 연필을 꺼냅니다. 그리고 무슨 일이 일어나는지 보는 것이죠." 이제 그녀는 자신의 고통과 약점을 찾아 떠난다.

1993년 모리슨은 흑인으로는 처음으로, 여성으로는 여덟 번째로 노벨문학상을 수상했다. 모리슨은 자신의 작품이 자전 소설이 아니라고 끊임없이 말해왔지만 작가는 자신의 삶과 환경, 그리고 관찰해온 결과를 글속에 녹여내기 마련이다. 미국 노예제도의 추한 역사와 인종주의의 상처를 묘사하며 모리슨은 역경을 딛고 약점을 강점으로 바꾼다. 모리슨의 글은 사람들이 스스로의 상처를 드러내고 치유하는 것을 돕는다.

다소 문학적으로 말하면 취약성은 인간다움의 속성이다. 우리가 어린 아이처럼 약할 때에는 다른 사람들에게 깊은 상처를 받기도 한다. 좀더 솔직하게 말해, 이런 취약성은 완전히 사라지지는 않는다. 누구나 내면에 아픈 기억을 담고 있기 마련이다. 인간의 진정한 힘과 영향력은 상처를 인정하는 것에서부터 나온다. 만일 당신의 힘이 상처를 인정하는 토대 위에 세워지지 않았다면, 사실 당신은 무력한 사람이다. 단지 그것을 깨닫지 못하고 있을 뿐이다.

"차별없는 세상을 꿈꾸었어요"

토니 모리슨은 글을 쓰기 시작하면서 한 가지 목표를 세웠다. "처음에 제가 쓰고 싶은 것은 단 한 가지였어요. 사회에서 가장 약하고 무력한 존재인 흑인 여성과 아이에 대한 차별을 없애고 싶었죠. 인종차별에 희생받는 사람들의 모습을 쓰고 싶었어요. 그것은 사람들에게 정말 해로운 일이죠. 공동체나 가족의 도움이 없으면 정신적인 죽음이나 자기 혐오, 또한 끔찍한 사고들을 일으킬 수도 있었으니까요." 이것이 그녀가 말하고자 했던, 그리고 그렇게 함으로써 제거하고자 했던 자신의 상처였다.

모리슨의 풀리처상 수상작 《빌러비드 Beloved》는 자신의 딸을 평생 노예로 살게 할 수 없어 어린 딸의 목을 조르는 비통한 내용을 담고 있는 소설이다. "저는 제가 누구보다 노예제도에 대해 많이 알고 있다고 생각했어요." 모리슨은 소설을 쓸 당시의 개인적 경험에 대해 설명한 적이 있다.

"하지만 제가 찾고 싶었던 것은 내면적인 삶이었죠." 그것은 무서운 일이었다. "머리로는 노예제도를 상상할 수 있었지만, 그것을 진정으로 이해하는 것은 무서운 일이었어요. 내면으로 들어가야 했죠. 배우들이 하는 것처럼요. 저는 제 아이가 노예가 되는 것을 상상하고 느껴봐야만 했어요."

오프라 윈프리는 모리슨의 소설을 처음부터 끝까지 읽고, 자신의 아파트에서 서성이면서 책을 들었다 놓았다 했다. '내가 저것을 읽은 건가? 내가 읽었다고 생각하는 것을 정말 내가 읽은 건가?' 깊이 감동받은 윈프리는 모리슨에게 전화를 하고 싶었지만 전화번호를 알아낼 수가 없었다. 그래서 그녀는 소방서에 전화를 해서 그들에게 "토니에게 오프라가 전화했었다고 전화 좀 해주세요"라고 말했다. 윈프리는 그 책을 영화로 만들고 싶어했고, 결국 만들었다. 윈프리는 영화에서 자랑스러운 노예 세드 역을 맡았다.

윈프리는 《빌러비드》가 '노예제도'라는 상황을 선택하고 그것에 인간의 존엄성을 부여했다고 설명한다. "노예제도는 당신의 몸이 당신의 소유가 아니라는 것을 의미했죠… 당신이 당신을 소유할 수 없다는 것은 노예제도에 대한 이야기를 듣는 것보다 훨씬 무서운 일입니다." 모리슨의 심오한 통찰력은 독자들에게 퍼져나가면서 책의 여주인공과 함께 강인함과 자부심은 물론 약점도 드러냈다.

상처는 우리의 가장 강한 모습의 이면에 숨어 있다. 시각 장애인이 촉각을 발달시키는 것처럼 상처에 반응함으로써 강점을 창조할 수 있다. 그래서 우리는 갖고 싶은 강점과 극복하고 싶은 약점 모두를 갖춘 영웅

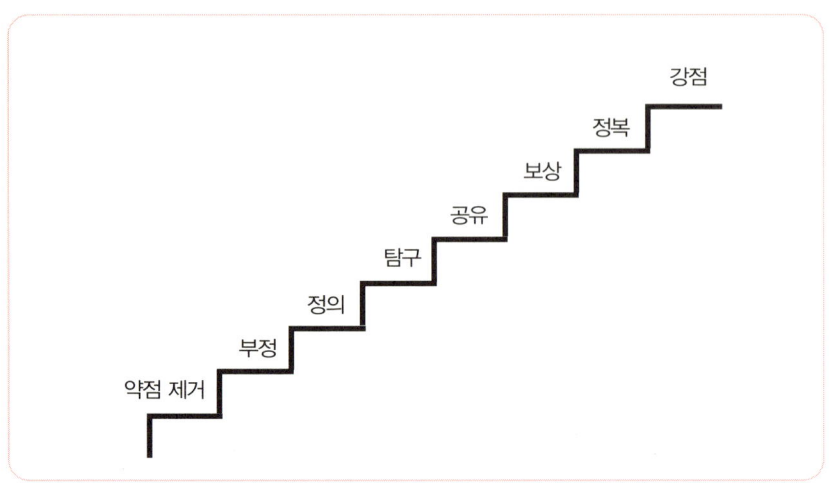

을 선택해야 한다.

이노베이터들도 약점을 갖고 있기 마련이다. 하지만 성공하는 이노베이터들은 그들의 약점에 대응하기 위해 조심스럽게 단계를 밟아간다. 먼저 그들은 약점을 부정하고 제거하려는 노력을 중단하고 약점을 정의하고, 약점의 한계를 알아내고, 약점을 공유하고 보상하면서 계속 전진한다. 최고의 이노베이터들은 약점과 그것을 극복하려는 분투를 높이 평가한다. 이렇게 할 수 있을 때, 다른 사람들에게 영감과 혁신의 불을 지필 수 있는 위치에 설 수 있게 된다.

이야기의 힘으로 노벨문학상을 거머쥐다

가장 큰 용기는 약점을 드러내고 초월하는 것이다. 그 방법이 자신의 약점을 비웃고 단점을 인정하는 것이든 아니면 단순히 도움이나 조언을 청하는 것이든 간에, 당신은 진보를 위해 마음을 개방해야 한다. 장애를 극복한 사람들의 용기는 우리에게 교훈을 준다. 이들은 언제나 영웅으로 기억된다.

토니 모리슨은 대공황기에 클리브랜드 근처에서 클로이 앤터니 워퍼드라는 이름으로 태어났다. 아버지는 선박용접공이었고 외할아버지는 소작인이었다. 모리슨은 고통스러운 유아기를 보냈다. 모리슨이 아기였을 때, 그녀의 가족은 한 달에 4달러 하는 임대료의 지불기일을 지키지 못한 적이 있었다. 집주인은 가족들이 집안에 있을 때 집에 불을 질렀다. "그건 정말이지 병적인 광란이었어요. 정상이 아니었죠. 당신이 직접 그 일을 겪었다고 생각해 보세요. 정말 끔찍할 겁니다. 당신의 목숨이 그 정도 가치밖에 안 되다니…. 한 달에 4달러, 그것으로 감자튀김처럼 태우려 하다니요."

모리슨은 그 상황에서 그들이 대처할 수 있었던 유일한 방안을 말했다. "우리는 집주인을 비웃었어요. 정말 기념비적인 잔인함이라고요. 이런 식으로 다시 우리 자신을 추스릴 수 있었습니다… 그게 바로 웃음의 힘이죠. 웃음을 다시 찾으세요. 삶을 다시 찾을 수 있을 겁니다. 다시 평상심을 찾게 되죠."

모리슨은 강력한 언어로 사회구조의 약점을 폭로하고 결점을 보완하여 이야기를 풀어내는 데 탁월했다. 그녀의 태도를 당신의 비즈니스에 적용하는 것은 그다지 어려운 일이 아니다. 일단 당신의 약점을 정직하게 살펴본 뒤 드러내면 진정한 강점이 나타난다. 당신은 약점과 강점을 포함한 당신의 본래 모습을 알 수 있고, 당신이 새롭게 발견한 강점을 통해 당신 자신, 조직, 그리고 사회에 공헌하는 방법을 알 수 있다.

모리슨도 자신이 속한 흑인의 강점을 새롭게 이해했다. 그녀는 300년간 흑인들이 미국에서 어떻게 살아왔는지를 보여주는 〈블랙 북 The Black Book〉을 편집했다. 그녀는 이 책을 통해 흑인들이 역사의 많은 부분을 차지했던 것을 알리고, 지금 세대와 자라나고 있는 흑인 세대들을 도울 수 있는 저항 정신, 우수함과 성실함의 자질을 인정하고 보존하고 싶었다고 설명한다. 사진과 신문기사, 특허 등을 조사하면서 모리슨은 새로운 영웅들을 발견했다. 그녀가 자라면서 아버지에게 들어왔던, 노예제도와 인종차별을 극복하기 위해 흑인들이 이룬 업적에 대한 이야기는 사실이었다.

　"1941년 이래로 느껴보지 못했던 자신감이 회복되는 것 같았어요. 1941년은 아버지가 비행기와 전기 그리고 신발을 발명했던 흑인들의 이야기를 해주신 때였죠. 그런데 그것이 스파이크 해리스 Spike Harris 의 특허 모음집에도 있었어요. 방한용 털신 말이에요. 그리고 비행기 또한 1900년 존 피커링 John Pickering 에 의해 등록되어 있었어요."

　모리슨의 전기를 쓴 작가는 이렇게 이야기한다. "모리슨은 가족사와 이야기를 풀어나가는 방식 사이에서, 그리고 흑인의 역사와 그녀 자신의 정체성 사이에서 서로를 보완할 수 있는 관계를 발견했습니다."

　토니 모리슨의 작품들은 극복할 수 없는 것처럼 보였던 약점들과 숨어 있던 강점들을 생생하고 세련된 방식으로 드러낸다. 그 모든 것이 이야기로 되살아난다. 모리슨은 사회구조의 도덕적인 약점을 시험하고, 자기 자신의 약점을 탐험하면서, 그리고 자신의 통찰력과 교훈을 희망과 해방, 그리고 자긍심의 문학으로 표현하면서 일생을 보냈다.

취약점에서 강점을 창조하라

우리가 강할 때에는 의지 또한 확실한 것처럼 보인다. 하지만 우리가 약해지면 의지 또한 느슨해짐을 알 수 있게 된다. 강렬한 열정이 있음에도 불구하고 약점과 두려움은 삶을 고갈시킨다. 자신의 취약점을 인정하기 위해서는 무조건적인 거부와 방어하는 태도를 넘어서 가장 인간적인 자신의 모습에 다가가야 한다. 약점을 정확하게 지목하고, 포용하고, 그것을 보완하는 방법과 자신을 보고 웃을 수 있는 태도를 배움으로써 약점을 강점으로 바꿀 수 있다.

이러한 변화를 위해서는 용기와 자기 이해가 필요하다. 자신의 취약점을 인정하고 탐험하는 사람들은 널리 인정받는다. 이런 사고방식은 불완전한 것을 낙천적인 열의로 바꾼다. 낙천적인 열의는 리더들에게 반드시 필요한 태도다. 인간이라면 누구나 약점을 갖고 있다. 이노베이터형 리더는 이런 인간적인 모습을 받아들이고 자신이 진정으로 할 수 있는 일에 집중하는 것을 두려워하지 않는다.

행동하는 이노베이터

당신이 하고 있는 일 중에서 꼭 드러내야 할 약점이 있는 분야를 골라라. 약점은 당신 자신, 당신의 팀, 혹은 당신의 전체 조직 어디에나 있을 수 있다. 약점을 찾고 당신이 그 약점을 중심으로 이야기를 발전시킬 수 있는지 살펴보라. 그 이야기는 소비자를 다루는 방법, 고용인들을 관리하는 방법, 혹은 주주들이 행동하는 방법 등을 포함할 수 있다.

이제 약점을 보완하는 방식으로 이야기를 풀어나갈 수 있는지 확인하라. 그 이야기를 지침으로 삼아 당신이 발견한 약점을 당신과 당신 동료들을 위한 강점으로 만들어라.

푸르덴셜

고정관념을 깨고 목표에 전념하다

Ron Barbaro

1980년대 말, 푸르덴셜 회장 론 바바로 Ron Barbaro는 에이즈에 대해 보통 사람들과 비슷한 생각을 갖고 있었다. 자선의 마음이 있기는 했지만 그렇다고 환자 곁에 가까이 가지는 않았다. 그는 회상했다. "서로 협력하는 세계에서 그들에게 돈은 보내기는 했지만 항상 6미터 떨어진 거리를 유지했습니다."

캐나다의 푸르덴셜 생명보험사 Prudential Insurance in Canada 회장으로서 바바로는 토론토 사회에서 오랫동안 활동했다. 하루는 친구가 찾아와서 그에게 새로운 에이즈 환자 수용시설과 결연을 맺으라고 권유했다. 바바로는 그 수용시설에 엘리베이터를 설치하기 위해 1만 달러 이상의 기금을 마련했다.

기금을 전달하러 갔다가 그곳을 한 번 둘러본 그는 사망 선고를 받고 삶을 연명하고 있는 허약하고 무력한 사람들을 보고 큰 충격을 받았다. 그 사람들 사이로 걸어가며 바바로는 한 환자에게 물었다. "제가 할 수 있는 일이 있을까요?" 바바로는 그 말이 아무런 도움이 되지 않을 것을 알고 있었다. 할 수 있는 최대한 공손한 말 중 하나일 뿐. "그는 바로 대답을 했습니다. '네, 우리가 존엄성을 가지고 죽을 수 있도록 도와줘요.' 그 즉시 불가능하다는 생각과 무력감이 밀려왔죠."

며칠 후 바바로는 그 환자가 사망했다는 소식을 듣게 되었다. 시신은 화장되었고, 그의 보험금 2만 5천 달러는 독일에 있는 부모에게 갔다. 정말 아이러니가 아닐 수 없었다. 그의 부모는 아들이 죽기 전에는 경제적 여유가 없어 아들을 만나러 이곳까지 올 수 없었다. 그리고 2만 5천 달러가 생긴 지금은 어디에서도 아들을 만날 수 없었다. 바로 이 지점에서 바바로는 생각했다. 이 사람이 죽기 전에 돈을 가질 수 있는 방법이 있다면 상황은 어떻게 바뀔지를.

"둘 중 하나가 아닌, 둘 다를 선택하는 방법은 무엇일까?"

이노베이터의 태도는 바로 여기에서 시작한다. 상상도 못했던 일이 실제 가능할 수도 있다는 생각에 마음을 여는 것이다. 답을 찾기 위해 전념한다. 사고 과정이 경직되거나 절대적이어서는 안 된다. '둘 중 하나'에서 멈춰서는 안 된다. '둘 다'를 숙고해야 한다.

'둘 중 하나'를 선택하는 것이 처음에는 더 쉬워 보일 수도 있지만 포기해야만 했던 한 가지가 가져오는 결과로 인해 어려움을 겪게 될 수도 있다. '둘 다'를 선택하는 것은 처음에는 어려워 보이지만 실제 가능성들을 조사하고 문제를 해결하는 과정에서 갈등이 쇠퇴하면서 점점 쉬워진다. 정보가 많아지면, 불가능하다고 생각했던 것을 성취할 수 있게 되는 간단한 방법들이 생긴다.

바바로가 살아 있는 사람에게 사망보험금을 지급할 수 있는 방법을 고민하기 시작했을 때, 가장 큰 장애는 전통적인 고정관념이었다. "보험금은 사망 후에 지급되는 것이 관례였죠. 정부의 규정은 아니었지만 사업상 관례였습니다. 살아 있는 사람에게 사망보험금을 지급하는 것은 이치에 맞지 않는 일이었죠."

바바로는 변호사와 보험 회계사, 배상금 사정인, 그리고 회사의 의학 분야 담당자들을 소집했다. 그는 사망 선고를 받은 환자들에게 보험금을 앞당겨 지불하여 그들이 남아 있는 짧은 시간이나마 더 나은 질의 삶을 누리게 하고 싶다는 생각을 전달했다. "모든 사람들이 저에게 정신이 나갔다고 했죠. 심지어 '911에 전화해'라고 말하는 사람도 있었어요."그는 웃음을 터뜨리며 그때를 회상했다.

"모든 변호사들이 말했죠. '글쎄요. 계약상으로는 그럴 필요가 없는데 왜 그렇게 하시려는 거죠?' 물론, 그렇게 하지 말아야 할 이유는 백 가지나 있었고, 우리는 그것들을 지워나가기 시작했어요." 그러다가 적절성의 문제에 부딪쳤다. 그들이 심각하게 아프다는 것을 어떻게 증명할 것이며, 질병의 범위는 어떻게 정할 것인가? 세금의 문제는? 보험급여 수익자가 세금을 물어야만 할 것인가? 보통 사람들에게 비슷한 방침을 제공하지 않는 것은 형평성에 어긋나는 것이 아닌가? 이것으로 회사가 어려워지고 푸르덴셜 문 앞으로 환자들이 구름처럼 몰려오는 것은 아닌가?

"악재가 다가올 때마다, 우리는 그것을 극복했습니다." 바바로는 분명하고도 결의에 찬 어조로 말했다. 바바로는 불가능한 일이라고 생각하지 않았고, 그것은 옳았다. 이미 암과 같은 특정 질병과 관련해서 '무서운 질병 *dread disease*' 방침을 제공하는 회사들도 있었지만, 모든 질병에 대해 사망보험금 지불을 고려한 것은 푸르덴셜이 처음이었다.

고정관념을 깨고 창조적 결정을 하라

바바로에게 설득당한 푸르덴셜의 이사진들은 보험계약자와 회사 모두에게 좋은 제안을 생각해내려고 고심했다. 그들은 보험급여의 선지급을 표준으로 삼기보다는 옵션으로 제공했다. 2만 5천 달러 이상의 보상 범위를 가지고 있는 보험계약자는 그것을 무료로 소급해서 추가할 수 있었다. 새로운 계약자들은 적어도 5만 달러의 보상 범위를 갖추어야 했다. 푸르덴셜은 손실된 투자수익과 관리상의 비용을 계산했고, 치명적인 병에 걸린 보험계약자들은 보험금의 95퍼센트에서 97퍼센트의 돈을 받을 수 있었다. 여러 번 고비가 있었지만 곧 몇몇 주의 입안자들이 푸르덴셜의 계획을 승인했고 1992년에는 모든 주가 승인했다. 이런 새로운 접근은 푸르덴셜의 인지도를 높였고 보험 산업에 혁명을 일으켰다. 생명보험 판매는 1990년 상반기에 25퍼센트 상승했고 이제 미국 생명보험회사의 78퍼센트가 살아 있는 사람들에게 미리 사망보험금을 지급하는 계획을 갖고 있다.

초기에 세계 언론이 큰 관심을 보이고 있을 때였다. 론 바바로는 보험계약자 중 한 사람을 방문했는데, 그의 이름도 론이었다. 바바로는 그 환자의 집에 들어설 때 느꼈던 두려움을 떠올렸다. "문 손잡이를 만지는 게 망설여지더군요." 그 집에는 신형 세탁기와 건조기가 있고 안락의자에 수척한 사내가 앉아 있었다. 그는 무릎에 담요를 덮고 있었다.

바바로는 그에게 보험금을 어떻게 사용했는지 물어보았다. 거의 2만 5천 달러에 달하는 돈이었다. "새로운 약을 샀어요. 고통을 줄여줄 것이고 아마도 생명을 연장해줄지도 모릅니다. 그리고 세탁기와 건조기를 샀어요. 더 이상 세탁소에서 환영받지 못하기 때문이죠." 남자는 또한 기차표를 샀다고 했다. 한때 자신에게 등을 돌렸던 가족을 만나러 가기 위해서 말이다. 그는 바바로에게 평안하다고 말하며 남은 2천 달러는 여동생이 수녀로 있는 성당에 기부했다고 했다. 몇 분 전만 해도 문 손잡이를 만지는 것조차 두려워하던 바바로는 그 남자를 안아주었다.

두 가지 일을 동시에 하라

자신의 약점뿐만 아니라 외부의 힘으로 인해 목표에 전념하는 일이 어려워질 수도 있다. 힘든 선택의 순간이 오고, 동시에 달성할 수 없는 몇 개 조건에서 취사선택이 불가피해 보일 때 절망할 수도 있다. 때때로 이런 선택은 완전히 흑과 백이다. 한 가지를 얻기 위해 다른 것을 완전히 포기해야 한다는 것이다. 하지만 그럴수록 선택은 빨라야 한다.

그러나 대개 이런 선택은 흑과 백보다는 회색빛을 띄고, '꿩 먹고 알 먹고'가 가능할 수도 있다. 우리가 긴장을 빨리 해소하기 위해 '둘 중 하나'라는 선택법을 사용한다면, 혁신은 어려워진다. '둘 중 하나'보다는 '둘 다'라는 사고법의 줄타기를 하는 것이 탁월한 방법이 될 수 있다. 소비자들은 두 가지 모두를 원한다. 즉, 가격은 낮고 품질은 좋은 상품을 맞춤으로써 주문 생산하고 받을 수 있기를 바란다. 서로 모순되더라도 두 가지 요소 모두를 포용하면, 어떤 일을 처리하든 항상 한 가지 이상의 방법이 있다는 사실을 알게 된다.

푸르덴셜의 전 회장 론 바바로는 백 년 동안 유지되어온 생명보험 산업의 가정을 다시 고려하기 위해 '둘 다'의 생각법을 사용했다. 그 결과 그는 '사망보험금 선지급 제도'를 만들어낼 수 있었고, 이를 통해 에이즈 환자들의 고통을 덜어주고 말년 수명을 연장하는 것을 도울 수 있었다.

PART

02

발견자형

끊임없이 질문하며
올바른 정보를 캐낸다

일단 질문을 만들었으면, 누구에게 물어볼 것인가? 빈틈없는 리더들은 심층적인 지식을 얻기 위해 다수의 전문가들을 찾아서 자문을 구한 뒤에, 그 조각들을 조합해 완전한 대답을 만든다. 비록 전문적 지식이 핵심이 되겠지만, 그것 또한 낡은 것이 되고 편협하게 적용될 수 있다는 것을 잊어서는 안 된다. 생리학자이자 시인인 올리버 웬델 홈즈는 이에 대해 이렇게 말했다. "한 영역에 통달하기 위해서는 주변의 영역까지 통달해야만 한다. 즉, 무언가 알기 위해서는 모든 것을 알아야 한다." 최고의 발견자들은 전문적 지식과 일반적 지식이 합쳐질 때 강력한 해결책이 나온다는 것을 알고 있다. 보이지 않는 것을 마음에 그리는 것, 그것은 인간만이 할 수 있는 일이다."

드디어 인간이 지식을 축적하는 능력이 지식을 창조하는 능력보다 앞서기 시작했다. 지식에서 정보를 끌어내 제공하는 리더들의 유형을 발견자discoverer형이라고 하는데, 이들의 역할이 점점 커지게 된 것이다. 최고의 발견자들은 정보 처리를 위해, 즉 패턴을 찾아내고 문제를 정의하기 쉽도록 자동화된 도구를 갖게 될 것이다. 그러나 간단한 검색 엔진을 사용하든 복잡한 정보수집 기술을 사용하든, 통찰력과 이해의 정도는 얼마나 올바른 질문을 하느냐에 달려 있다.

새로운 땅을 탐험하기 위해 이제 '지도'가 필요하다

19세기 초, 유럽에서 아메리카 대륙으로 이주하는 사람들의 물결이 서쪽으로 확장되기 시작했다. 부와 기회를 잡을 수 있는 황무지를 개척하기 위해서는, 그 지역에 대한 사전 정보를 수집하는 일이 절대적으로 필요했다. 미국 제3대 대통령 토머스 제퍼슨Thomas Jefferson은 많은 위험이 도사리고 있는 거대한 루이지애나 지역을 사들였다. 사람들은 확실한 정보도 없이 이 지역으로 몰려들고 있었다. 문제는 여기에서부터 발생했다.

새로운 지도가 필요했고, 이주자들이 서쪽으로 이동했을 때 정보를 제공할 발견자들이 필요했다. 지식을 확장하고, 상업을 발달시키고, 또한 국경이 뻗어나갈 수 있는 방법을 밝혀낼 수 있는 기회였다. 이것이 바로 루이스Lewis와 클라크Clark가 담당할 부분이었다.

콜럼버스가 새로운 땅을 발견한 이노베이터였다면, 루이스와 클라크는 한정된 지역을 철저하게 이해하고 지도를 만든다는 유일한 목적을 가지고 여행을 시작한 발견자였다. 탐험대는 체계적으로 정보를 수집했고, 이 정보와 지식은 대륙을 횡단하는 여정의 토대가 되었다.

루이스와 클라크는 여러 면에서 발견의 본질을 보여주었다. 탐험 준비를 위해 전문가에게 자문을 구하고, 안내자와 협력하고, 이전 사람들의 기록을 연구했다. 이런 방법을 통해 그들은 이미 알고 있는 지식과 새로 알아내야 할 지식을 결정했다. 그들은 이 도전의 목적을 이해했던 것이다. 또한 제퍼슨에게 핵심이 되는 것, 즉 상업을 촉진시킬 수 있는 북서쪽 경로를 찾아내는 일에 집중했다. 이들은 새로운 지형, 날씨, 강과 늪지에 대해 조사했다. 이런 요소들이 탐험을 방해할 수 있기 때문이었다. 또한 인디언 부족이나 다른 나라의 모든 핵심 인물들을 고려했다. 그들과 우선권을 두고 경쟁을 하게 될 수도 있었고, 그들이 이주를 방해할지도 모를 일이었다. 루이스와 클라크는 개방적인 자세를 유지하며 지식을 확장했고, 계속 연구했다. 또한 과거의 경험에만 의존하지 않고 새로운 것을 발견하고자 시도했다.

오늘날에도 루이스와 클라크 같은 발견자들을 찾아볼 수 있다. 인터넷 시장에서 새로운 영역을 창조하는 시장 조사가, 새로운 약을 만들어내기 위해 인간의 유전자를 연구하는 과학자, 관료들 사이에서 나타나는 부패 유형을 조사하는 기자, 재난의 원인을 밝혀내고 재발 방지를 위해 노력하는 사고 조사자, 이들 모두는 진실을 추구한다는 동기를 품고, 자신의 발견이 후세에도 영향을 줄 수 있다는 것을 믿고 앞으로 나아간다.

이 장에서는 뛰어난 발견자형 리더들이 혁신에서 한 걸음 더 나아가 진정한 통찰을 얻기 위해 지식을 생성하고 문제해결에 접근하는 방법을 깊이 있게 다루고자 한다. 올바른 질문을 하는 것부터 끊임없이 배우는 자세를 갖추는 모습까지 보게 될 것이다.

몬산토의 유전공학

Robert Shapiro

"우리가 사람들에게 유용한 상품을 만들었는가?"

생명공학 산업은 유전자를 해독하고 조작하는 기술에 힘입어 새로운 영역을 개척하고 있다.

농업의 초창기부터 농부들은 두 유전자풀$^{Gene pool}$(어떤 생물 집단 속에 포함되는 유전 정보의 총량)을 있는 그대로 혼합함으로써 식물을 교배시켰다. 이 새로운 식물은 더 튼튼할 수도 있었지만, 바람직하지 않은 유전적 형질을 가지고 있을 수도 있었다. 유전공학에서는 바람직한 형질을 가질 수 있는 유전자만 이동시킬 수 있으므로 원하는 형질과 그 형질에 필요한 유전자를 정확히 알 수 있다. 지금의 유전공학이 정확하다고 가정한다면, 새로운 과학기술은 화학약품 같은 외부적 요소에 의존하던 농업이 식물의 유전자 정보에 기초해 향상된 곡물을 생산하는 체계로 전환하는 것을 가능하게 만든다.

유전공학을 통해 인간의 생명에 영향을 주는 방법을 개발하는 몬산토

주식회사 ^{Monsanto Corporation}의 CEO 로버트 샤피로 ^{Robert Shapiro}는 이렇게 말한다. "유전자 정보를 알아내는 것은 화학약품보다 훨씬 효율적이며 안정적입니다."

샤피로는 자신 앞에 놓여진 탐험의 본질이 무엇인지를 아는 리더였다. 그는 다른 발견자들과 마찬가지로 광범위한 관찰에 기초한 통찰력으로 탐험을 시작했다.

"유일한 해답은 생산량을 늘리는 것"

지구는 이미 폐쇄된 공간이다. 60억이 넘는 사람들이 지구상에 살고 있고 앞으로 몇 세대 지나지 않아 그 수는 폭발적으로 증가할 것이라고 샤피로는 말한다. 지구상에는 6백만 평방 마일의 농경지가 있다. 대략 남아메리카 정도의 면적이다. 그러나 30년 후에는 인구가 증가한 만큼 식량을 제공하기 위해서 그보다 더 많은 농경지가 필요하게 될 것이다. 하지만 경작지를 확보하는 것은 불가능하다. 샤피로는 "유일한 해답은 현재 있는 농경지에서 생산량을 늘리는 것입니다."라고 말한다.

이제 이 목표는 핵심 질문에 이른다. 그렇다면 어떻게 그것이 가능한가?

샤피로는 세계의 가장 큰 문제 중 하나인 식량문제의 해답이 유전자를 변형한 곡식에 있다고 장담한다. DNA의 신비를 밝혀내고 유전자의 일부를 다른 식물에 이식함으로써 곡물의 영양을 증대시키고, 수확물을 증대시키고, 또한 해충을 억제함으로써 그것이 가능해진다는 것이다.

인구가 증가함에 따라 기아와 기근도 주기적으로 뒤따른다. 이것은 인류에게 위협인 동시에 사업 기회다. "자원 부족은 가난한 사람에게 가장 고통스러운 일입니다. 인류는 이제 부족한 자원에 만족하든지, 아니면 생산량을 늘리지 않고도 가치를 창출할 수 있는 방법을 찾아야 합니다. 물질을 대신할 다른 대안을 찾는 것이 유일한 방법입니다. 그것이 바로 지식입니다. 지식에 기초를 둔 전략이 인류에게 더 나은 삶을 제공하기 때문에 물질이 급속히 증가할 필요가 없습니다." 샤피로의 생각처럼 이것이 문제의 핵심이고 가능성 있는 해결책이다.

몬산토는 분명한 목표와 질문으로 무장하고 생명공학이라는 새로운 영역을 정복해왔다.

이미 몬산토는 '볼가드 Bollgard' 목화 같은 생산품을 보유하고 있는데, 이것은 목화의 가장 큰 해충인 목화씨 벌레를 죽이는 단백질을 만들어내도록 유전적으로 변형한 것이다. 또한 콜로라도 감자 잎 벌레를 없애는 '뉴리프 New Leaf' 감자도 있다. 생명공학 곡물은 첫 해인 1996년에는 전세계의 3백만 에이커 정도에서 생산되었지만 1998년에는 6천 5백만 에이커에서 생산되었다.

지식을 축적하기 위해서 몬산토의 지도부는 핵심 역할을 하는 사람들을 평가했고, 그들의 문제가 무엇인지를 알아냈다. 1980년대 초, 잭 헨리 Jack Henry로 시작해서, 딕 마호니 Dick Mahoney, 그리고 마지막으로 샤피로, 이들은 각광받는 식물학자들로 팀을 구성하고, 연구와 개발에 많은 돈을 투자했다. 분자생물학자들은 인간 게놈 연구에 대한 관심이 커지면서 여기저기에서 필요로 했지만, 식물학자들은 그렇지 않았다. 몬산토가 식물학자들을 핵심 인물들로 생각하고 그들에게 창조적 장소를 제공해주기 전까지는 말이다.

인재를 확보하고, R&D에 투자하고, 투자자를 설득하고…

샤피로는 뛰어난 생물학자들을 찾아내어 그들에게 함께 일할 것을 청했다. 많은 사람들이 샤피로의 비전과 전문성을 보고 함께 하기로 결정했다. 샤피로는 몬산토가 지금 즉시 무엇을 알아야 하는지에 집중했지만, 또한 앞으로 계속해서 무엇인가를 발견하는 방법에도 초점을 맞추었다. 이와 같은 이유로 몬산토는 경영자와 과학자 사이에 있는 분할을 이을 수 있었고, 목표달성을 위해 핵심적인 과학자들을 포섭할 수 있었다.

그러나 샤피로가 인재를 확보하는 일에만 집중한 것은 아니었다. 그는 또한 다른 회사들을 인수하고 연구와 개발 비용을 증대했다. 5년 동안 100억 달러 이상을 연구 개발과 회사 매입에 투자했다. 그의 목표는 뛰어난 지식 데이터 베이스를 구축하는 것이었다. 그것은 몬산토가 몇 십 년 동안 의지할 수 있는 배움의 기초가 되어줄 것이었다. 샤피로의 전략은 유전공학을 식량 생산에 적용하는 데 필요한 모든 지식을 갖추는 것이었다. 이 과정의 대부분이 유전자 접합과 삽입에 기초를 둘 것이고, 이것은 앞으로 다가올 미래에 새로운 수백 가지의 산물을 만들어낼 잠재력을 가진 기술이다. 샤피로는 전략적 지식의 축적을 통해 훌륭한 문제해결을 이끌어내는 방법을 이해했던 것이다.

샤피로는 투자자들에게 확신을 주는 일이 가장 힘들었다고 말한다. "투자자들은 이해가 부족했어요. 오랫동안 아무도 해본 적이 없는 일, 결과를 정확히 예상할 수 없는 일, 앞으로 생산될 상품에 대해 어떤 보상을 받게 될지 알 수 없는 일에 누가 많은 돈을 투자하고 싶겠습니까?" 고비를 겪기 전에 몬산토는 매년 15억 달러를 연구 개발에 지출하며 생명공학이라는 새로운 영역을 열었다. "우리는 15년 이상을 농업 분야의 생명공학에 투자한 뒤에야 비로소 첫 번째 상품을 판매할 수 있었습니다. 고작 3개월 정도만 버틸 수 있는 미국 기업들이 얼마나 근시안적인지에 대해 얘기할 때, 제가 지적하고 싶은 부분이죠."

그러면 그들이 어떻게 목표에서 눈을 떼지 않을 수 있었는가? "계속해서 배워야 합니다. 자신이 옳다고 믿는지도 계속해서 확인해야 하죠. 어떤 일이 발생했을 때 원인에 대해 그럴듯한 이론을 갖는 것도 분명 가능합니다만 시간이 지나면 그것이 틀렸다는 것이 드러날 수도 있죠. 이런 경우에는 그 시점에서 그것을 빠르게 포착하고 멈춰야 합니다. 자각하고 멈출 수 있는 용기는 절대적으로 필요해요. 하지만 반대로, 진정으로 믿는 것을 밀고나갈 수 있는 확신 또한 필요합니다. 제 전임자 딕 마호니는 사람들의 거센 비판과 맞설 수 있는 용기가 있었어요."

몬산토의 유전공학 상품이 몰고올 첫 번째 사회적 물결은 농부들이 화학약품 사용을 줄이고 비용을 절감하여 작물을 재배하게 되는 것이었다. 예를 들어 볼가드 목화는 목화씨 벌레와 씨 벌레용 살충제 살포를 85~90퍼센트 줄였다. 미국에서 사용하는 전체 살충제의 3분의 1 정도가 목화에 뿌려진다는 것을 생각하면 이 수치는 정말 놀라운 것이다. 뉴 리프 감자를 재배하는 농부들은 대략 40퍼센트 정도로 살충제 사용을 줄였다. 두 번째 사회적 물결은 질좋은 지방, 단백질 등 영양성분을 함유하고 있어 영양가가 더 좋은 곡물을 생산하게 되는 것이었다.

몬산토는 베타카로틴을 자연적으로 생산하는 곡물을 창조하기 위해 연구했다. 이 성분은 아시아 시장에서 특히 중요하다. 아시아에서는 수많은 사람들이 비타민A 결핍으로 고생하고 있다. 보조제가 물론 효과가 있지만, 외딴 마을에서 그것은 구하기도 힘들고, 그래서 사람들에게 그것을 섭취하라고 권할 수도 없다. 그래서 몬산토는 이와 같은 해결책을 제시했다. "그 국가에서 일상적인 식품으로 사용하는 곡물에 비타민A로 전환되는 베타카로틴을 넣는 것입니다."

그러나 생명공학 곡물이 시장에 진입을 하기는 했지만 세계적으로 다 수용되는 것은 아닐 터였다. 소비자 환경 단체들은 매우 적대적인 태도를 보이고 있으며, 유럽에서의 대중적 용인도는 특히 낮다. 유럽의 이런 분위기는 미국에도 퍼졌고, 이것이 단지 초기 산업이 반드시 견뎌내야 하는 한 국면인지 아니면 샤피로의 비전이 잘못된 것인지는 아직 알 수 없다.

사실, 몬산토는 유전자 변형 상품에 대한 대중적 반응을 철저히 잘못 평가했고, 행동주의자와 정치가가 미디어를 자극할 수 있다는 것을 고려하지 못했다. 바로 이 지점이 몬산토가 충분히 이해하지 못한 측면이다. 핵심 역할을 하는 사람들의 이해관계를 충분히 이해하지 못한 것이다.

그럼에도 불구하고 샤피로의 전략은 지속적인 혁신으로 성공하는 것이다. "우리 기업은 본질적으로 지식과 과학에 기초를 두고 있습니다. 우리는 마지막에 일을 잘해냈는지 평가하기 위해 이렇게 묻습니다. '우리가 사람들에게 유용한 상품을 만들었는가?' 하고 말입니다."

멈출 수 있는 용기, 믿는 것을 밀고나가는 확신

언제나 모든 힘의 원천은 지식에서 나온다. '지식 시대'의 성공은 '올바른' 전략적 지식을 갖는 데 달려 있다. 미 상무성Department of Commerce의 말콤 볼드리지상을 받은 미국 CEO 수백 명을 대상으로 한 조사에서, 세계화 이후 수상자들이 직면한 가장 큰 문제는(바라는 능력과 실제 능력 사이에서 차이가 가장 큰 부분) '지식 경영'에 있었다고 말한다. 어떤 산업에서나 미래의 핵심이 되는 지식이 있다. 그러나 지식을 경영하기 위해서는 우선 그것을 개발해야 한다.

앞서 루이스와 클라크의 통찰력이 '북서쪽 경로가 존재하는지' '가장 좋은 경로가 무엇인지' '그리고 어떤 부족과 지역이 상업을 촉진하거나 저하시키는지'에 대한 결정에 바탕을 두었다고 한다면, 몬산토의 경우에는 그 질문들을 다음과 같이 바꿀 수 있다.

'어떤 유전자가 어떤 기능을 가지고 있는가?' '얼마나 정확히 이들 유전자가 그 기능을 이행했는가?' '어떤 종류의 간섭이 그들의 움직임에 영향을 주는가?' '유전공학의 효과를 극대화할 수 있는 생산품은 무엇인가?'

한 영역에 대한 지식을 갖추고 있으면 현명한 판단을 내릴 수 있게 되고 선택의 폭도 넓어지게 된다. 뿐만 아니라 잠재적 보상도 늘어나며 위험은 감소하게 된다는 것을 알 수 있다. 지식이 반드시 성공을 보장하는 것은 아니라고 해도 말이다.

행동하는 발견자

유용한 지식을 발견하기 위한 두 가지 접근법이 있다.
'문제를 정확히 파악하고 있는가?' '적절한 질문을 하고 있는가?' 이는 위에서 아래로의 접근법이며, '정황에 맞게 패턴을 해석하고 있는가?' '적절한 데이터를 찾고 있는가?' 이는 아래에서 위로의 접근법이다.
이 두 가지를 혼합한 접근법이 효과적이며, 이것은 상황을 가능한 한 빨리 파악할 수 있는 강력한 수단이 된다.

하셀틴과 벤터의 게놈 지도

William Haseltine

문제에 초점을 맞출까? vs. 데이터에 초점을 맞출까?

인간의 게놈 지도를 만드는 일은 인류 역사상 가장 중요한 지식 축적의 결과라고 할 수 있다. 과학자들은 인간 DNA의 단백질 배열 목록을 만들고, 유전자를 분리시키고, 그것이 질병을 일으키는 데 어떻게 작용하는지를 연구함으로써 새로운 의학 시대가 열리기를 바란다.

이 지식은 진단과 치료의 패러다임(일단 질병이 시작된 뒤에 위험한 부작용을 가진 약을 사용하는 방식)을 깨고 예상과 예방의 의학(손상되거나 기능 장애가 있는 유전자들이 해를 입히기 전에 치료하는 방식)을 시작한다. 이것은 혁명이다. 이 분야에서 핵심 역할을 하는 윌리엄 하셀틴William Haseltine은 이렇게 말한다. "죽음은 일종의 예방할 수 있는 질병입니다."

모든 지형과 지형 사이의 관계를 보여준다면 그것은 최고의 지도라고 할 수 있다. 최고의 지도는 또한 한 지형의 무수한 세부사항들도 보여준다. 지도의 정확성과 유용함은 실제 그 분야에서 그 지도를 사용하는 전문가가 판단한다. 지도를 만들기 위해서는 적절한 질문을 해야 한다. 가장 기본적인 질문들로는 다음과 같은 것이 있다.

실제 알려지지 않은 영역은 무엇인가? 지금 그것들에 대해 누가 가장 많이 알고 있는가? 실제 얼마나 더 많은 지식이 필요한가? 획득해야 할 가장 중요한 지식은 무엇인가? 실제 그것을 어떻게 사용할 것인가?

목표에 맞는 질문하기

하셀틴은 '질병'이라는 문제를 해결하고 싶어했지만 게놈 지도를 만들어 그 목표를 달성하는 것에는 반대했다. 그는 그것이 필요 이상의 문제 해결이라고 주장했다. "감옥에 사기꾼을 잡아놓았다면, 왜 그 사람의 주소가 필요하겠습니까? 그럴 필요가 없죠. 이와 마찬가지로 질병을 일으키는 유전자를 발견했다면, 그것이 DNA의 구조 안에서 어디에 위치하고 있는지를 왜 알아야 합니까?" 하셀틴은 그의 유전자 탐구 회사인 휴먼 게놈 사이언스Human Genome Science: HGS 본부에서 이렇게 말했다. 하지만 DNA를 완전히 해독하고 이해하는 경쟁에서 하셀틴은 말 그대로 '생명의 책The Book of Life'을 쓰려고 노력하는 발견자라고 할 수 있다.

셀레라 지노믹스Celera Genomics를 운영하는 크레이그 벤터Craig Venter는 하셀틴의 경쟁자이자 예전 동료이기도 한데, 이 두 사람은 지식을 발견하는 데 있어 근본적으로 다른 두 가지 접근법을 보여준다. 하셀틴은 문제에 초점을 맞추고 컴퓨터에 의존하지 않았으며, 벤터는 데이터에 초점을 맞추고 컴퓨터에 크게 의존했다.

하셀틴은 질병 문제를 해결하기 위한 목표를 이렇게 정의한다. "문제를 해결할 때 가장 먼저 해야 할 일은 당신이 원하는 것이 무엇인지를 결정하는 것입니다. 그리고 난 후 목표를 성취하기 위한 적절한 질문과 지식, 도구, 방법을 선택해야 하죠." 하셀틴의 경우에 핵심적인 질문은 다음과 같다. "어떤 유전자가 어떻게 질병을 일으키는가, 그리고 이러한 작용이 일어나는 것을 방지하기 위해서는 무엇을 해야 하는가?" 답을 찾아내기 위해 하셀틴은 인간 조직을 면밀히 조사한다. 어떤 유전자가 세포기관에 직접적 영향을 주어 골다공증, 암, 혹은 다른 질병들을 일으키는지를 밝히기 위해서다.

크레이그 벤터 역시 의학에 영향을 주고 질병 문제를 해결하고 싶어하지만, 그는 다르게 질문한다. 벤터는 약을 식별하는 데에는 별 관심이 없다. 대신 그는 이런 질문들을 던진다. "전체 게놈은 어떻게 구성되어 있는가? 그것이 정상적인 생리기능이나 병리학적 질병들을 생성하는 데 어떤 기능을 하는가?" 벤터의 질문들은 컴퓨터와 과학기술에 많이 의지해야 답을 찾을 수 있는 것들이다.

벤터는 완전한 유전자 지도를 조합할 '빠른 분석방법'을 이용하기 위해 컴퓨터와 정보기술의 계산력에 의존할 수밖에 없다. 이 과정에서 게놈은 수백만 개의 중복되는 파편으로 나누어진다. 각각의 조각들 안의 화학 단위 배열을 분석하고, 슈퍼컴퓨터는 마치 조각그림을 맞추는 것처럼 그것을 원상 복구한다.

벤터는 하셀틴이 40퍼센트의 유전자를 놓칠 것이라고 주장한다. 그리고 유전자는 서로 관련되어 있기 때문에, 하셀틴이 결국 질병의 핵심 원인이 되는 요소를 놓칠 수도 있다고 말한다. 벤터는 자신의 임무를 "큰 시각… 게놈의 완전한 세계를 조망하는 것"이라고 말한다. 그는 생명체가 분자 수준에서부터 그 상위 단계로 어떻게 구성되어 있는지를 알아보는 원대한 계획을 가지고 있다.

그러나 하셀틴은 이미 벤터의 문제제기에 대해 해명했다고 믿는다. 하셀틴은 특정한 문제, 즉 특정한 질병들을 해결하기를 원한다. 그는 이미 유전자에 대한 수천 개의 특허를 보유하고 있으며, 시판되는 약품에 대한 권리를 자기 회사만 갖기를 바란다. 그것은 새로운 혈관의 성장을 돕는 약품까지 포함한다. 결국 어떤 경우에는 약품이 관상동맥을 대체하게 될지도 모를 일이다.

휴먼 게놈 사이언스HGS 과학자들은 종양이 자라고 세포조직이 늙을 때, 그것이 어떻게 변하는지를 살핀다. 하셀틴은 자신이 정보를 축적하는 방법, 즉 해부학적 접근에 초점을 맞추는 방법이 정부와 셀레라 같은 생명과학 회사들이 사용하는 폭넓고 포괄적인 '유전학적' 접근보다 우수하다고 주장한다. "그들은 과학적 흥미를 유발하는 매우 근본적인 질문에는 대답할 수 있을 겁니다. 예를 들면, 어떤 사람들은 왜 질병에 걸리나, 왜 사람들은 서로 다르게 생겼나 하는 질문들 말이죠. 하지만 그들은 치료법을 발견할 수도 없고, 질병을 치료할 수도 없습니다."

해부학적 접근 vs. 유전학적 접근

인간 게놈 영역에서 이 두 경쟁자는 각각 자신의 접근법이 최고라고 믿는다. 그리고 사실, 두 가지 접근법 모두 필요하다. 하셀틴은 개개의 유전자와 그 유전자들이 어떻게 질병을 일으키는지에 대해서 더 많이 알 수 있겠지만, 그것들이 서로 어떻게 상호작용하는지에 대한 정보는 놓칠 수도 있다. 벤터는 유전학적 요소들과 그들의 상호작용에 대한 좀더 완전한 그림을 얻을 수 있겠지만, 그것들이 질병을 일으키는 방법에 대한 세부적인 지식은 놓칠 수 있다. 결국 다음 세대 의학을 위해서는 두 가지 연구로부터 나온 최상의 결과가 모두 필요하다. 그것은 지식의 발견과, 질문을 던지는 힘에 대한 정수를 집약한 것이다.

아래 도표를 보자. 보통의 발견자들은 대부분의 시간을 도표의 왼쪽에서 보낸다. 반면 최고의 발견자들은 오른쪽에서 시간을 보낸다. 그리고 이들 중에서도 대부분은 '연구하라'에서 시간을 보낸다. 아주 소수만이 오른쪽 아래에서 시간을 보낸다. 이들은 대담성과 창조성, 모험심을 복

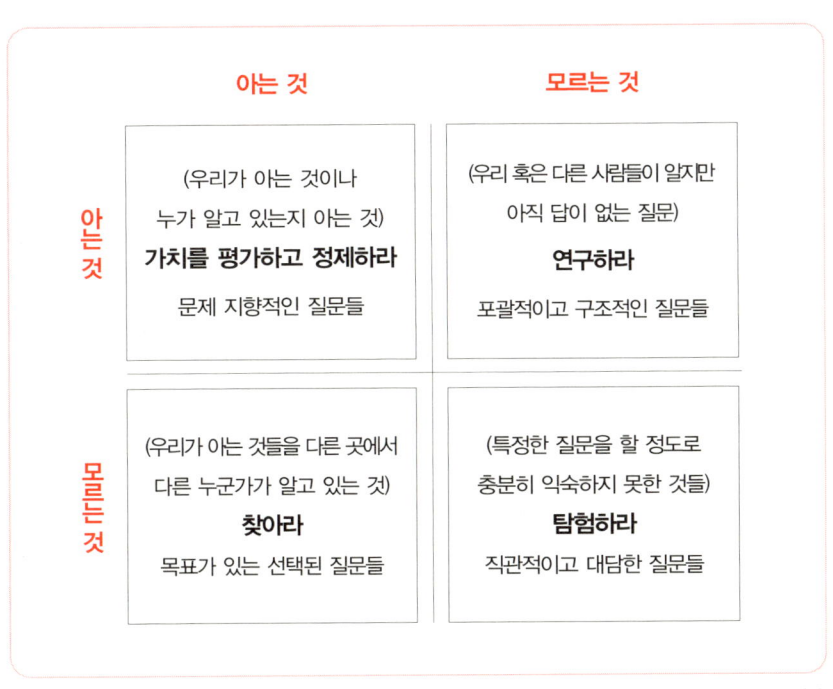

〈표 1〉 질문 전략

합적으로 가지고 있기 때문에 새로운 지식 세계를 열어줄 막연하고 강력한 질문을 던질 수 있다.

일단 질문을 만들었으면, 누구에게 물어볼 것인가? 빈틈없는 리더들은 심층적인 지식을 얻기 위해 전문가들을 찾아서 자문을 구한 뒤에, 그 조각들을 조합해 완전한 대답을 만든다. 비록 전문적 지식이 핵심이 되겠지만, 그것 또한 낡은 것이 되고 편협하게 적용될 수 있다는 것을 잊어서는 안 된다. 생리학자이자 시인인 올리버 웬델 홈즈Oliver Wendell Holmes는 이에 대해 이렇게 말했다. "한 영역에 통달하기 위해서는 주변의 영역까지 통달해야만 한다. 즉, 무언가 알기 위해서는 모든 것을 알아야 한다."

속도와 지식의 질 사이에서 무엇을 어떻게 알아야 할 것인가

최고의 발견자들은 전문적 지식과 일반적 지식이 합쳐질 때 강력한 해결책이 나온다는 것을 알고 있다. 크레이그 벤터는 이런 접근법을 따랐다. 그는 게놈 지도를 만들기 위해 전문가를 모아 대규모 팀을 구성했다. 재정과 경영을 관리하기 위해서 사업 전문가를, 지식생성 전략을 도표화하기 위해서는 분석방법을 이해하고 있는 사람들을, 1,200대의 컴퓨터를 하나로 연결하기 위해서 컴퓨터 전문가를, 그리고 프로그램을 만들기 위해서 소프트웨어 기술자를 찾았다. 벤터는 심지어 DNA를 조작하기 위해서 노벨상을 수상한 과학자를, 또한 이 연구가 잠재적 고객에게 어떻게 적용될 수 있을지를 조사하기 위해 의사를 고용하기까지 했다.

지식이 전문적이든 일반적이든 그 성격과 질은 다양하다. 대부분의 사람들은 큰 보상을 얻기 위해서는 지식이 충분하고, 정확하고, 믿을 만하고, 과학적이어야 한다고 생각한다. 하지만 때때로 결정적인 요소가 질보다는 오히려 속도에 달려 있을 때도 있다. 경쟁 분야에서 고도의 정보에만 집중하는 일은 실제로 당신을 위험에 빠뜨릴 수 있다. 그것은 한 발 뒤짐으로써 당신의 행동들을 제약한다. 그 영역을 완전히 이해하기도 전에 말이다. 예를 들면, 생명과학 분야에서 유전학적 특허는 이미 하셀틴이 우위에 있을 수도 있다.

초기에는 대략적인 지식을 얻고, 이후에 더 면밀한 지식을 창출하는 과정도 있을 수 있다는 것을 깨닫는 것이 중요하다. 속도와 지식의 질 사이에서 무엇을 선택할 것인가를 판단하기 위한 고정된 규칙은 없다. 다만 올바른 지식이라도 너무 늦게 도출된다면 쓸모가 없다. 또한 잘못된 지식은, 특히 이른 시기에 발견한 잘못된 지식은 문제를 왜곡시킬 수 있다.

발견자들은 목표에 부합하는 질문에 초점을 맞추고, 전문적 지식을 최대한 사용하면서 적절한 질과 속도를 유지하기 위해 균형점을 찾아야 한다. 중추적 역할을 하는 발견자들로서 벤터와 하셀틴은 확실히 새로운 방식으로 생명 영역을 배우고 그것을 지도로 만드는 데 성공했다. 이 방식은 새로운 모험을 시도하게 만들 것이다. 비록 우리가 지금은 그 모험의 끝을 모른다 해도 말이다.

나는 비행기를 둘러싼 두꺼운 구름층을 바라보며 깊은 생각에 빠졌다. "공상과학도 바로 이것과 같다. 어떤 것도 볼 수 없지만 가고자 하는 곳에 분명 다가갈 수 있다. 보이지 않는 것을 마음에 그리는 것, 그것은 인간만이 할 수 있는 일이다."

아무것도 모르는 무지의 상황에서부터 문제해결을 시도하려는 사람들이 있다. 하지만 대부분의 문제는 아무것도 없는 출발선에서부터 해결할 필요가 없다. 대개 이미 알고 있는 지식을 확대하여 해답에 접근할 수도 있다. 이전에 그곳을 방문했던 사람들이 정보를 가지고 있을 수도 있다. 탐험할 지역의 원주민이나 그곳에서 일하는 사람들도 기꺼이 공유할 수 있는 전문 지식을 가지고 있을 수도 있다.

이러한 지식 수집을 통해 발견자들은 이미 알려진 지식과 반드시 제기해야 하는 질문을 구별할 수 있다. 이를 통해 문제를 좀더 빠르게 정의하고 올바른 해결책을 도출해낼 수 있다. 이런 지식이 없다면 원인을 찾아내기 보다 현상을 치유하는 데 주력하게 될 것이며, 결국 시간과 자원을 낭비하는 부적절한 해결책을 제시하게 될 것이다.

그러나 오늘날 고도의 과학기술 정보 체계에서 우리는 어떤 질문을 던지는 것이 올바를 것인가를 깊이 생각하는 것보다 이미 존재하는 정보의 디지털화, 조작, 탐색에 더 많은 노력을 기울이고 있다. 우리는 또한 가치가 높은 지식을 얻기 위한 장기적인 투자를 꺼린다. 대신 좁은 시각과 피상적인 원인, 상투적인 정보에 의존한다. 따라서 결국에는 깊이 있고 포괄적인 지식을 놓쳐버린다.

전문적 지식은 꼭 필요하다. 그러나 전문적 지식은 편협하게 적용되거나 시대에 뒤떨어질 수 있기 때문에, 질문이나 문제에 접근하기 위해서는 일반적 지식 또한 갖추어야 한다.

오늘날 가장 전략적인 지식 응용은 생명 그 자체에 대한 지식과 관련이 있다. 윌리엄 하셀틴과 크레이그 벤터는 인간 게놈 분야를 탐험하는 발견자다. 이 미지의 분야를 밝혀내기 위해 그들은 수학자, 컴퓨터 전문가에서부터 생물학자와 금융 전문가에 이르기까지 눈부신 일단의 과학자들을 규합했다.

discoverer 03

NOAA 기상예보센터

지금 지구에 무슨 일이 일어나고 있는가?

Ants Leetmaa

수년 동안의 정보 수집과 패턴 파악으로 과학자들은 이제 엘니뇨 현상이 나타나기 9개월 전에 예측할 수 있게 되었다. 예를 들면, 2년 전에 발생한 홍수 피해를 복구하고 있던 캘리포니아에서는 엘니뇨의 조기 경보로 다음 엘니뇨가 나타나기 전에 미리 제방 체계를 고칠 수 있게 된 것이다. 덕분에 10억 달러의 재산 손실을 막을 수 있었다. 조기 경보는 생명을 지킬 뿐만 아니라 수십 억 달러의 재산도 지켜준다.

훌륭한 예보 덕분에 농민들은 미리 재배할 곡물을 결정할 수 있고, 공공시설 사업주들은 연료 가격을 동결해야 할지 말지 판단할 수 있다.

NOAA National Oceanic and Atmospheric Administration(미국해양대기관리처)의 기상예보센터장 앤츠 리트마 박사Dr. Ants Leetmaa는 말한다. "기후 변화를 이해한다면 잠재적 문제를 다룰 수 있는 새로운 도구도 얻을 수 있습니다. 여러분은 문제를 다르게 처리하는 방법에 대해 생각할 수 있습니다. 돈을 절약하고 자원을 현명하게 사용할 뿐 아니라 재난을 감소시킬 수도 있습니다."

"정보가 정확해야 예측할 수 있다"

NOAA의 제임스 베이커 박사Dr. D. James Baker는 정확한 패턴 인식과 예보의 첫 단계는 적절하고 정확한 정보를 확보하는 데 있다고 말한다. 날씨를 예측하는 능력은 패턴을 인식하는 능력에 따라, 또한 패턴을 인식하는 능력은 그것이 기초하고 있는 정보에 따라 좌우된다. 훌륭한 정보에는 다음과 같은 핵심 요소가 필요하다.

• 관찰 대상(분석 단위 – 물 혹은 대기) • 측정 속성(기온 혹은 압력)
• 측정 단위(섭씨 온도 혹은 밀리바) • 비교 기준(지난 달의 평균 기온)
• 측정 규모(매일 섭씨 0.1도의 기온 변화)

이 정보를 얻기 위해서, 과학자들은 바다 표면에 떠 있는 부표에 수천 개의 원격조종 기온 탐지기를 설치했다. 베이커는 말한다. "엘니뇨의 경우, 큰 단계는 말할 수 있죠. '좋아. 우리는 해수의 온도 변화가 중요하다고 생각해.'라고 말이죠." 지구 기후에 대한 수 백년의 지식을 바탕으로 한 그의 가설은 기온 탐지기에 대한 투자와 호응을 불러일으켰다. 20년에 걸쳐 수립해온 계획과 수백만 달러의 비용으로 기온 탐지기를 설치했고, 수백에서 수천 킬로미터 떨어진 곳에 놓여지는 부표들은 유리섬유와 스티로폼으로 바닥을 만들고 꼭대기에는 알루미늄 타워를 얹었다. 스테인리스 스틸 밧줄로 싸여진 그 기구는 기온계와 수온계이자 풍속계, 그리고 기압계이다.

　그러나 훌륭한 데이터를 얻었다 해도, 그것을 어떻게 이해해야 하는가의 문제가 있다. 패턴을 확인하고 시각화하기 위해서는, 데이터를 한자리에 모으고 분석하고 드러내야 한다. 엘니뇨의 경우, 엘니뇨 현상을 빠르고 쉽게 탐지하기 위해서는 오랜 시간에 걸친 표면의 온도 변화를 색색으로 보여주는 최첨단의 슈퍼컴퓨터가 필요하다.

　엘니뇨는 남아메리카의 태평양 연안을 따라 흐르는 해류 속에 이상난수가 침입하면서 발생한다. 그러나 매 계절마다 물은 따뜻해지는데, 어느 정도 온도면 엘니뇨라고 판단할 수 있겠는가? 엘니뇨 현상은 평소보다 넓은 지역에서 더 덥게 데워진다. 그러나 어느 정도로 따뜻하고 어느 정도로 더 넓은 지역인가? 이것이 패턴을 판별하는 핵심이다.

　NOAA는 기상학에서뿐만 아니라 비즈니스 시장에도 적용할 수 있는 패턴 식별법을 세웠다. 즉, 거래에서 파트너의 표정을 살피는 것, 시장에서 가격 변동을 예상하는 것, 법의 판결 경향을 추정하는 것, 혹은 기술혁신의 방향을 예견하는 것 등이 모두 패턴 인식에 속한다.

예측할 수 없는 변수는 어떻게 찾아낼 것인가

　패턴은 대개 당신이 무엇을 찾고 있는지와 당신이 내리는 평가의 기준이 무엇인지에 따라 다르게 보인다. 패턴의 종류는 매우 많다. 불규칙하게 번쩍이는 번개처럼 우연한 사건에서부터 조류나 해안의 파도처럼 반복적인 사건에 이르기까지 다양하다. 훌륭한 발견자는 다양한 종류의 패턴을 잘 알고 있으므로 먼저 패턴을 발견하고 어떤 일이 발생할지를 정

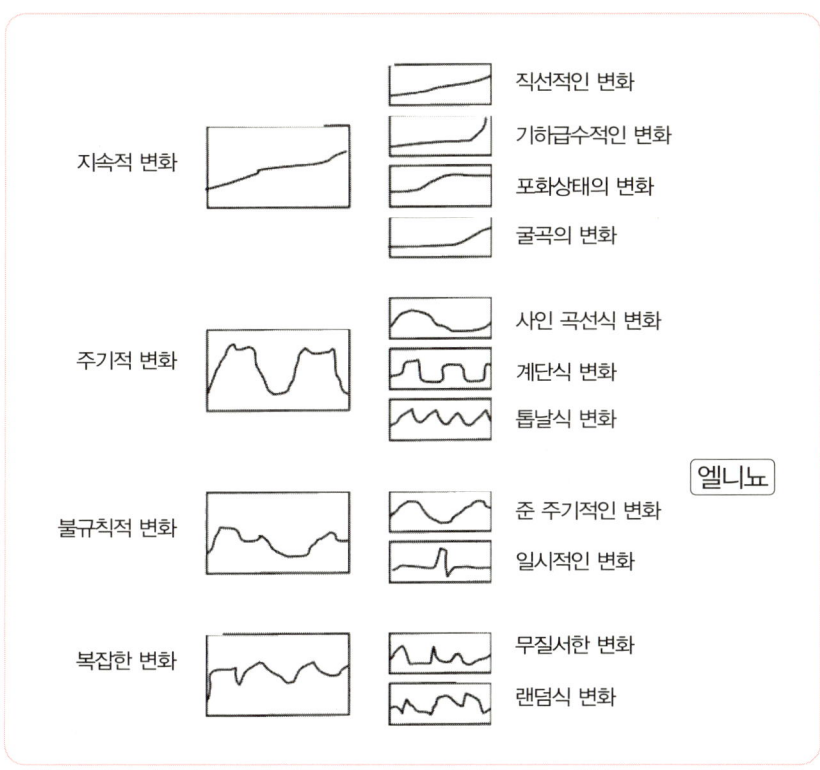

〈표 2〉 패턴 기호

확하게 예측할 수 있다. 주식 시장에서부터 심장 박동에 이르기까지 변화의 패턴에는 기본적으로 네 가지 단계가 있다.(표 2)

첫 번째 두 단계는 뒤의 두 단계보다 예견하기가 쉽다. 이것은 누구에게나 유효한 판별법이다.

【파악하기 쉬운 단계】

- **지속적 변화:** 이 단계는 오랜 시간에 걸쳐 증가하거나 감소하는 직선적으로 진화하는 변화이다. 예를 들면, 개인의 삶의 주기, 즉 미성숙에서 성숙으로의 변화, 혹은 나이가 들어가는 과정 등이 포함된다. 이 단계는 기하급수적으로

급증하는 패턴도 포함하는데, 이 패턴에서는 변화가 천천히 시작되고 경사가 급격하게 올라간다. 질병의 발생 등을 그 예로 들 수 있다. 급증하는 패턴은 특히 신뢰하기가 힘들다. 초기에는 직선의 변화처럼 보이다가 갑자기 통제가 불가능할 정도로 뛰어오르기 때문이다.

• **주기적 변화:** 오랜 시간에 걸쳐 규칙성을 띄고 주기적으로 반복되는 패턴이다. 수백 년에 걸친 지구 중력장의 변동이라든지, 장기간의 사업 흐름, 그리고 크리스마스 시즌의 매출 증가 등이 포함된다.

【파악하기 어려운 단계】

• **불규칙적 변화:** 이 패턴은 일시적이거나 우연히 발생한 번개나 유성 같은 사건들을 포함한다. 또한 엘니뇨처럼 예측하기 어려운 패턴도 이에 속한다.

• **복잡한 변화:** 이런 종류의 패턴을 구조적으로 분석하는 것은 '혼돈과학' 혹은 '복잡계 이론'으로 불려왔다. 혼돈과 복잡계 연구는 겉으로는 무작위적인 것들 속에 숨겨진 분명한 패턴을 발견한다. 하지만 한 체계의 변화가 단기적으로는 규칙적으로 보일 수 있지만, 장기적으로는 결국 무질서한 것으로 판명될 수도 있다.

유능한 리더는 전체 패턴이 그 모습을 드러낼 때까지 기다리지 않는다. 언제 정보를 수집하고 언제 수집을 멈추고, 그 정보를 모아서 어떤 행동을 취해야 할지를 경험과 직관을 통해 결정한다.

그러나 어떤 행동이든지 패턴의 변화나 변동사항, 그리고 패턴이 무엇에 영향을 주는지에 대한 정확한 해석에 기초해야만 한다. 또 정상적인 패턴과 비정상적인 (특별한) 패턴 사이의 차이를 분석해야 한다. 그 패턴이 얼마나 많은 영향을 끼칠 수 있는가? 얼마나 빨리 반응해야 하는가? 무엇을 조절할 수 있는가?

엘니뇨의 신호가 되는 해수 온도 변화를 해석하기 위해서는 일반적인 요인과 특별한 요인 사이의 차이를 이해해야 한다. 일반적 변화란 예측할 수 있는 변화의 패턴이며, 특별한 변화란 예측할 수 있는 변화에서 이탈한 것으로 잠재적인 문제나 기회를 의미한다. 정상적 패턴을 알고 있다면 특별한 패턴은 구별하기가 쉬워진다. 예를 들어 의학분야에서 생리학은 인체의 정상적 기능을 이해하는데 중점을 둔다. 반면에 병리학은 특별한 이상, 즉 질병에 집중한다.

어떤 체계의 정상적이거나 예상되는 행동을 설명하는 컴퓨터 모델은 특별한 변이를 분리시키는 데 큰 도움이 된다. 이를 통해 새로운 패턴이나 유용하고 결정하기 어려운 패턴을 잘 볼 수 있다. 컴퓨터 모델은 '엘니뇨라 말할 수 있을 만큼 물이 충분히 더워졌는가?' 와 같은 질문에 대한 답을 준다. 혹은 '엘니뇨가 증가하는 빈도와 규모가 지구 온난화 현상과 관계가 있는가?' 처럼 완전히 새로운 논리를 도출하기도 한다.

적절한 모델을 만들면 매우 복잡한 현상일지라도 기본 패턴을 확인하는 것이 가능하다. 만일 패턴이 규칙적, 즉 주기적이거나 지속적인 것이라면 신뢰할 수 있고 미래를 계획할 수 있다. 반면에 패턴이 불규칙적이거나 복잡하면 예상이 어렵고 비용이 많이 든다. 이런 패턴을 예상하는데 드는 비용은 추정 이익을 능가할 수도 있다. 그러나 불규칙적이고 복잡한 패턴은 그것을 처음으로 해독하고, 그 영향을 판단할 수 있고, 그 영역의 지식을 이용할 수 있는 발견자들에게는 기회이다. NOAA는 '지구 온난화' 라는 확인하기 어려운 패턴을 찾기 위해 노력하고 있다. 그것은 대단히 중요한 일이다.

리트마 박사와 그의 동료들, 그리고 세계 곳곳의 연구자들이 온난화 현상이 진짜 지속적이고 심각한 문제인지 아니면 일시적이고 불규칙한 변화인지를 밝혀내기 위해 노력하고 있다. 이들은 심지어 엘니뇨를 예측하기 위해 해수의 온도에 민감한 산호초 표본을 사용하기도 한다.

리트마는 말한다. "장기간의 기록을 확보하는 것이 필요합니다. 우리는 지금 지구에 정말로 무슨 일이 일어나고 있는지에 대한 생각의 조각들을 하나로 모으려고 노력하고 있습니다."

패턴을 발견하라

지식은 오직 원천일 뿐이다. 지식은 문제를 정의해주거나, 특정한 기회에 초점을 맞춰주지 않는다. 지식을 이용하기 위해서 수많은 정보에서 유용한 패턴을 발견하고 그것을 인간의 욕망에 부합시켜야 한다. 탐험가는 고요한 하늘이나 심한 폭풍우를 몰고올 구름의 모양과 바람의 방향에 따라 여정을 변경한다. 이와 마찬가지로 우리는 예측하지 못한 변수를 찾아보고 그에 따라 탐험을 이끌어야 한다.

믿을 만한 정보를 가지고 있고, 찾고 있는 것이 무엇인지를 알고 있을 때에만 패턴을 인식할 수 있다. 의미 있는 패턴도 있지만, 중요하지 않은 패턴도 있다. 사업에서의 패턴은 고객 이탈이나 고용인들의 불만, 새로운 경쟁업체의 성장, 혹은 수익성 쇠퇴 등의 형태로 나타날 수 있다. 우리는 현명하게 패턴을 파악해야 한다. 정보가 부족하여 패턴을 인식하거나 입증할 수 없다면, 해결해야 할 문제가 어떤 것인지 알 수 없다. 이럴 때에는 다음과 같은 질문들이 필요하다. 변화 속에 일종의 규칙이 있는가? 그것은 단지 일회적인 사건인가? 그것이 나아질 것인가, 악화될 것인가? 속도가 빨라지고 있는가, 느려지고 있는가? 어떤 영향을 줄 것인가?

주식 시장 변동, 질병, 경쟁적 위험, 사회적 경향, 혹은 폭풍 등 어떤 문제든 패턴을 알아내기 위한 질문은 동일하다.

오늘날 NOAA의 기상학자들은 가장 정교한 패턴을 발견하고 있다. 이들은 정교한 관측 기기를 갖추고, 슈퍼컴퓨터 기술로 예측 불가능한 것, 즉 날씨를 예측하기 위해 최선을 다하고 있다.

행동하는 발견자

주변에서 일어나고 있는 일 중 눈에 띄는 패턴이 있는가? 당신이 가지고 있는 정보로 판단할 때, 이 패턴은 네 가지 중 어디에 해당하는가? 상대적으로 예견이 쉬운 것(지속적이거나 주기적인 것)인가, 예견하기가 어려운 것(불규칙적이거나 복잡한 것)인가? 구별할 수 없다면 정확한 판단을 내리기 위해 당신이 알아야 할 정보는 무엇인가? 구별할 수 있다면 비용과 위험, 그리고 이후 정보 수집의 기회, 모델링, 혹은 패턴에 대한 투자 등을 고려하라. 만일 불규칙적이거나 복잡한 패턴을 알아내기 위해 많은 자원을 투자하고 있다면, 적어도 그 사정을 알고 매달려라. 노력할 만한 가치가 있는 결과를 추구하라.

바커 재단

"입양은 나의 첫 번째 선택이 아니에요. 만약…?"

BARKER
FOUNDATION 1945

입양 절차에는 아이와 친부모, 양부모, 그리고 정부 기관 및 독립 기관의 이해관계가 복잡하게 얽혀 있다. 얻을 수 있는 만큼 걸어야 할 것도 크고, 감정적 요소와 경험적 요소가 섞여 있고, 힘의 관계와 영향력이 미묘하게 얽혀 있는 것이 바로 입양문제다. 사회사업가들은 입양의 잠재적인 영역에 대해 잘 알아야 하고, 가장 중요하게는 모든 핵심 인물들과 그들의 이해관계를 확인해서 모든 사람들이 훌륭한 결정을 내릴 수 있도록 도와야 한다.

이것은 각기 다른 입장을 가진 사람들이 접촉하는 '공개' 입양에서 가장 중요하다. 바커 재단Barker Foundation의 이사 로빈 앨런Robin Allen은 말한다. "이런 입양에서는 사람들이 환상적이고 아름다운 방식으로 함께 모이죠. 하지만 그들은 그들 자신도, 사회도 이해하지 못하는 관계를 맺습니다. 아주 독특한 관계입니다." 따라서 그들 참여자가 전체 영역을 얼마나 잘 이해하고 있는지, 그리고 자신의 독특한 내적 욕구를 얼마나 잘 알고 있는지에 따라 결정의 질이 달라진다. 그 영역을 학습하고 안내자의 역할을 하는 것이 바커 재단의 사회사업가들이다. 문제가 발생할 수 있는 이해관계에 빈틈없이 대응하는 것은 예견치 못한 갈등을 예방하는 동시에 서로 수용할 수 있는 해결책을 도출해낼 가능성을 높인다고 앨런은 말한다.

인간은 문제가 발생했을 때 무엇이 문제가 되는지에 따라 행동한다. 궁지에 몰린 개인은 사나워지고, 성공을 보장받은 개인은 온순해진다. 이해관계와 유리한 조건을 안다면, 그리고 다른 핵심 인물들이 생각한 이해관계와 유리한 조건을 안다면 당신은 그들의 행동을 판단하는 데 필요한 정보를 많이 가지고 있는 것이다.

"아이와 부모, 입양 에이전시 사이의 균형이 필요합니다"

바커 재단의 모든 핵심 인물들은 독특한 이해관계를 가지고 있다. 이들은 입양의 전후과정을 모두 이해해야 한다. 입양아들은 친부모로부터 버림받은 상황에서 자신이 사랑받을 수 있는 존재인지에 대해 고민한다. 또한 친부모와 같이 보내지 못한 삶을 어떻게 이해해야 하는지 결정해야 한다. 어떤 이유에서든 아이를 버린 생부·생모의 경우, 그들은 종종 앨런이 말한 것처럼 상실감과 고통을 품고 다닌다. 올바른 결정을 내렸다고 생각하더라도 말이다. 그리고 입양을 하는 부모들은 대개 오랜 세월 동안 고통으로 마음이 굳은 사람들이 대부분이다. 아이를 낳을 수 없는 상황일 수도 있고, 잃어버린 뱃속의 아이 때문일 수도 있다. 이들은 종종 자기 친자식이 있다면 자신들의 삶이 어떻게 되었을지 궁금해한다.

그리고 마지막으로 정부와 입양 에이전시 등 사회사업 분야의 인물들이 있다. 정부 기관은 전문적 실행과 사기 방지, 정확한 법적 기록 등에 이해관계가 있다. 입양 에이전시는 조정 권한과 법적인 권한을 따르는 일에, 그리고 입양 서비스를 제공하는 다른 경쟁자들보다 좋은 서비스를 제공하는 데에 이해관계가 있다.

"이해관계와 '만약'의 문제들은 거대하죠." 앨런이 말한다. "그래서 그 문제를 다룰 수 있는 사람들이 필요한 겁니다. 특히 '만약'의 문제는 사람들이 아주 약해져 있을 때 제기되기 때문에 더욱 그렇습니다. 이런 상황에서 사람들은 중재자에게 의지합니다. 중재자는 입양 부모와 친부모 사이에서 균형을 유지해야 합니다."

다양한 이해관계를 만족시키는 일은 언제나 어려운 일이다. 분규가 끝없이 발생할 수도 있다. 아이를 낳은 부모의 이해관계가 다를 수도 있다. 아니면 법원 결정이 모호한 원칙에 의거할 경우, 에이전시는 그 결정이 고객에게 불필요한 부담을 주는 것은 아닌지 정부의 목적을 만족시키고 있는지 확신하기 힘들 수도 있다.

바커의 중요한 업무는 이해관계에 있는 사람들이 유연함을 지니고 서로를 존중할 수 있도록 돕는 것이다. 앨런은 손가락을 꼬며 이렇게 말한다. "이것과 같은 것입니다. 모든 것을 고리로 거는 거죠. 아이의 최대 이익, 존중과 유연함, 그리고 그것을 평생 유지하는 것, 이 모두를 말이죠. 처음부터 모르는 사람들과 편안한 관계를 유지하고 감정적 변화를 용인할 수 있다면, 즉 어떤 일이 일어날지는 정확히 모르지만 다 같이 아이와 맺는 관계의 고리를 만들 수 있다면 그것이 중요한 것이죠."

한 영역에서의 문제해결 과정은 끊임없이 변한다. 날씨가 변하는 것처럼, 또한 예측이 가능하거나 아닐 수도 있는 것처럼, 특정 영역의 협력과 갈등의 '인간 날씨' 또한 오랜 시간을 거쳐 변할 것이다. 내분을 통해 평화가 이루어지고, 고립되었던 단체들이 파트너가 되기도 한다. 같은 이해관계에 있던 사람들이 때에 따라 매우 다르게 행동할 수도 있다. 까다로운 문제일 경우 진행 상태를 정직하게 평가하는 것은 어려운 일이다. 이 순간이 바로 직관적인 판단이 시작되는 지점이다. 모든 동기와 계산, 이해관계, 그리고 잠재적 시나리오를 알 수는 없다. 하지만 그것들을 생각하는 데 시간을 할애하지 않는다면 문제를 해결할 가능성은 낮아질 것이다.

불쑥불쑥 튀어나오는 '만약'이라는 문제들

입양 과정에서 바커는 참가자들이 다른 참가자들의 감정과 서로의 이해관계를 인식하는 폭을 넓히기 위해 노력한다. 또한 서로의 행동을 이해함으로써 그들이 건강한 결정을 내리고 신뢰를 쌓도록 돕는다. 예를 들어, 아이와 친부모 사이의 서신 교환에 대한 문제를 보자. 그것은 아이가 8세인 경우에는 아무런 문제가 없다. 하지만 13세가 되면 아이가 주춤할 수도 있다. 이 경우에 바커는 입양 부모에게 이런 편지를 친부모에게 쓰라고 권한다. "아시다시피, 우리는 사춘기 아이를 대하고 있습니다. 이제 그 아이는 이런 편지 교환이 힘들다고 하네요. 아이에게 도움을 주려는 것이니 이해해주시기를 부탁드립니다." 생모는 낙담할 수도 있다. "아마도 아이 엄마는 이렇게 말하겠죠. '하지만 나는 이해할 수가 없어요. 나는 혼자된 느낌이에요. 단절된 느낌이요.' 우리의 역할은 아이가 입양

된 가족의 후원자로서 생모의 역할을 되돌려주는 것입니다."

때때로 아이의 생모가 잠시 동안 접촉하지 않도록 해달라고 요구할 수도 있다. 그러면 편지는 파일함에 보관된다. 아마도 그녀가 결혼을 하거나 지금 당장은 그것을 관리하지 못할 수도 있기 때문이다. "인생은 예측할 수 없는 방식으로 드러나죠." 앨런이 말한다.

십대가 된 아이가 친부모를 찾기를 원할 때 이해관계는 더 복잡해진다. 바커는 이 문제를 해결하는 데 도움을 줄 것이다. 그러나 그들은 청소년들이 자기 친부모를 찾는 것에는 반대하는 입장이다. "청소년은 장기적인 비전을 가지고 있지 않아요. 그들은 단지 오늘을 위해 사는 거죠. 청소년들은 경험이 부족해서 자신에게 무슨 일이 일어날 수 있는지 그리고 어떤 결과가 생길지를 이해하지 못하죠. 하지만 부모는 알 수 있어요. 이런 아이들을 돕기 위해서는 부모의 도움이 필요해요. 부모가 아이들로부터 많은 얘기들을 들어줘야 할 테니까요. 부모를 돕는 일, 그것이 우리의 일이죠."

만약 입양아가 성인이 되어 친부모를 찾으려 한다면, 바커는 그들과 함께 앉아서 그들이 무엇을 찾게 될지를 토론한다. 대부분의 친부모들은 아이와 접촉하기를 원하지만 모두 그런 것은 아니다. 몇몇 사람들은 그들의 부모에게, 배우자에게, 그리고 다른 자녀들에게 자신이 오래 전에 아이를 버렸다는 것을 얘기하지 않는다. "어머니의 세계는 문을 두드리는 노크 소리에, 혹은 전화벨 소리에 백만 조각으로 산산이 부서질 수도 있습니다. 그 어머니의 입장에서 보자면 말이죠. 그래서 중립적인 단체가 필요합니다. 우리는 전화를 걸어서 각자에게 안전한 장소를 제공해줘요. 그들이 이 관계에서 무엇을 얻고자 하는지를 결정할 동안에 말이죠."

발견자로서 바커의 역할 중 가장 중요한 것은 양부모가 상황을 정직하게 평가하고 그들의 아이들과 정직하게 얘기할 수 있도록 돕는 일이다. 이런 정직함은 부모와 아이들이 인지한 문제로부터 실제 문제와 논쟁점을 분류할 수 있도록 돕는다. 감정적 영역에 대해 정확한 지식을 갖추면 우리는 자기 발견 기회를 증대시킬 수 있다.

대부분의 입양 부모에게 가장 힘든 문제는 입양이 처음부터 그들의 필수적인 선택이 아니었다는 점이다. "이 사실을 인정한 부모들은 잘 해나가죠." 앨런은 말한다. "그러면 아이들은 이렇게 말할 수 있겠죠. '흠, 저는 입양되지 않았을 수도 있었네요. 하지만 내 친부모가 나를 기를 수 없었기 때문에, 입양은 아주 다행스러운 일이에요.' 이 발견의 순간은 특별합니다. 이제 모든 사람들이 그 결정의 희비가 엇갈리는 순간을 볼 수 있고, 그것을 자신들의 삶의 한 부분으로 받아들이죠. 그래요. 이런 삶은 다른 사람들과 다를 수도 있어요. 하지만 그것이 좋지 않다는 것을 의미하지는 않습니다."

핵심 인물들과의 이해관계를 평가하라

어떤 영역에 대한 탐험이든 그 결과에는 고유한 이해관계로 얽혀 있는 사람들이 있다. 어떤 분야든 적대적이기도, 친근하기도, 때로는 무관심하기도 한 사람들이 있다. 시장에는 고객과 공급자 그리고 경쟁자가 있기 마련이다. 한 영역에서 무슨 일이 일어날지를 결정할 때나 특정 문제나 기회에 초점을 맞출 때에도, 변화를 겪고 있는 조직 안에서 이해관계에 있는 사람들에게 영향을 주지 못한다면 당신은 완전히 이해했다고 할 수 없다.

큰 문제를 해결하다보면 사람들의 이해관계에 영향을 주기 마련이다. 이러한 이해관계는 대개 서로 다르기 때문에, 역학관계가 중요해진다. 경쟁적이거나 협동적인 세계에서 힘이 어디에 있는지 그리고 그 역동성이 무엇인지 아는 것은 중요하다. 즉, 핵심 역할을 하는 사람들과 그들의 이해관계, 그들의 편견, 당신에 대한 성향, 그리고 서로에 대한 성향을 아는 것은 성공의 기회를 잡는 것이다. 이러한 지식이 없으면, 다른 사람이 던져 놓은 장애물 때문에 전진이 어려워지거나 불가능해질 수 있다. 이해관계는 재정적, 물질적, 혹은 심리적인 것일 수도 있다.

오늘날과 같은 전문적 세계에서는 복잡한 감정까지 고려할 시간이 없다. 하지만 감정의 힘은 엄연히 존재하고, 그것을 모른다면 오히려 감정에 휩쓸릴 수 있다. 사회사업가들은 이런 인간관계의 복잡함을 발견하는 데 탁월한 능력을 갖고 있다. 바커 재단의 입양을 다루는 사람들도 마찬가지다. 이들에게는 배울 점이 많다. 한 가지 예를 들면, 기업합병이나 기업인수 과정은 입양과 놀라울 정도로 동일한 절차로 진행된다.

행동하는 발견자

도전적인 상황에 직면했을 때, 초점을 맞추고 다양한 사람들과 다양한 이해관계가 얽혀 있다는 것을 이해하라. 핵심적인 사람들의 목록을 만들고 그들의 중요성, 의지력, 그리고 능력에 따라 우선순위를 정하라. 이제 가장 높은 우선순위에 있는 사람들의 이해관계를 절대적인 견지에서, 그리고 다른 사람들과의 관계의 측면에서 설명하라. 이 정보를 사용하여 문제를 해결하는 데 영향을 끼치는, 공통의 혹은 대립하는 이해관계의 영역을 확인하라.

NTSB

"왜? 날개의 결빙이 비행기 추락에까지 영향을 미치는가?"

그때까지만 해도 날개에 생긴 얇은 얼음 층 때문에 비행기가 통제불능 상태가 될 수도 있다는 경고는 없었다. 1997년 1월, 컴에어^{Comair} 3272기는 땅에 곤두박질 치면서 화염과 함께 폭발했고 축구장 만한 길이에 축구장의 두 배나 되는 넓이의 지역에 무시무시한 흔적을 남겼다.

그것은 신시네티와 디트로이트를 잇는 40분간의 일상적인 비행중에 일어난 사고였고, 모든 좌석이 거의 꽉찬 상태에서 일어난 참사였다. 미국의 하루 비행기 승객수 160만 명 중에서 14만 명이 퍼들 점퍼스^{Puddle-jumpers}라고 불리는, 사고 비행기와 비슷한 쌍둥이 엔진 터보프롭기를 장착한 비행기를 탄다. 42세의 조종사 댄 칼슨^{Dann Carlsen}은 9년 간 무사고 경력자였다. 그는 사고 전 이틀 동안 휴가였고 그 동안 밀린 일을 하고 컴퓨터 작업을 했다고 한다. 그와 함께 비행해본 사람들은 그가 매우 밝고 재미있는 사람이라고 말했다.

다른 항공기 사고와 마찬가지로, NTSB^{The National Transportation Safety Board}(미 연방 교통안전위원회)는 사고 원인을 밝히고 대책을 마련하기 위해 사고 지역에 조사단을 급파했다. 1967년 이 단체가 만들어진 이래로, NTSB는 350건 이상의 주요 항공기 사고를 조사했고 몇 가지를 제외한 모든 사고에서 원인을 찾아냈다. 조사에는 짧게는 몇 달, 길게는 몇 년이 걸리기도 하지만 사람들은 조급해하며 답을 원한다. 가족들은 물론 항공사도 답을 원한다. 이 재난을 예방할 수 있었는가? 또한 다른 비행기에는 기계적 문제가 없었는가? NTSB는 문제의 핵심을 간파하기 위해서 이 나무(특정 추락), 다른 나무들(다른 비슷한 추락), 그리고 숲(이 기관이 감독하는 산업)을 이해해야만 한다. 앞으로 이와 비슷한 추락사고를 예방할 수 있을 것인가?

"복잡한 문제일수록 모든 가능성을 고려해야 한다"

교회의 야외 집회장 옆, 추락 지점은 험하고 음산했다. 사고 지점을 복구하는 사람들은 뼈를 얼리는 추위 때문에 15분에서 20분마다 교대를 해야 했다. 충돌로 인해 엔진은 얼어붙은 땅속을 1미터나 뚫고 들어갔고, 그것을 파내려다 몇 개의 피켈이 부서졌다. 폭풍이 다가오고 있었고, 17cm의 눈이 더 쏟아질 것으로 예보됐다. 사고 잔해를 덮기 위해 방수포가 준비되었다. 화염의 충격으로 비행기는 산산조각 났다. 브라질 산 엠브레어^{Embraer} 120은 까맣게 타들어갔고 뒤틀린 금속 파편이 여기저기에 흩어져 있었다. 비행기의 흔적은 찾아보기 힘들 정도였다.

항공기 사고는 여러 단계로 분석된다. 가장 하위 단계는 분자를 분석하는 것이다. 이 단계에서는 예상치 못했던 위험을 만들어낼 만한 화학물질들의 반응을 조사한다. 여기에서는 기계 부품의 품질이나 제조 단계에서의 실수도 점검한다. 그 다음 단계는 비행기의 디자인이 잘못되지 않았는지 조사하는 것이다. 그리고 마지막 단계는 테러리스트가 공중납치를 하거나 비행기를 폭파할 만한 국가 사이의 정치적 긴장은 없는지 조사한다.

복잡한 문제일수록 핵심에 접근하기 위해서는 숲과 나무를 모두 보는 능력이 필요하다. 최고의 전략은 두 가지 방법을 주기적으로 그리고 규칙적으로 번갈아 사용하는 것이다. 세부적인 내용에 몰입했다가, 높은 곳에서 전체 상을 바라보고, 그리고 다시 세부적인 것으로 이동하는 것이다. 이 접근법은 문제를 정확히 이해하고 그 결과 새로운 문제를 만들지 않으면서 올바른 해결책을 도출해낸다.

"기본 원칙은 아무것도 추정해서는 안 된다는 겁니다." NTSB의 항공 안전 이사 버나드 롭Bernard Loeb은 말한다. "모든 가능성을 고려해야 합니다. 그리고 가능성을 하나씩 지워 나가야죠." 조사가들은 '네 모서리', 즉 비행기의 코와 두 날개 끝, 그리고 꼬리를 본다. 공중에서 어떤 부분이 떨어졌는지 알아보기 위해서다. 또한 밸브와 전기 부품들을 조사한다. 조종사의 시신은 부검을 통해 약물 · 알코올 조사를 하며 조종사의 사생활 또한 조사한다. 조종사들이 가족이나 돈 문제로 스트레스를 받지는 않았는가? 조종사가 모험을 즐기는 사람이었는가, 규칙을 따르는 데 어려움을 겪는 사람은 아니었는가? 조종사들이 적절한 훈련을 받았는가? "어떤 면에서 당신은 일말의 가능성이라도 찾을 수 있을지 모릅니다. 하지만 그 후에 일은 정말로 더 어려워지죠." 롭은 말한다.

어떤 종류의 실패가 어떤 수준에서 가장 빈번히 일어나는지를 밝히고,

이것을 이전의 실패 유형과 비교하고, 원인을 판별하는 데에는 비결이 있다. 때때로 아주 간단한 인과관계의 사슬이 있다. 알래스카 에어라인 Alaska Airlines: AA 비행기에서 마모된 금속이 안전장치를 무력하게 만들었을 때처럼 말이다. 다른 때에는 좀더 복잡하다.

전문가들은 최악의 재난은 종종 다양한 실수가 상호작용한 결과로 일어난다고 생각한다. 안전 프로토콜의 실패, 화물 확인에서의 실수, 산소통의 미흡한 처리, 이 세 가지 문제가 결합하여 플로리다 에버글레이드에서 밸루젯Valu-Jet 항공사의 비행기가 추락했던 것처럼 말이다. 따라서 조사원들은 어떤 문제가 어디에서 일어났고 어떻게 원인과 결과의 고리가 연결되어 있는지를 알 수 있을 때까지 다양한 분석을 유연하게 할 수 있어야만 한다.

롭은 사고 장면은 단지 정보를 제공할 뿐이라고 설명한다. 대부분의 발견과 문제해결은 사고 현장이 아니라 꼼꼼한 증거 관찰을 통해 이루어진다. 3272기의 현장 조사는 일어날 것 같지 않은 일, 즉 배제해야 할 것을 조사하는 것이 중요하다는 교훈을 준다. 이를 통해 시간과 정력, 관심, 자원의 낭비를 막을 수 있다.

3272기의 미스터리를 해결하는 것은 단일한 증거가 없었기 때문에 특히 어려웠다. 대신 가능한 모든 원인을 확인하기 위해, 그 자체로는 충분하지 않지만 모이면 큰 단서가 될 것들을 찾아야 했다.

원인과 결과 사이에는 '왜'의 사슬이 필요하다

인과관계의 사슬을 만들기 위해서는 '왜?'라는 질문이 필요하다. 나는 그것을 '왜'의 사슬이라고 부른다. 왜 그것이 통제력을 상실했는가? 날개의 균형이 잘못 조정되었기 때문이다. 왜 날개가 잘못 조정되었는가? 조종사는 잘못된 방향으로 조정해야 할 상황이라 믿었기 때문이다. 왜 조종사는 오판을 했는가? 불완전한 계기판을 보고 있었기 때문이다. '왜?'라는 사슬을 사용할 때에는 변화를 일으키는 지렛대점에 도달할 때까지 질문을 계속해야 한다. 사슬을 연결하기 위해서는 각 사실과 다음 사실 사이의 관계를 지지할 증거가 필요하다.

그렇다면, 컴에어 3272기의 추락 원인은 무엇인가? 사고 당일 날씨는 끔찍했다. FAA Federal Aviation Administration (미연방항공청)에 따르면, 가시 거리는 대략 2.4킬로미터 정도였다. 어떤 조종사들은 날개에 얇은 얼음 층이 있었다고 보고했으며, 그것은 한 가지 원인으로 판명되었다. 비행 데이터 기록기는 두 번째 원인, '구동력 분배'에서 단서를 찾아냈다. 즉, 비행기의 쌍둥이 엔진들이 전복하는 순간에 서로 다른 힘을 발생시켜서 조종사가 비행기를 조종하기가 어려웠을 것이다. "그것은 아마도 마지막 지푸라기였고 이로 인해 더 악화되었죠." 롭이 말한다. "이런 질문이 또 제기되죠. 왜 구동력 분배가 발생했는가? 왜 이런 현상이 발생했는가? 그리고 왜 그것이 비행기 추락의 원인이 되었는가?"

얼음이 어떻게 문제를 일으켰는지를 알아보기 위해 조사가들은 브라질의 제조본부로 가서 여러 가지 테스트를 수행했다. 또한 컴에어 비행기의 날개와 비슷한 터보프롭 날개들을 오하이오주 클리브랜드에 위치한 NASA의 풍동 wind tunnel 장치로 가지고 갔다. 그곳에서는 추락 바로 직전에 발생했을 거라고 추정되는 상황을 재현하기 위해서 날개에 물을 뿌린 후 미세한 안개 속에서 냉각시켰다.

풍동 실험을 통해 조사가들은 엠브레어 120이 매우 작은 양의 미세한 사포 같은 얼음, 즉 이 비행기의 조종사들이 일반적으로 경고받아온 1.3센티미터보다 훨씬 얇은 층에서도 비행이 어려울 수 있다는 사실을 알아냈다. "조종사들은 우리가 지금 본 것과 같은 현상을 보지 못했을 수도 있습니다." 롭이 말한다. "그러나, 비록 클리브랜드 풍동 실험의 결과가 중요하지만, 그것이 핵심을 지적하는 단일한 증거는 아닙니다. 그것은 퍼즐의 한 조각에 불과합니다."

NTSB는 사고기의 조종사가 비행기를 너무 천천히 운항했다고 했다. 속도는 160노트 이하였고 비행기에 장착된 얼음방지 장치도 적절하게 사용하지 않았다. 하지만 이러한 두 가지 사실은 롭의 말처럼 본질적으로 근본 원인, 즉 이와 같은 사고를 방지하기 위해 교정할 필요가 있는 원인은 아니다. 질문은 다시 "왜?"이다. 왜 조종사가 그렇게 느리게 운항했을까? 왜 조종사는 얼음방지 장치를 적절히 사용하지 않는가?

복잡한 문제는 언제나 다양한 원인들을 가지고 있지만, 실패의 근본 원인을 찾아내는 것이 마지막 단계는 아니다. 일단 확인되었어도, 아직 가장 중요한 결정이 남아 있다. 이 실패가 특정 상황에 국한된 것인가? 아니면 구조적인 문제인가? 컴에어기 추락의 경우 비행기 제작의 오류나 수정해야 할 기준 등을 보여주는 것인가? 이 질문에 답하기 위해 NTSB는 사고 비행기에 대한 데이터 베이스를 검토했고 비행기 회사들과 상담했다. 같은 원인으로 다른 추락, 즉 폭넓은 문제를 가진 추락사고가 발생한 적이 있는가? 를 살펴봐야 한다.

NTSB의 목표는 원인을 충분히 이해하고 후에 일어날 수 있는 문제들을 예방하는 것이다. 어쨌든 이들 두 조종사가 마지막 순간에 그들이 곤경에 빠졌다고 경고를 받았는가? 그들은 자신들이 너무 느리게 비행하고 있다는 것을 알 수 있는 정보를 가지고 있었는가? 아니면 사포처럼 가는 얼음이 그렇게 위험할 수 있다는 정보를 가지고 있었는가?

"우리가 정말 알아내고자 하는 것은, 힘든 과정입니다만, 단지 무슨 일이 일어났는지가 아닙니다. 그것을 초월해서 보는 것이죠. 기계 장치의 결함에서 비행기가 추락했다는 것이 실제 발생한 일입니다."

NTSB는 이 사고의 원인을 세 번째 단계인 시스템으로 보았다. 이사회가 말한 것처럼 터보프롭이 결빙 조건에서 비행할 때 지켜야 할 인증 기준이 부적절했기 때문이다. 먼저 NTSB는 결빙 조건에서의 최소 비행속도를 지정할 것을 권했다. 또한 조종사들이 문제에서 빨리 벗어날 수 있도록 경고해야 한다고 권했다. 한편 FAA는 엠브레어 120에 새로운 결빙 감지 시스템을 채택해야 한다고 제안했다.

NTSB는 의도하지 않은 결과를 고려한다. "그것은 항상 우리 마음에 달려 있어요. 당신은 이 문제를 해결하지만 또 다른 문제를 만들어내죠." 롭이 말한다. 때때로 기계적 문제를 해결하면 인력 문제가 발생할 수도 있다. "하지만 당신은 대부분의 사람들이 생각하지 않는, 예를 들면 태도의 문제 같은 다른 문제를 만들어낼 수 있습니다. 이제 문제를 해결했다고 조종사들이 믿는다면 그들은 더 이상 주의를 기울이지도 않고, 문제를 인식하지 못할지도 모릅니다. 한번 수정으로 문제가 완벽하게 해결되는 것은 아닙니다. 사람과 기계 모두의 실패를 극복할 수 있는 시스템을 갖고 있어야 합니다."

전체를 보고 핵심을 파악하라

지식을 얻고, 초점을 확인하고, 이해관계를 밝히면, 발견자는 이제 행동을 취하기 위해 문제를 이해하는 단계로 전진해야 한다. 이해를 바탕으로 하여 문제의 분석 단계로 빠르게 이동할 수 있다. '숲'을 볼 때에는 그 영역의 보편적 전망, 즉 일반적 지식을 갖게 되지만, 그 지식을 구체적으로 이용할 수는 없다. 특정한 패턴이나 사건의 형태에서 개별적인 '나무들'을 볼 때에는 분명하고 영향력을 지닌 특정한 분야를 알 수 있게 되지만, 전반적인 요소들은 놓칠 수 있다. 두 가지를 병행하는 것, 전체를 이해하되 문제의 핵심을 놓치지 않는 것이 필요하다.

모든 시스템(혹은 환경)은 작은 행동들이 큰 파장을 불러오는 중추적인 지렛대점을 가지고 있다. 공학자들은 이것을 단일장애지점^{single points of failure:} SPFs이라 부른다. 현명한 발견자들은 이 SPFs가 어디에 있는지 정확히 알아야만 하고 그것에 면밀한 주의를 기울여야 한다. 문제의 근본 원인들이 놓여 있는 이 지점에서는 예방책을 통해 문제를 막을 수 있다. 그러나 복잡한 문제에는 다양한 원인들이 존재한다. 따라서 이에 반응하는 것은 상대적으로 더 어려운 일로, 다양한 부분뿐만 아니라 전체를 볼 줄 아는 지식이 필요하다.

오늘날은 과학기술이 날로 복잡해지고 있고, 한계가 변하고 있으며, 자원은 점점 희소해지고 있다. 따라서 문제해결을 위해서는 문제가 발생한 초기에 올바른 체계를 정의하고, 전체를 바라보고, 지렛대점을 빨리 확인해야 한다.

NTSB는 실패의 핵심 지점을 발견하는 방법을 알고 있으며, 이를 전체 산업에 적용하는 방법 또한 알고 있다. 이러한 기술은 모든 사고 상황에 적용된다. 1997년 1월, 컴에어 3272기가 디트로이트 외곽의 빙판으로 급강하한 사고로 탑승객 29명의 생명을 앗아갔을 때에도 마찬가지였다.

행동하는 발견자

현재 해결해야 할 문제의 근본 원인이 무엇인지 진정으로 이해하고 있는가? 아직 분석하지 못했다면, 가장 고통스러운 증상에서 시작해서 근본 원인을 찾을 때까지 "왜?"라는 질문을 계속하라. 가능한 한 모든 사항을 고려하라. 이미 끝마쳤다면, 근본 원인 중 어떤 것이 가장 민감한지, 가장 작은 변수가 가장 큰 영향을 주는 원인이 무엇인지 확인하라. 분석하고, 결과에 가장 민감한 원인들에 집중하라. 마지막으로 당신이 이 조사에 몰두하는 동안, 의도하지 않았던 결과를 고려하라. 해결책을 고안할 때쯤 당신은 더 철저한 준비를 할 수 있을 것이다.

discoverer 06

제록스

Pat Wallington

배우는 법을 배운다, 변하는 법을 배운다

제록스^{Xerox}는 1998~1999년에 수천 명의 직원을 고용했고 2000년에도 같은 수의 직원을 고용했다. XBS^{Xerox Business Services}(제록스 비즈니스 서비스)의 영업 훈련 담당자 레이먼드 라메스^{Raymond Lammes}는 신입 사원들에게 빠르고 효과적으로 그 산업과 회사에 대해 가르쳐야 한다고 생각했다. 전직 교사라는 이력을 통해 그가 얻은 교훈은 '학습은 재미있어야 한다'는 것이었다. "교실에 있는 학생들은 지루해 죽을 수도 있습니다. 교육은 오락의 한 부분입니다. 지식의 부분이기도 하고, 동기의 부분이기도 하죠. 학생들에게 동기를 부여하지 못한다면, 세계의 모든 기술과 지식은 가치가 없습니다."

재미있는 학습을 위해, XBS는 버지니아주 리스버그에 학습 캠프를 설립했다. 모든 신입 사원들은 야생동물들이 서식하는 산기슭에 위치한 학습 캠프에서 회사생활의 첫발을 내딛는다. 교실은 950개의 침대가 있는 기숙사에 둘러싸여 있고, 신입 사원들은 오전 7시 55분에 기상해서 8시에 바로 수업을 듣는다. 효과적인 학습 방법에 대해 연구하기 전에는 XBS도 지루한 강의를 반복했었다. 하지만 이론만 전달하는 강의가 직원들에게 아무런 도움이 되지 않는다는 것을 인식하고는 달라지기 시작했다. 학생들은 사람들을 먼저 배운 뒤 다른 것도 차츰 배워나갔다.

라메스는 이렇게 말한다. "우리는 그들에게 지식을 주입하고 그들이 그것을 실전에서 사용할 수 있기를 바라는 것보다 어떻게 하면 활동하기 좋은 환경을 만들 수 있을지를 고민했습니다."

"학습은 재미있어야 합니다"

배우는 방법을 배우는 것은 학습 그 자체가 지식 순환의 중심임을 뜻한다.(표 3) 지식은 바퀴의 한 지점에서 시작해서 발견되고 창조되고(즉, 형태

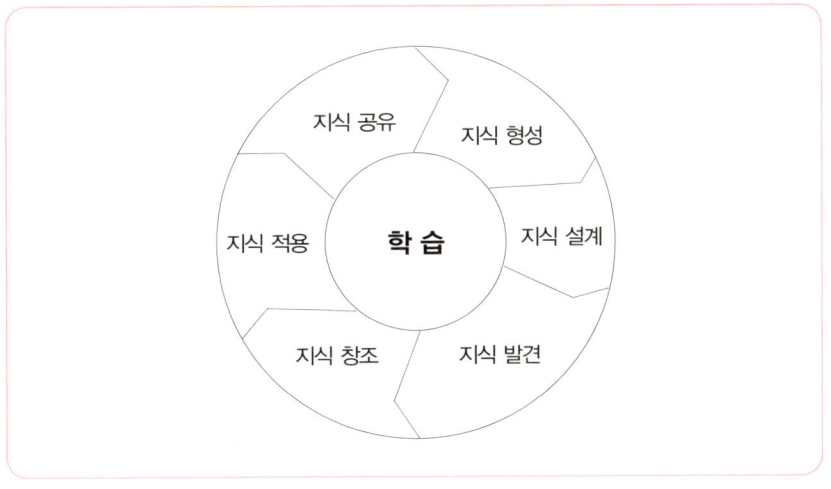

〈표 3〉 학습과 지식의 순환

를 갖게 되고), 적용되고, 공유되고, 형성된다. 학습은 단지 지식을 축적하는 과정이 아니라 역동적인 과정이다. 서로 영향을 주고받으며 함께 역동적으로 움직인다. 학습은 지식의 흐름이며 계속적으로 순환한다. 그 흐름을 아는 것이 중요하다.

이런 이유로 제록스의 수업은 모든 요소를 골고루 사용할 수 있는 문제 해결 상황을 제시하고 역동적인 협동을 이끌어낸다. 예를 들면, 한 훈련 과정에서 44명의 사원들이 실제 상황과 비슷한 과제를 부여받는다. 과제는 컨벤션 센터를 기념할 패키지 상품을 생산하는 것이다. 그 패키지는 엽서와 스티커, 그리고 브로슈어 등이 포함되어야 한다. 참가한 직원들에게는 20분의 시간이 주어진다. "첫 번째 시도는 큰 실패였죠." XBS의 학습 파트너 루이스 올모스 Louis Olmos가 말했다. 신입 사원들은 44개의 패키지는 고사하고 거의 하나도 만들지 못했던 것이다.

신입 사원들은 다음날에도 반나절 동안 처음에 하던 일을 계속 반복하며 문제를 수정해나갔다. 다음 날 이 과정은 능숙해졌고, 수업을 받던 사람들은 20분만에 44개의 기념품을 만들어냈다. (XBS는 이 책자를 90일 동안 보관하고, 교육에 참가한 사람들에게 그들이 배운 것을 기념품으로 발송한다)

때로는 '학습한 것을 버리는 것'도 학습의 한 측면이다. 준비된 탐험가는 배경 지식, 이전 여정에 대한 평가, 그리고 가정을 하고 새로운 영역에 대해 배우기 시작한다. 이미 배운 것 중 그 분야에 도움이 되는 것도 있지만, 버려야 할 것들도 있다. 새로운 영역에서 새롭게 배울 수 있는 여지를 남겨놓기 위해서 말이다. 학습은 변화에 대한 것이며, 학습된 행동을 받아들임과 동시에, 또한 학습된 행동을 버리는 것이기도 하다. 그러나 배워서 습득한 행동을 버리는 것은 쉽지 않다. 변화를 위해서는 개인의 강한 의지가 필요하다.

제록스의 전 CIO^{chief information officer}(최고정보관리책임자) 패트 월링턴^{Pat Wallington}은 이것을 다음과 같이 표현한다. "배우는 법을 배워라. 변하는 법을 배워라." 즉, 새로운 환경에서는 더 이상 필요 없는 지식과 습관에 맞서 그것들을 기꺼이 다시 평가할 수 있어야 한다는 것이다. 그 지식들이 빠져나갈 수 있는 시간을 가져야 한다. 그리고 일을 처리하는 새로운 방법을 배워야 한다. 나이가 들수록 이 일은 힘들어진다. 믿음과 지식을 버리는 데는 겸손함과 느슨함, 유머, 재미, 그리고 유희가 필요하다. 이 과정을 촉진하기 위해서 XBS는 학생들 스스로가 탐구하고 공유하고 배움 그 자체를 배울 수 있는 학습 환경을 창조한다.(표 4)

학습 캠프는 컴퓨터실을 개조하여 학생들이 자유롭게 이동할 수 있도록 넓은 공간으로 이루어져 있다. 사원들이 자신의 CD를 가지고 오는 것도 허용된다. 고전 음악에서 록음악, 그리고 랩까지 다양한 음악을 틀어

· 배움은 근본적으로 사회적인 것이다.

· 지나친 훈련은 배움을 숨막히게 한다.

· 배움을 지지해주는 환경이 필요하다.

· 배움에는 한계가 없다.

· 배움은 스스로 방향을 정하고, 다른 사람들에게 안내 받는다.

· 실천하면서 배운다.

· 때때로, 최고의 배움에는 안 배우는 것도 포함된다.

〈표 4〉 배움의 원칙

놓은 채로 수업은 진행된다. 캠프는 '루트 XBS' 테마를 가지고 있는데, 전설적인 '루트 66(미국 최초의 대륙횡단도로)'의 분위기를 익살스럽게 따온 말이다. 각 수업에는 '고객우선으로 가는 길'이라는 이름이 붙여지고, 그 수업 전반에는 '여정 journey'이라는 중심 사상이 흐른다. 학습을 촉진하는 사람들, 혹은 교사들은 '여행 가이드 tour guides'라고 불린다.

XBS의 수업 환경은 정보 학습자, 경험적 학습자, 자각력 있는 학습자, 활동적인 학습자, 그리고 그 외 학습자들 모두를 고려한다. 이런 자유는 흥미와 호기심, 매혹, 그리고 경이감을 불러일으킨다. XBS는 특정한 목적과는 관계없다 해도 이와 같은 정신을 중요하게 여긴다. 유희와 재미는 학습과 숙고만큼이나 중요한 요소이며, 이를 통해 학생들은 배운 것을 버리는 것도 습관처럼 즐기기 시작한다.

XBS는 직원들의 능력 향상과 고객만족도를 보고 자신들의 전략이 적중했음을 확신했다. XBS가 1997년 말콤 볼드리지상 Malcome Baldridge National Quality Award을 수상했을 때, XBS의 소비자 만족도는 95퍼센트였고, 소비자의 신뢰도는 94퍼센트, 그리고 직원 만족도 또한 80퍼센트에 다다랐다. 올모스는 말한다. "사람들은 매우 높은 동기를 가지고 일터로 돌아옵니다. 사람들은 학습의 가치를 깨닫기 시작해요. 그리고 스스로 그것을 찾아내죠."

일단 직원들이 학습하는 습관을 갖기 시작하면 그들은 새로운 문제에 직면하거나 새로운 영역을 탐험할 때 계속해서 배울 준비가 되어 있다. 이 습관은 학습에서 느끼는 기쁨과 함께 더욱더 강화된다. 지식 순환은 스스로 힘을 만들어가며 새로운 영역으로 뻗어나가는 수레바퀴와 같다.

실전을 통해 즐겁게 배워라

탐험 과정에서 배우지 않는다면, 올바른 질문을 하고 이해하기 어려운 패턴을 발견하고 문제의 핵심을 파악하고 문제의 중심에 있는 사람들의 이해관계를 아는 것은 아무런 소용이 없다. 학습 방법을 배우는 것은 가장 중요한 기술 중 하나다. 배우는 방법을 배우는 데 능숙한 리더들은 능력을 배가시키고 일을 신속하게 해결한다. 그들은 정기적으로 비슷한 문제에 직면할 때, 새로운 해결책을 만들어낼 필요 없이 이전에 검증된 해결책을 택해서 다시 사용하면 된다는 것을 안다. 학습은 배우는 방법을 가장 잘 이해하고 그 학습을 행동으로 연결할 때에 성공할 수 있다.

이와 마찬가지로 장애물에 부딪쳐 실패하는 회사와 승리하는 회사의 차이는 학습 능력에 달려 있다. 급변하는 환경에서 학습과 행동의 관계는 매우 중요하다. 선택한 영역에 대해 빠르게 배울수록 위기를 관리하고 기회를 찾는 일이 수월해진다. 배운다는 것은 자기 발견과 깊은 관련이 있다. 최고의 배움은 실전에서 문제에 부딪쳤을 때 가능해진다.

행동하는 발견자

잠시 시간을 갖고 최근에 당신이 배운 것 중 가장 중요한 것과 당신이 배우고 싶은 것을 확인해보라. 그리고 학습 경험 중에서 가장 재미있었던 것과 가장 싫어했던 것을 골라보라. 각각의 경우 그 이유를 설명해보라. 이제 올바른 학습 유형을 익히기 위해, 가장 즐거운 방법으로 당신이 정말 원하는 것을 배울 수 있는 방법을 찾아라. 만일 성공한다면 그 과정을 반복하면 된다. 그러면 당신은 최고의 학습 곡선 위에 있을 수 있게 된다.

의사소통자형

그들은
소통하는 방법이
다르다

나는 강한 개인과 소규모 핵심 그룹이 끼치는 영향을 호수에 던진 돌 효과라고 부른다. 핵심
틀이 확장됨에 따라 관계가 서로 맞물리면서 형성된 네트워크는 목적지를 선택하거나 그곳에
해 떠날 때 직면할 수 있는 가능성과 한계의 지도 형성한다. 특정한 문제와 상관없이 자신의
관계를 선택하고 형성하고 끝어내고, 또한 그것에 거나하는 것은 역설적이게도 의사소통자의 핵
심 능력이다. 이 네트워크의 창조와 강화 그리고 유지를 위해서는 문제뿐만 아니라 개인적 삶의
여정에도 주의를 기울여야 한다. 허술하게 맺은 관계는 프로젝트의 에너지를 약화시키거나 처음
에 정의한 문제보다 더 심각한 문제들을 만들어낸다. 또한 개인적인 성장도 억제한다.

문제가 까다롭고, 또 그 문제에 많은 사람들이 연관되어 있을수록 인간관계가 중요해진다. 모든 관계는 의사소통에서 출발한다. 눈에 잘 띄지는 않지만 가장 가치 있는 기술이 바로 커뮤니케이션 능력이다.

강력한 리더십은 핵심 팀을 조직하고 협력관계를 형성한다. 핵심 팀은 동일한 목표와 신뢰를 바탕으로 네트워크를 형성하며 영향력을 넓혀간다. 이 네트워크는 금세 자기만의 정체성과 문화를 갖춘 살아 있는 공동체로 진화하고 그 공동체의 수명은 조직원들 사이의 정체성과 협동, 친밀도를 강화하면서도 개인의 다양성을 인정하고 활기를 유지할 수 있을 때에 지속된다.

역사를 바꾼 중국 혁명가들의 대장정

1934년 중국공산당은 8만 4천 명의 미숙한 신참내기들과 훈련을 한 번도 받은 적이 없는 무리들로 구성돼 있었다. 그들은 위험에 처해 있었고 수세에 몰렸다. 중국공산당에 대항하여 국민당 군대는 모든 퇴로를 차단하는 고립화 전략을 펼쳤다. 이런 상황에서 공산당이 직면한 문제는, 그들이 아무런 방해를 받지 않고 병력을 이동하여 벗어날 수 있는 방법, 혁명을 위한 새로운 작전의 기초를 마련하는 것이었다. 또한 이것은 국가의 새로운 지도자를 세울 수 있는 기회이기도 했다.

1년에 걸친 기나긴 여정을 통해 중국공산당원들은 강인하고 현명하며, 경험이 풍부하고 박식한 혁명가가 되었다. 그들의 결속력은 가족만큼이나 단단했다. 이들은 그 후 60년간 그들의 전체 지도부가 소멸할 때까지 매우 견고한 관계를 맺었다. 결국 중국을 통치한 사람들은 1934년 10월부터 1935년 10월까지의 대장정에 참가했던 중국공산당원들이다.

이 장정은 역사상 가장 위대한 퇴각의 하나로 손꼽히는 전설이 되었다. 하지만 그것은 퇴각이자 진보였다. 여정 자체만 보고 장정을 파악할 수는 없다. 장정의 과정에는 결속된 관계와 파괴된 관계, 승리한 당파와 패배한 당파, 서로 분리되었다가 다시 만난 동료들, 성공한 사람들과 낙오된 사람들 등 다양한 관계가 얽혀 있다. 즉, 그들의 장정은 위기를 헤쳐 나가는 데 있어 관계가 얼마나 큰 핵심 역할을 하는지를 보여주는 완벽한 사례라고 할 수 있다. 이와 같이 역사를 바꾸는 대단한 모험에서 집단의 동일성과 동료애를 형성하는 것은 어떤 문제보다 중요했다.

마오쩌둥毛澤東, 저우언라이周恩來, 덩샤오핑鄧小平과 동료들이 통치권과 자원을 손에 넣기 위해 벌인 싸움은 수백 년 동안 반역자와 혁명가들이 과제로 삼아온 도전이었다.

오늘날 비즈니스 세계의 전쟁은 이와는 많이 다르다. 하지만 회사의 경영권 인계 및 인수합병 등의 문제는 그것이 더 이상 거대 기업들의 개별적인 문제가 아님을 보여준다. 인간관계에서의 결속과 분리, 탐험과 퇴각, 지배와 굴복을 포함한다. 개인적·집단적 관계에서 드러나는 동맹과 제휴, 경쟁과 대항은 위험과 약속이라는 두 가지 요소를 모두 주는 동시에 조직에 활력을 불어넣는다.

목적과 수단을 떠나 마오쩌둥과 그의 동료들은 대장정을 통해 관계를 맺는 것이 중요하다는 사실을 인지했고, 장정에 참가한 사람들은 모든 사람들을 당장에 삼켜 버릴 수도 있는 혹한의 추위와 심각한 기아, 그리고 크나큰 상실감에 맞서 함께 이겨냈다. 사람들을 천천히 연결하고 하나로 묶을 수 있었기에 그 장정은 성공할 수 있었다. 의사소통을 통해 그들은 관계를 강화하고 협동했다. 서로를 돕고, 약한 지점을 보완하고, 개인적 부분의 합보다 더 큰 힘을 발휘하는 강력한 힘을 가짐으로써 스스로를 도울 수 있었던 것이다.

그들은 의사소통과 관계를 강화하는 네트워크를 구축해서 결국 목적지에 다다를 수 있는 영속적인 상호작용을 이끌어냈다. 그들은 영구적인 집단의 정체성을 형성하면서도 개인의 요구까지도 고려했다.

효과적인 협력관계, 팀, 네트워크를 구축하는 것은 항상 중요한 일이지만, 특히 두 가지 이유로 오늘날 핵심적인 문제가 되었다. 첫째, 의사소통과 상호 협력은 새로운 관계를 만들어낼 기회를 창출한다. 둘째, 이 의사소통 기술은 우리 삶의 방식에 영향을 주는 세계화와 유동성을 가져오지만 동시에 우리를 분리시키고 멀어지게 하기도 한다.

네트워크의 동심원을 만들고 확장하라

나는 강한 개인과 소규모 핵심 그룹이 끼치는 영향을 '호수에 던진 돌' 효과라고 부른다. 핵심 그룹이 확장됨에 따라 관계가 서로 맞물리면서 형성된 네트워크는, 목적지를 선택하거나 그곳을 향해 떠날 때 직면할 수 있는 가능성과 한계를 형성한다. 특정한 문제와 상관없이 자신만의 관계를 선택하고, 형성하고, 끌어내고, 또한 그것에 기여하는 것은 역설적이게도 의사소통자의 핵심 능력이다. 이 네트워크의 창조와 강화, 그리고 유지를 위해서는 당면한 문제뿐만 아니라 개인적 삶의 여정에도 주의를 기울여야 한다.

허술하게 맺은 관계는 프로젝트의 에너지를 약화시키거나 처음에 정의한 문제보다 더 심각한 문제들을 만들어낸다. 또한 잘못된 길로 이끌거나 개인적인 성장도 억제한다. 이러한 관계의 악영향을 예전보다 더 두드러지게 나타날 수 있다. 왜냐하면 법정 공방이나 프로젝트 연기, 혹은 부적절한 자질로 인해 손실되는 시간과 에너지, 자원이 예전보다 감당하기 어려워졌기 때문이다. 반면 돈독한 관계는 이전에 생각해본 적이 없는 새로운 기회를 발견

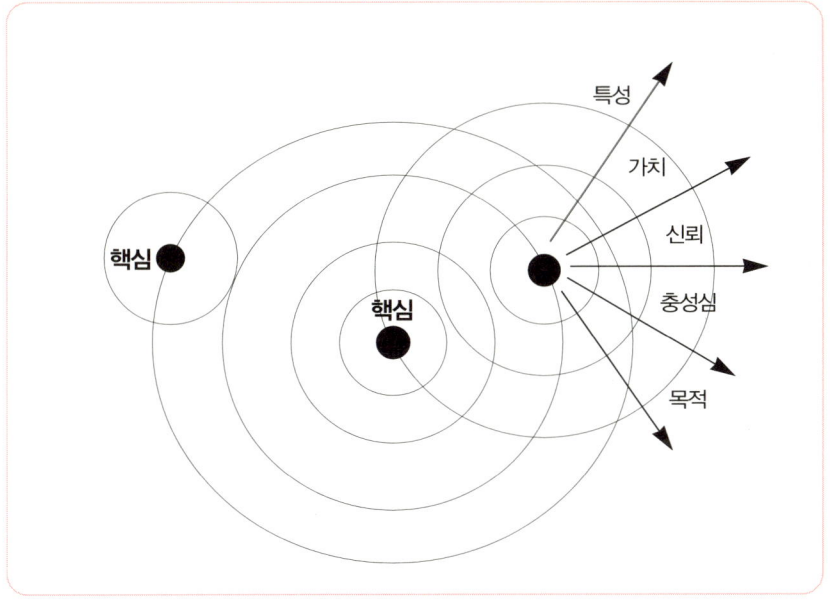

특성
가치
신뢰
충성심
목적

핵심
핵심

〈동심원의 창조와 확장〉

하게 해주고, 두려워하던 문제를 극복할 수 있게 해준다. 동기가 약해지고 어려운 시기일수록 견고한 관계를 맺어야 한다.

관계를 구축하고 강화할 시기, 문제에 초점을 맞출 시기를 판단하는 것은 문제를 해결하는 데 있어 매우 중요하다. 의사소통자가 관계를 맺는 과정은 다른 사람에게 언제 도움을 주고 신뢰할 수 있는지, 언제 초점을 맞춰야 하는지를 가르쳐준다.

이 장에서는 최고의 의사소통자형 리더들이 관계를 맺고 문제를 해결하는 방법에 대해 깊이 있고 자세하게 다룬다. 또한 유능한 리더들이 대화를 시작하는 방법과 궁극적으로 살아 있는 공동체를 설립하는 방법을 살펴본다.

오르페우스 채임버 오케스트라

지휘자 없이 연주하는 전설의 오케스트라

Julian Fifer

카네기 홀에서 콘서트가 있는 밤이었다. 연주자들이 줄을 지어 무대에 마련된 좌석에 앉는다. 불빛이 희미해진다. 숨소리가 잦아들고 수천 명의 눈과 귀가 무대 쪽으로 향한다. 청중들이 지휘자가 나오기를 기다리고 있을 때, 연주자들은 스스로의 위치를 정한다. 그리고 조용히 연주가 시작된다. 지휘자는 없다. 청중들은 순간 지휘자가 없다는 사실에 당황하지만 이내 아름다운 음악에 몰입한다.

줄리안 파이퍼Julian Fifer와 몇몇 동료들은 지휘자의 지휘 아래 수동적인 역할을 하는 연주자의 모습에 실망한 나머지 1972년, 오르페우스 채임버 오케스트라Orpheus Chamber Orchestra를 설립했다. 그들의 목적은 각각의 연주자가 조직의 구성원으로서 자신을 표출할 수 있는, 세계적인 수준의 채임버 오케스트라를 만드는 것이었다. 오르페우스는 줄리안이 졸업한 이후 지역 교회에서 첫 번째 콘서트를 했고 총 수익금은 111달러였다. 6년 뒤

1978년에 이들은 처음으로 카네기 홀에서 콘서트를 열었다.

그리스 신화를 보면, 아폴로의 아들 오르페우스는 죽은 자들의 땅인 하데스로 들어가서 사랑하는 아내를 되찾아오기 위해 자신의 음악으로 그 땅의 통치자를 매혹시킨다. 밀튼은 오르페우스를 가리켜 이렇게 말한다.

"플루토(하데스의 다른 명칭)의 뺨에 눈물이 흐르도록 만들었다 / 그리고 지옥이 사랑을 인정하도록 만들었다." 오르페우스는 돌로 만든 심장을 녹일 정도로 아름다운 노래와 연주를 상징한다.

"서로의 연주에 몰입하여 소통합니다"

30여 년간 오르페우스는 음악 공동체의 전설이 되었다. 오르페우스의 뛰어난 연주와 감성, 리듬은 청중을 사로잡았고 전세계에 추종자들을 낳았다. 음악평론가들도 오르페우스의 음악에 매력을 느꼈고, 이 오케스트라의 힘은 단일한 권위가 존재하지 않는 데에 있다고 믿었다. 1999년 카네기 홀 개막 연주에 대해 뉴욕타임즈는 이렇게 격찬했다. "한결같이 훌륭한 연주였다. 모든 연주자가 지휘자였기 때문이다."

그들은 어떻게 성공할 수 있었을까? 자유로운 20여 명의 사람들이 곡의 속도에서부터 경영의 세부사항까지 모든 사항을 정할 때 어떻게 토론하며, 세계 역사상 가장 유명한 무대에서 대표자 없이 어떻게 그토록 아름다운 연주를 할 수 있을까?

오르페우스가 성공할 수 있는 비결은 의사소통에 있다. 20년 동안 27명의 다른 연주자들과 함께 비올라를 연주해온 나르도 포이**Nardo Poy**는 오르페우스에서는 개인적 책임도 따르기 때문에 가능한 일이라고 말한다.

"지휘자가 있는 오케스트라에서 연주자들의 역할은 수동적입니다. 지휘자가 원하는 일을 하고 그 사람의 관점을 실현시키는 거죠. 노예라는 단어를 사용하고 싶지는 않지만, 아무튼 연주자는 그곳에서 지휘자가 원하는 대로 하는 것이죠. 오르페우스에서는 모든 사람들의 역할이 능동적입니다. 음악에 대한 개개인의 생각을 듣고 함께 고민하고 하나로 모으죠. 서로의 생각을 듣고 나누는 개방적인 태도를 갖는 것, 그것은 우리에게 맡겨진 책임 중 하나입니다."

의사소통은 '끊임없이, 리드미컬하게 움직이는 왕복운동'이다. 오르페우스에서는 모든 질문들을 함께 논의한다. 리허설은 열린 대화가 되고 그들은 지속적으로 의견을 나눈다. "4분의 2박자인가요, 2분의 1박자인가요?" "이 곡의 이 부분에는 어떤 구절법이 와야 하죠?" 의사소통을 할 때 가장 중요한 것은 자신의 의견을 표현하는 것보다 다른 사람의 의견을 듣는 것이다. 자기 표현은 중요하다. 하지만 오르페우스의 연주자들은 강한 신호로 이끌기보다는 미묘하게 신호하려고 노력한다. 이런 미묘한 의사소통을 위해서는 집중과 자각, 맥락에 대한 이해, 그리고 모든 연주자들의 연주를 듣는 태도가 중요하다.

하비 세이프터Harvey Seifter 단장은 오르페우스가 많은 목소리로 하나의 조화를 창조해낼 수 있는 이유를 '상호존중'에서 찾는다. 연주자들은 완전히 몰입하여 서로의 연주를 듣는다. 신호를 주는 것을 예로 들어보자. 신호는 대부분 호흡이나 눈짓으로 한다. 세이프터는 "오르페우스의 힘은 서로에 대한 친밀감에서 나옵니다."라고 말한다.

오르페우스는 서로 맞서는 것을 허용하지만 그것 때문에 그들의 관계에 금이 가지 않는다는 사실을 자랑스러워한다. "리허설할 때 말인데요."

포이가 말한다. "우리가 일하는 방식과 격렬함, 그리고 솔직함 때문에 종종 다른 사람에게 매우 감정적이 되거나 화가 나거나 감정이 격해질 때가 있어요. 하지만 리허설이 끝나면 그것으로 끝이죠. 대부분의 경우에는 다 해결됩니다. 다음날이면 여전히 우리는 친구니까요. 이런 식의 자기 표현을 허용하지 않는 조직들도 많죠… 그러한 곳에는 실제로 조직을 병들게 하는 미움이나 불쾌감이 있죠. 그들은 서로 이야기도 하려 하지 않아요. 적과 당파가 생기게 되죠."

성공의 비결은 신뢰와 존중

신뢰와 존중은 서로 주고받는 관계에서 쌓인다. 역으로 이 신뢰와 존중이 관계를 보호하고 양성한다. 공유할 수 있는 가치와 존경심, 그리고 정체성을 키우는 것이다. "오르페우스를 성공으로 이끈 것은 신뢰와 존중입니다." 초창기부터 오르페우스에서 활동해 온 바이올린 주자 로니 바흐Ronnie Bauch가 말한다. "그것이 없다면 오르페우스는 존재할 수 없습니다. 서로를 신뢰하지 못한다면, 지휘자 없이 무대에 서는 것은 불가능합니다. 겉으로 보이는 동의와 불일치 이면에는 도달하고 성취하고자 하는 것에 대한 기본적 이해와 전망이 있습니다."

물론, 준비하는 과정에는 시간이 필요하다. 두 시간의 공연을 위해 30시간 동안 연습한다. 보통의 오케스트라보다 세 배의 시간을 더 하는 것이다. "우리는 효율성을 주장하지 않습니다. 그것은 우리 관점이 아니거든요." 비올라 연주자 포이의 말이다. 처음에 오르페우스의 연주자들은 단 한번의 콘서트를 준비하는 데 50시간에서 60시간 동안 리허설을 하곤 했다. "이 리허설은 리더십 훈련 세미나라고 볼 수 있죠. 이를 통해 서로를 발전시키고 훈련시킬 수 있었습니다." 바흐는 이렇게 회상한다.

품질 관리는 연주자들 스스로의 몫이다. 다른 사람들의 리허설을 듣기위해 밖으로 나가는 연주자들도 있다. "연주자들은 중요한 요소를 분석하기 위해 노력하죠. 왜 그 부분을 빠르게 연주하는 것이 더 나은지, 왜그것을 느리게 연주하는 것이 나은지 말입니다. 정말로 중요한 것은 정확한 음정과 음의 강약입니다. 이것만 갖춘다면 어떤 속도에서든 훌륭하게 연주를 할 수 있죠. 일단 연주자가 정말로 중요한 것을 정하면, 그곳에도달하기 위해 사용한 방법 때문에 화를 내는 사람은 아무도 없습니다."

오르페우스의 연주자들은 다른 사람을 통해 자신을 계발하고 서로의가치를 높이고 자신의 공헌도를 높이며, 그 결과 큰 신뢰를 쌓는다. "오랫동안 서로의 연주와 능력, 그리고 약점을 이해하면서 함께 일해왔습니다." 포이가 말한다. "모든 사람들이 올바른 목적으로 기꺼이 최선을 다한다는 것을 알기 때문이죠."

연주자들은 지속적으로 서로를 돕는다. 바이올린 주자 에릭 와이릭Eric Wyrick이 말한다. "무대에 섰을 때, 전세계를 돌아다닐 때, 때때로 아주 긴장되는 순간이 있습니다. 유서 깊은 카네기 홀에서의 연주든 혹은 비엔나의 음악애호가협회Musikverein에서의 연주든 말이죠. 그런 상황에서는 동료들을 믿어야만 합니다. 그렇지 않으면 끔찍한 실수를 저지를 수도 있죠. 특히 지휘자가 없는 상황에서 각자의 역할은 매우 중요합니다. 한 명의 실수가 전체 연주를 흐트러뜨릴 수 있으니까요." 누군가 실수를 하면동료 연주자가 바로 그 자리에서 해결해야만 한다.

오르페우스에는 총 27명의 연주자가 있다. 연주곡의 목록과 인원 결정은 처음부터 모두 함께 한다. 리허설의 기본 원리는 모든 사람들이 어떤 순간에서나 무엇이든 말할 자유가 있다는 것이다. 이 자유는 재능 있는 음악가들을 끌어들였다. 하지만 일이 잘 풀리지는 않았다. 리허설 과정에서 곡을 해석하는 시간이 느리게 진행되자 많은 연주자들이 좌절했다. 그래서 오르페우스는 고전적인 해결책을 적용해 핵심 그룹을 만들었다. 핵심 그룹은 연주자들로 구성된 간부 위원회이며, 각각의 공연마다 일종의 의장 역할을 하는 콘서트 마스터가 있다. 각 부문은 대표를 선출한다. 이 핵심 그룹은 모두가 모여 리허설을 하기 전에 곡의 해석과 연주법에 대한 문제를 해결한다. 이를 통해서 효율성은 높아지고 리허설을 하는 동안 관계는 더욱 돈독해진다. 이처럼 핵심 그룹이 역할을 다 할 수 있는 이유는 그들이 다른 연주자들을 대표하는 책임을 진지하게 받아들이고 신뢰를 쌓았기 때문이다.

오르페우스에서 구성원을 선출하는 것은 중요한 일이다. 세이프터는 농담처럼 오르페우스는 추기경회만큼이나 교체율이 높지 않다고 말한다. 하지만 상황에 따라 정규 연주자 가운데 열두 명 이상이 자리를 지키지 못하는 공연도 있다. 오르페우스는 연주자들이 다른 연주직이나 교습직을 겸하는 것을 허용하기 때문이다. 이런 경우에는 '오르페우스의 친구들'이 자리를 대신한다. 오르페우스의 네트워크는 이제 세계 곳곳에 흩어져 있다. 오르페우스의 연주를 헌신적으로 따르는 사람들, 기부하는 사람들, 혹은 오르페우스를 배움으로써 자신의 조직에 대한 관리방식을 바꾸는 수천 명의 사람들이 모두 오르페우스의 네트워크이다.

이따금 오르페우스는 오르페우스의 문화에 익숙하지 않은 독주자를 초청해서 공연을 한다. 그들의 실수와 실책은 주로 서투른 의사소통 때문이다. 독주자는 다른 연주자들에게 활을 이용하여 신호를 주거나 손을 흔들기 시작한다. 20년 동안 오케스트라의 27명과 함께 비올라를 연주해 온 나르도 포이가 말한다. "그것은 통제입니다. 신뢰의 행동이 아닙니다. 우리의 목표는 그룹이 성공하는 것입니다. 박자가 어디인지를 가르쳐 줄 사람을 세워두는 것이 아니죠. 우리에게는 필요 없습니다. 우리는 서로 서로의 눈과 귀에 의지합니다." 누군가 공공연히 다른 연주자들을 지도하기 시작하자마자 와이릭이 덧붙인다. "그들은 지시하는 것이죠. 그들은 연주방법을 지시해요. 자신의 생각대로 다른 연주자가 어떻게 연주해야 한다고 말하고 있는 거죠. 오르페우스는 그런 조직이 아닙니다. 이런 행동은 완전히 우리를 거스르는 것입니다. 우리는…" 이어서 포이가 말을 끝맺었다. "오르페우스를 위해서 존재합니다."

바로 이런 열정과 상호적인 책임이 오르페우스의 목표인 집단적인 음악 표현을 위한 모든 공헌을 이끌어낸다. 궁극적으로 다양한 생각, 영감, 혁신, 그리고 세심한 조정 과정, 이 모든 것들이 서로 주고받는 창조적 노력에서 정제된다. 오르페우스를 오랫동안 지켜본 한 사람은 이렇게 말한다. "이 연주자들과 어울리는 사람들 대부분은 이들의 가치를 자신의 삶의 가치로 삼으려고 노력합니다. 당신은 이야기하는 데 기꺼이 시간을 내야 하며, 필요하다면 기꺼이 싸워야 하고, 필요하다면 반대도 할 수 있어야 합니다. 또한 필요하다면 상처를 줄 수도 있어야 합니다. 기꺼이 오르페우스인이 되어야 합니다."

각 연주자들은 자신의 소리에만 집중하지 않고 전체 연주가 어떻게 들리는지에 집중한다. 그들 각각의 연주는 전체 맥락에서 판단할 수 있다. 모든 연주자들이 최선을 다하지만, 성공은 전체로서 평가된다. 곡을 연주하는 중에도 서로의 연주를 조화시키기 위해 부단히 노력한다. 전체는 하나를 위하고, 하나는 전체를 위한다.

우리가 어떤 관계를 맺느냐에 따라 넓은 지평선이 열릴 수도 있고, 제한되고 흩어진 좁은 길이 열릴 수도 있다. 사랑으로 이루어진 관계는 문제의 우선순위를 바꿀 수도 있다. 존경받는 동료는 우리가 알고 있는 것과 그것을 아는 방법에 대한 관점을 바꿀 수도 있다. 신뢰받는 동료는 그들이 아니라면 가보지 못했을 장소로 안내하는 능력을 보일 수도 있다. 한 사람의 영향력이 우리를 늘 가던 길 위에 안이하게 머무르게 할 수도, 아니면 도전적인 삶으로 이끌 수도 있는 것이다.

행동하는 의사소통자

가장 가까운 사람과 주고받는 것을 잘 하는가? 당신은 도움을 청하기만 하는가? 아니면 도움을 주고 있기도 한가? 굴복하는 것이 지배하는 것만큼 쉬운 일인가? 당신은 갈등을 어떻게 해결하는가? 갈등을 관계의 질을 높이는 기회로 삼는가, 아니면 위협으로 보는가?

한 조직의 기초는 개인이다. 조직 안에서는 의사소통이 생명력을 결정짓는다. 쌍방향으로 자신의 생각을 표현하고 상대방의 얘기를 경청해야 한다.

루스벨트

온 국민의 마음을 집중시킨 마법의 화술

Franklin D. Roosevelt

1933년의 미국은 상상하기 힘들만큼 아주 어려운 시기였다. 프랭클린 루스벨트Franklin D. Roosevelt 대통령 취임식을 몇 주 앞두고 위기는 커질 대로 커져 있었다. 정부는 경기가 안정될 때까지 은행을 폐쇄하겠다는 결단을 내렸고, 상원에서는 주요 입법화에 대한 논쟁을 계속했다. 바로 이때 루스벨트는 노변담화fireside chats, 爐邊談話를 시작했다. 그것은 간단한 말로 시작되었다. "저는 국민 여러분과 잠시 은행에 대해 얘기하고 싶습니다."

국민들은 루스벨트의 이런 독특한 대중 연설에 점점 익숙해져갔고 심지어 그의 연설을 기다리기까지 했다. 정오쯤부터, 아마도 하루 전부터 가족들은 그 대화를 기다렸을지도 모른다. 저녁을 일찍 먹을 수 있도록 약속을 정하고, 집안 청소를 깨끗이 하고, 함께 마실 커피와 차를 준비하기도 했다. 이렇게 한 자리에 모인 사람들은 그들의 마음을 하나로 모아주고 두려움을 넘어 희망을 주는 목소리에 귀를 기울이기 시작했다.

루스벨트의 노변담화는 대화나 좌담과 같은 보편적인 의사소통 방식에 라디오라는 특정 매체가 결합하여 성장할 수 있었다. 루스벨트는 라디오 연설에서 언어, 메시지의 내용, 그리고 연설 스타일까지 모든 것을 마치 대화처럼 만들었다. 루스벨트가 사용한 기본적인 대화 요소는 현재 우리가 화상 회의를 하거나 아니면 인터넷에서 채팅을 할 때도 유효하게 응용할 수 있다.

"단순하게 설명하라, 단순하게 이야기하고 공감대를 형성하며 사람들을 진지하게 이해하라, 공통의 언어를 찾아라, 듣고 가르치고 설명하라, 말과 행동을 일치시킴으로써 정직하고 믿을 만한 모습을 보여주어라."

"중요한 것은 사람 사이의 커뮤니케이션"

풍부한 정보가 그물처럼 짜여진 오늘날에도 대화는 여전히 중요하다. 인터넷에는 수많은 대화방이 존재한다. 그러나 면밀히 살펴보면 그곳에서는 진정한 대화를 거의 찾아볼 수 없다. 다양한 견해와 정보가 꼬리에 꼬리를 물지만 아무런 감정과 이해가 없는 온라인 상의 '수다스러운' 의견 교환보다는, 상대를 이해하고 마음을 담은 한 방향 의사소통이 오히려 훨씬 성공적일 수 있다. 루스벨트는 새로운 기술에 직면할 때 우리가 반드시 기억해야 할 것을 보여준다. "중요한 것은 사람 사이의 커뮤니케이션이다" 라는 사실 말이다.

상대방의 이야기를 귀담아 들음으로써 채널이 열리고, 궁극적으로는 대화를 통해 신비스러운 드라마가 연출된다. 무엇에 대해 이야기할 것인가? 어떻게 이야기할 것인가? 그것은 몸짓 언어와 언어적 신호, 그리고 글로 쓰여진 상징들과 미묘하게 결합한다. 올바른 리듬을 형성하는 방법은 무엇인가? 어떻게 하면 대화하는 사람의 감정을 충분히 받아들이면서 효과적인 대화를 할 수 있을까? 어떻게 한 주제에서 다른 주제로, 혹은 처음부터 끝까지 넘어갈 것인가? 대화를 통해 정보를 교환하고 동시에 신뢰를 쌓고 관계를 맺기 위해서, 또한 역으로 이를 통해 의사소통을 원활히 하기 위해서 열린 마음과 솔직함을 어떻게 표현할 것인가?

우리는 보통 대화를 할 때, 대화와 정보를 혼합한다. 대화는 정보를 전달할 수 있는 통로를 열고, 실수에 구애받지 않는 의사소통을 허용한다. 효과적인 대화를 하면 정보는 자유롭게 흐를 수 있고 쉽게 받아들여진다. 물론 전달하고자 하는 내용이 분명하다면 말이다. 장기간 대화에 성공한다면 필요할 때면 언제든 열 수 있고 서로의 정보 교환을 위해 사용할 수 있는 채널이 만들어진다. 밤늦게 전화해서 무슨 얘기든 할 수 있는 친한 친구나 형제자매의 경우가 이와 같은 고도의 채널을 가지고 있는 경우라 할 수 있다.

루스벨트는 자신의 청중들을 이해했고, 어떻게 채널을 열어야 하는지를 알았다. 그의 연설은 지지를 얻어내야 할 특정 유권자를 겨냥했다. 루스벨트는 자신이 말하고 싶어 하는 골자를 알았고, 그것을 조심스럽게 다듬었다. 그리고 교사의 태도를 취했다. 학술적이거나, 강연이나 설교를 하려는 의도는 없었다. 루스벨트는 모든 사람들이 그들의 이익을 위해서 말하고 있는 자신을 이해해주기를 진정으로 바라며 최선을 다했다. 마지막으로 루스벨트는 완전히 몰입했다. 청중이 바로 앞에 있는 것처럼 정보를 전달했다. 라디오 연설을 지켜본 한 사람은 이렇게 말한다. "그는 머리를 끄덕이기도 하고 손을 편안하게 움직이기도 했습니다." 그것이 바로 노변담화를 만들어낸 진정함이다.

진심은 대화의 통로를 열어 놓는다. 우리는 모두 거짓을 알아내는 데에는 귀재이기 때문이다. 청중의 반응은 전달하는 메시지와 상관없이 말하는 사람이 얼마나 진정한지, 편안한지, 그리고 솔직한지에 따른다는 연구 결과가 나왔다. 그러니 자연스럽게 행동하고, 있는 그대로를 말해야 한다.

복잡한 문제들의 본질을 단순화하라

의사소통을 어렵게 만드는 요인 중 하나는 바로 오해다. 말은 각각의 사람들에게 다른 의미로 해석되는 경우가 많다. 화자가 전적으로 다른 것을 말하거나, 미묘하게 표현했을 때에도 듣는 사람은 자신이 정확하게 메시지를 들었다고 생각한다. 이를 막기 위해서는 전달하는 메시지의 의미를 공유함으로써 공통의 언어를 발달시키도록 노력해야 한다. 공통의 언어는 공동학습을 확장하며, 의사소통을 원활하게 유지하고, 조직의 정체성을 강화해준다.

복잡한 문제들이었음에도 불구하고 루스벨트는 그 문제들의 본질을 단순화했고, 보통 사람들이 이해할 수 있는 쉬운 언어로 전달했다. 가장 복잡한 주제를 표현할 때조차도 가장 일반적인 언어를 선택했고, 단순화하려고 노력했다. 이와 같은 접근은 오늘날 머릿글자만 따서 새로운 단어나 특수 용어를 만들어 힘과 박식함을 드러내는 것과는 다르다.

루스벨트의 청자들은, 사랑하는 사람을 떠나보내고, 전쟁이 남긴 상실감에 지칠 대로 지친, 두려움에 가득찬 사람들이었다. 루스벨트는 이들의 삶을 진심으로 이해하고 솔직하게 표현했다. 언론인 데이비드 브링클리David Brinkley는 이렇게 말한다. "미국인들을 설득하고 여론을 주도하는, 마법에 가까운 루스벨트의 언변은 단순하고 친근한 단어를 사용하여, 부엌에 앉아서 이웃과 이야기하는 것처럼 전달하는 데에서 나옵니다. 난로 아래에서는 강아지들이 장난을 치고 있고, 남편은 작업복을 입고 아내는 1달러짜리 홈드레스를 입고 있는 일상적인 상황에 어울리는 언어입니다."

열린 채널, 일상적인 언어, 명료한 메시지 외에도 훌륭한 대화를 위해서는 리듬을 타는 것도 중요하다. 빠른 호흡이 필요한 때가 있고 잠시 말을 멈추어야 할 때가 있다. 대화를 이끌어야 할 때가 있고, 한 발짝 물러서야 할 때가 있다. 요점을 분명히 해야 할 때가 있고, 속도를 늦추고 쉬어야 하는 때가 있다. 적절한 리듬감은 사람들과 맺은 채널을 성장시키고 번영시킨다. 리듬을 잊은 채 자신만의 속도로 대화를 이끌면 시간이 갈수록 채널은 줄어들고 좁아질 것이다.

리듬감을 익히는 데에는 왕도가 없다. 하지만 나름대로 리듬을 인식하고, 상대방과 '교대로' 대화한다는 원칙만 지킨다면 리듬감을 익힐 수 있다. 리듬을 알면 대화를 이끌 수 있다. 대화를 주도하는 사람은 우선 듣기를 선택하고, 그 다음에 자신의 이야기를 한다고 생각해야 한다. 의사소통은 항상 양방향으로 진행된다. 당신의 관점에서 필요한 것을 분명하게 직접적으로 말하고, 상대방이 말할 때에는 그의 관점에서 질문을 하라. 진정으로 이해하고 대화의 리듬을 알고 느끼고 즐길 수 있다면 더 이상의 의사소통은 있을 수 없다.

진심은 대화의 통로를 열어준다

원활한 의사소통은 조직에서 윤활유 역할을 한다. 효과적으로 의사소통이 되지 않으면 사람들은 고립되고, 자신의 잠재력 또한 발휘하지 못한다. 사람들이 스트레스 때문에 의사소통을 하지 않는다면, 마찰과 갈등이 커지는 것은 물론 능률 또한 떨어진다.

세상은 끊임없이 변화하면서 위기를 겪고 있고, 새로운 기술을 이용한 원거리 협동 작업이 늘어나고 있다. 아무리 과학기술이 발전해도 사람 사이의 의사소통만큼 변함없이 중요한 것은 없다.

20세기 최고의 의사소통자, 노변담화의 창시자, 프랭클린 루스벨트는 청중들을 얼마나 대화로 잘 이끌어내느냐에 따라 성공 여부가 결정된다는 것을 잘 알고 있었다. 라디오를 사용한 그의 전략은 새로운 기술이 등장했을 때 그것을 이용하는 방법을 보여주는 완벽한 사례로 남았다. 오늘날의 우리는 루스벨트가 라디오를 대하는 모습에서, 인터넷이라는 매체를 효과적인 의사소통 수단으로 사용하기 위해 어떻게 해야 할지에 대한 힌트를 얻을 수 있다.

행동하는 의사소통자

가장 관심 있는 세 사람과 가장 쉬운 대화를 나눠 보라. 다음에 대화할 때는 당신이 어떻게 느끼는지 당신이 무엇을 하는지 그리고 무엇이 대화를 즐겁게 만드는지를 알아내라. 아마도 당신은 익숙하고 편안한 분위기를 조성하기 위해 같은 장소에 많이 갈 것이다. 혹은 상대방의 안부를 묻고, 그들의 이야기를 진심으로 듣는 것으로 시작할 수도 있다. 더 편안한 대화를 위해서 말이다. 이후 대화가 익숙해지면 의사소통이 향상될 수 있는 지점에 당신의 대화 기술을 적용해보라.

USA 소프트웨어 개발팀

신뢰를 기반으로 경쟁하는 관계

우주선 소프트웨어는 완벽해야 하며, 한 치의 오차도 없어야 한다. 이는 비용의 문제에 앞서 우주 비행사들의 생명이 달린 문제이기 때문이다. "인간의 생명이 달려 있고, 환경은 가혹합니다. 가까운 공항에 긴급 착륙하는 것과는 다른 문제죠." NASA의 부 기장 키스 허킨스Keith Hudkins의 설명이다.

그래서 USAUnited Space Alliance에서는 우주선 소프트웨어를 만드는 사람들의 실수를 철저하게 점검한다. 개발 팀이 있고 그 뒤를 따라다니며 실수를 찾는 검증 팀이 있다. 최근의 열네 가지 버전의 우주선 소프트웨어에서는 단 32건의 실수가 있었고, 가장 최근의 몇몇 시스템에서는 오류가 전혀 발견되지 않았다. 이에 비해 일반 상업 소프트웨어에서는 20배 가량의 오류가 발생할 수 있다. USA는 소프트웨어 엔지니어링 협회가 주관한 정교함과 신뢰도 검사에서 가장 높은 등급을 받았다. USA는 세계 어떤 조직보다도 오랫동안 그 등급을 유지했다. 서로 신뢰하고 협동하는 문화가 결국 좋은 결과를 끌어낸 것이다.

오래된 조직이라고 항상 관계가 탄탄한 것만은 아니다. 신뢰가 쌓인 만큼 파괴될 수 있는 잠재력도 그만큼 크기 때문이다. 한 번의 거짓말, 속임수, 배신만으로도 그동안 쌓아올린 신뢰를 잃을 수 있다.

"모든 오류는 심각할 수 있습니다"

USA의 기술자들은 소프트웨어 생산에도 같은 원리를 적용한다. 즉, 중요하지 않은 오류란 없다. "우리는 두 가지를 믿습니다. 코드의 어떤 라인이라도 오류를 가질 수 있으며, 어떤 오류라도 매우 심각할 수 있다는 것이죠." USA의 프로젝트 리더 톰 피터슨 Tom Peterson 은 이렇게 말한다. "대부분의 사람들은 주어진 임무를 중요하거나 중요하지 않은 것으로 분류하고 설명하려고 노력하죠. 우리는 모든 라인이 중요하고 모든 오류가 심각할 수 있다는 태도를 가지고 일합니다. 대부분의 오류는 그다지 심각하지 않습니다. 하지만 모든 오류가 심각할 수 있다고 믿으면 방심하지 않게 되죠. 우리에게 모든 실수는 나쁜 것이고 모든 실수는 똑같이 처리해야 하는 일입니다."

오류와 결점을 학습 기회로 바라보는 방법도 있다. "오류를 발견하는 것은 감춰야 할 일이기보다는 오히려 긍정적인 사건입니다. 오류를 이용해서 작업 과정을 향상시키거나, 다른 곳에 존재하는 비슷한 오류를 발견할 수 있다는 점에서 본다면 말이죠." 프로젝트 매니저인 오어 Jim Orr 의 말이다.

마찬가지로 USA의 기술자들은 모든 결점을 기회로 본다. 관계를 견고하게 구축하기 위해서는 실수를 검토해야 한다. 실수를 숨기고, 회피하고, 그것에 대해 거짓말을 하는 것은 결국 실패를 더욱 증가시킬 뿐이다. 실수를 공개적인 장소에서 처리한다면 관계를 돈독히 쌓을 수 있는 잠재력을 키울 수 있다. 이 과정에서, 오류 한 가지를 잘 처리하면 기회를 만들 수 있다.

바로 이 지점에서 주고받는 관계가 더욱 중요해진다. 이런 이유로 USA는 건강한 경쟁, 친근한 적대관계를 맺어야 한다고 말한다. "각 팀에는 고유 권한이 있습니다. 오류를 발견하면 우리는 팀이 함께 접근하죠. 실패하면 팀이 실패한 것이고, 성공하면 팀이 성공한 거죠." 피터슨이 말한다. "그래서 개발 팀과 검증 팀 사이의 경쟁이 지금처럼 효과를 볼 수 있는 겁니다." 오어가 덧붙인다. "성공은, 한 개인의 능력으로 이룰 수 있는 것이 아닙니다. 우리가 성공할 수 있었던 것은 바로 우수한 인재와, 서로 주고받는 관계가 있었기 때문이죠."

검증 팀의 팀원들은 올바른 성품을 갖추어야만 한다고 허킨스는 말한다. "우리는 훌륭한 인간관계를 맺을 수 있는 사람들을 선발합니다. 검증 팀이 하는 일은 쉽게 신경이 날카로워지기 때문이죠. 개발 팀 사람이 나타나서 안부를 묻는 일만으로도 그들은 폭발할 수 있어요. 그들은 아마도 이런 반응을 보일 겁니다. '글쎄요, 당신이 지금 나를 성가시게 하지 않는다면 더 나을 것 같군요.' 확인 작업을 하는 팀은 논쟁의 여지가 많은 환경에서 건설적으로 의견을 교환해야 하고, 상대방을 비방하지 않도록 주의해야 합니다."

주고받는 관계는 두 개의 피스톤을 가진 엔진과 같다. 각각의 움직임은 정반대로 움직이지만 일단 그것이 순환하게 되면 탄력이 생긴다. 오랜 시간 동안 이런 과정이 지속되면 한 사람의 행동으로 작업이 진전되지 못하고 관계도 소원해질 수 있고, 반대로 일이 더 잘 진척되고 새로운 수준으로 관계가 발전할 수도 있다. 진실의 순간에는 평범한 행동이라도 효과가 배가된다. 사건과 감정의 결합으로 어떤 주요한 문제가 극점에 이르렀을 때, 혹은 일을 진척시키기 위해 결단력 있는 판단이나 행동의 변화가 필요할 때가 바로 진실의 순간이다.

진실의 순간에는 혼돈과 분쟁이 발생할 수 있다. 이 때에는 단호한 결정이 필요하고 모든 사람의 이해관계를 조절해야 한다. 또는 숨어 있던 문제가 점점 더 악화되고 있어도 그 문제가 너무 심각한 것이라 어느 누구도 그것을 이야기하지 않는 순간일 수도 있다. 이때 누군가는 그것에 정면으로 맞서야 할 것이다. 아니면 오랫동안 대치한 다음이거나, 위기의 순간에 관계가 더 이상 문제를 지탱하지 못하는 때에는 재치로 위기를 비껴가거나 지연시키고, 혹은 휴식 시간을 선언하는 것이 가장 효과적일 수도 있다.

진실의 순간을 극복하기 위해서는 양보와 헌신, 그리고 적극적으로 대응하는 자세가 필요하다. 상황에 맞게 올바른 태도를 선택해야 한다. USA는 직원들에게 '타협' 수업을 실시한다. "직원들은 각각 다른 목적을 가진 대결 상황에 처합니다. 각자 자신에게 유리한 방향으로 협상하면서 어떻게 타협해야 하는지를 배웁니다." 피터슨은 말한다. 이 수업을 통해 직원들은 '진실의 순간'을 미리 예측할 수도 있다.

실제 품질 검사를 진행할 때에는 두 팀의 의견 차이를 조절하기 위한 중재자가 있다. "우리는 각자가 맡은 역할을 기록합니다." 여기에는 개발자와 검증자 그리고 중재자가 모두 포함된다. "문제를 해결하는 과정에서 이탈하지 않도록 하는 책임은 중재자들에게 있습니다. 이 사람들은 다른 누구보다도 갈등을 많이 다룹니다. 중재자들은 조사하는 방법뿐만 아니라 개인적 감정이 개입하지 않는 방법에 대해서도 훈련을 받습니다. 피검증자들은 자신의 독립성이 서서히 침식당하고 있다는 것을 알게 되면 사나워집니다. 그들은 그것에 대해 아주 강하게 대응하곤 합니다." 오어에 따르면 중재라는 것은 개발자들이 소프트웨어를 만드는 과정에 관여하고, 상대방과의 관계에 관여하면서도 품질관리라는 목적을 위해서 개발자들이 전적으로 독립적일 수 있도록 균형을 잡는 행동이다.

주고받는 관계를 만들어라

유능한 의사소통자는 단순하지만 아주 위력적인 '스톰 모델 Storm Model'을 사용한다. 이 모델에 따르면 어떤 관계든 네 가지 단계를 겪는다. 서로에게 적응하는 형성 단계, 갈등이 생기고 논쟁이 일어나는 폭풍 단계, 논쟁을 넘어 일반적인 원칙을 세우는 표준화 단계, 그리고 도약하기 위한 실행 단계가 그것이다.

대부분의 인간관계는 두 번째 단계에 머무른다. 이 단계를 극복하고 전진하기 위해서는 균형과 융통성, 즉 굴복하거나 지배하는, 혹은 정면돌파하거나 필요하다면 비껴가는 능력이 필요하다. 때로는 굴복할 필요도 있다. 진보가 없고 모든 것이 한자리에 멈춰있기 때문에 앞으로 이동하도록 조절해야 할 때도 있고, 유머로 긴장을 깨는 것이 가장 절실한 시기도 있다. 내 동료는 이런 순간에 직면했을 때, 이렇게 말하곤 했다. "우리 모두가 지금 격렬한 합의를 끌어내는 과정이라고 생각하네."

'폭풍'이 발생하지 않을 때에는 건설적으로 시작할 수 있는 방법을 찾아야 한다. 일단 건강한 갈등이 일어나고 그것을 극복하면 사람들의 관계는 단단하게 맺어질 뿐 아니라, 자신의 친구나 동료가 생각하고 느끼는 것에 대해 더 많이 알 수 있고 자신감을 가질 수도 있다. 또한 자신이 속한 조직의 한계와 가능성에 대해서도 더 많은 것을 알 수 있다. 결과적으로 그들은 조직의 성공을 위한 희생과 타협에 노력을 아끼지 않을 것이다. 갈등이 없는 상태는 조화로움보다 오히려 무관심에 가깝다.

  문제를 해결하기 위해서는 의사소통의 단계를 다음 단계로 끌어올려야 한다. 그것은 서로 밀고 당기는 돈독한 인간관계에서만 가능하다. 관계를 구축하고 다음 단계로 넘어가기 위한 열쇠는 바로 신뢰에 있다. 신뢰라는 것은 쌓기는 어렵지만 무너지는 것은 아주 금방이므로 조심스럽게 다뤄야 한다. USA의 소프트웨어 기술자들은 신뢰를 기반으로 세계 최고의 소프트웨어를 생산하는 과정을 잘 보여주고 있다.

행동하는 의사소통자

당신이 속한 부서나 회사에서 맺은 관계는 스톰 모델의 네 가지 단계 중 어디에 속하는가? 미미한 갈등을 가진 채 서로에게 적응하는 형성 단계? 잦은 갈등, 훨씬 유용한 상호작용, 강한 관점을 표출하는 폭풍 단계? 조직이 집단적 선택을 하고 갈등을 쉽게 해결할 수 있는 공통의 가치와 원리를 형성하는 표준화 단계? 공통의 목표와 개인의 표현의 자유가 결합하여 효율적 업무와 결과를 도출하는 수행 단계?

당신이 지금 어느 단계에 있는지 알았다면 지배와 굴복, 정면돌파와 비껴가기를 동시에 선택함으로써 다음 단계로 나아가라.

농구왕 존 톰슨

몸으로, 행동으로 보여주는 진정한 멘토링

John Thomson

조지타운에서 톰슨John Thomson은 한 번의 국내 우승과 세 번의 4강 진출, 20여 번의 포스트시즌 출전 경력을 보유하고 있다. 네이스미스 명예의 전당에 오른 이후부터는 단순히 코치가 아니라 현명하고 성실한 멘토로서 이름을 떨쳤다. 톰슨은 자신이 아버지의 모습으로 비치는 것을 좋아하지 않는다. 톰슨은 그것은 그 아이들의 진짜 부모에 대한 모욕이라고 생각한다. 그러나 젊은 세대들에게 톰슨은 자신들을 양육하고 지도하는 불빛이었다. 톰슨은 자신의 생각과 행동을 설명할 때 부모들의 언어, 그중에서도 가장 긍정적인 언어를 사용한다. 〈워싱턴포스트The Washington Post〉의 칼럼니스트 마이클 윌본Michael Wilbon은 1999년 톰슨의 퇴임에 부쳐 이렇게 썼다. "그는 도덕적 권위를 사용해서 미국에 영감을 불어넣었다. 그것은 많은 사람들이 불가능하다고 생각했던 일이다."

톰슨이 조지타운 대학 호야스 팀을 지도할 때, 그는 악명 높은 마약상이 자신의 선수 몇 명과 어울린다는 소리를 들었다. 톰슨은 선수들에게는 그와 가깝게 지내지 말라고 충고했고, 거리마다 마약계의 거물인 레이풀 에드먼드 3세를 만나고 싶다고 써서 붙여놓았다. 어느 날 에드먼드가 톰슨의 사무실에 어슬렁거리며 나타났고, 이때 톰슨은 이렇게 말했다. "부탁이 하나 있소. 아이들이 뭔가 일을 꾸미는 것 같으면, 어떤 수단을 사용해서든 막아주시오."

톰슨에게 그것은 보통의 부모라면 누구나 해야 할 일일 뿐이었다. "지금 그 선수들은 제 지도를 받고 있습니다. 난 단지 내 부모가 했을 만한 일을 했을 뿐입니다. 내게 어떤 문제라도 생길라치면 어머니는 앞치마를 벗고 거리로 나오셔서 말씀하셨어요. '자, 앉아서 함께 얘기해볼까? 그리고 무엇이 문제인지 밝혀보기로 할까?'"

"농구도 중요하지만 인성교육도 중요합니다"

진정한 멘토링은 용기 있는 행동에서 시작한다.

멘토링은 사람들이 자신의 길을 잘 갈 수 있도록 돕는 것과도 관련이 있지만, 실질적으로는 멘토 자신의 모습을 통해 다른 사람들을 이끄는 것이기도 하다. 경험이나 분별 있는 행동, 핵심 기술, 결정적 지식 등을 전수하는 것만으로는 부족하다. 열정과 동기에 불을 붙일 수 있어야 한다. 말만 해서는 좀처럼 동기를 부여하기 어렵다. 행동으로 보여줘야 하는 것이다. 오직 그때에만 멘토의 신념과 목적이 다른 사람에게 전달된다. 이런 정신은 가르칠 수 있는 것은 아니지만, 모범을 보일 수는 있다. 모범을 통해 사람들에게서 이러한 정신을 끌어내고 자유와 모험을 창조해내는 환경을 조성할 수 있다.

톰슨의 사무실에는 바람이 다 빠진 농구공이 하나 있는데, 그것이 상징하는 것은 우리를 발전시킬 수 있는 것은 신념과 열정이라는 것이다. 바람 빠진 농구공은 농구를 더 이상 할 수 없는 선수들이 현실을 준비하지 않을 때, 그들의 삶이 어떤 모습일지를 보여주는 시각적 메시지다.

스포츠보다는 법이나 의학에 관심 있는 학생들이 모여드는 조지타운의 캠퍼스에 도착했을 때 톰슨의 도전은 이미 시작되었다. 그 학교는 NCAA(전미대학체육협회)의 농구 명가가 아니었다. 그러나 톰슨의 첫 번째 행동은 뛰어난 신입생을 선발하거나 유능한 코치를 고용하는 것이 아니었다. 톰슨은 먼저 수녀이자 영어와 라틴어 교사였던 메리 팬런^{Mary Fenlon}을 고용해서 선수들의 학업을 도왔다.

2미터의 키에, 항상 어깨에 하얀 수건을 두른, 톰슨의 모습은 매우 강인해보였고, 자신의 생각을 좀처럼 굽히지 않았다. 한 스포츠 평론가는 톰슨이 마치 크레믈린^{Kremlin}처럼 프로그램을 운영했다고 말한다. 톰슨은 선수들에게 일정한 기준을 제시했고 이에 미치지 못하면 팀을 떠나도록 했다. 신입생들은 2년 동안 시간을 갖고 견뎌내지 못할 경우 떠나야 했다. 톰슨의 임기 동안 그의 4년차 선수 중 97퍼센트가 졸업했다.

코치로서 톰슨은 인정 많은 사람이었다. 선수들을 사랑하는 그의 마음은 어려운 시기일수록 더욱더 환히 빛났다. 그는 사람들에게 잊지 못할 감동의 순간을 선사했다. 때는 1982년, NCAA 결승전에서 조지타운이 1점차로 뒤를 쫓고 있었고 시간은 얼마 남지 않았다. 몇 초를 남겨두고 조지타운의 주니어 포인트 가드 프레드 브라운^{Fred Brown}이 공을 잡아서 오른

쪽으로 패스했다. 물론 그는 옆에 같은 팀 선수가 있다고 생각했다. 그런데 불행하게도 브라운은 상대팀 최고의 포워드 제임스 워스 James Worth 의 손에 공을 넘겨준 것이었다. 이 실책으로 조지타운의 우승은 물거품이 되었다. 경기를 마치는 신호음이 울리자 톰슨은 브라운을 부둥켜안고 위로했다. 이 장면은 전국으로 방송되었다. 전 뉴욕 닉스의 선수이자 뉴저지 상원의원인 빌 브레들리 Bill Bradley 는 이제까지 그가 본 스포츠 경기 중 최고의 인성교육 장면이라고 말했다. 테니스 선수 아더 애쉬 Arthur Ashe 는 그날 눈물을 흘렸다고 말했다.

경기에서의 우승만이 아니라 선수들의 인성을 발달시키고자 노력한 톰슨의 의지는 확고했다. 특정한 문제나 기회를 넘어서 다차원적으로 상대방을 발전시키고자 하는 결단, 그런 멘토로서의 자리 매김에서 톰슨은 남달랐다.

멘토링의 핵심 역할은 다른 사람과 함께 자신의 권력을 확대시키는 것이다. 그래서 진실한 메시지를 전달할 수 있고 경청하고 함께 배울 수 있다. 다시 말해서 멘토링은 효과적인 의사소통에서 더 나아가 개인을 훌륭한 팀원으로 만들 수 있다. 이런 능력은 관심에서 나온다. 또한 그것은 자신을 계발하고 삶의 긴 여정에서 위험을 감수한 사람만이 얻을 수 있다.

자신의 꿈도 발견하지 못했다면 다른 사람의 꿈을 찾아주기는 어렵다. 훌륭한 멘토와 성취자의 출발점은 같은 곳, 즉 자신을 계발하는 방법을 배우는 점에 있다. 나는 작년에 전 국방부 장관 윌리엄 페리 William Perry 를 멘토로 둔 친구의 결혼식에 간 적이 있다. 페리는 국방성에 근무하는 동안 자신의 부하들을 보살피고 양성한 진정한 지도자라는 평판을 얻었다.

페리는 예식에서 청중들에게 두 가지 조언을 했다. 첫째는 자기 내면에 숨은 진정한 본성을 이용하고, 그것이 모든 광채를 발휘할 수 있는 길을 찾으라고 했다. "눈부시게 만드십시오." 그는 자기 자신을 숨기고 재능을 활용하지 않는다면 다른 사람을 도울 수 없다고 말했다. 둘째는 인생을 즐기고 사람들과 나누는 것을 잊지 말라고 했다. "춤추는 방법을 절대 잊지 마십시오." 그는 가장 힘든 시기를 겪고 있더라도 가장 귀중한 자산은 함께 즐길 수 있는 사람들임을 절대로 잊지 말라고 말했다. 살아 있다는 것 자체를 즐기라는 말이다.

여기에는 자기 자신과 다른 사람을 양성하는 과정에 영향을 주는 중요한 요소가 있다. 춤을 출 때, 당신이 어떤 스텝으로 추는지에 상관없이 당신은 마음과 영혼의 소중한 부분을 끌어낼 수 있다. 그리고 다른 사람들이 춤추는 것을 도와주면서 당신 자신도 이따금 춤을 춘다면 더 신뢰를 얻고 효과를 얻을 수 있다. 우리는 모두 소명, 즉 식탁 위에는 빵을, 우리의 발걸음에는 활기를 불어넣을 수 있는 일을 찾기 위해 노력해야 한다.

"멘토링은 상대방과 나를 동시에 발전시킨다"

대학 시절, 톰슨은 아이들을 가르칠 꿈을 실현하기 위해 첫 발을 내디뎠다. 졸업하는 해에 지역 중학교에서 지능이 낮은 아이들을 담당했는데, 그 시절을 회상하며 이렇게 말했다. "저는 아이들의 얼굴에 미소가 번지면 행복했습니다. 그들은 매우 고마워했습니다. 제가 그 아이들을 가르칠만한 인내력과 올바른 성품을 지녔는지는 모르겠지만 전 노력했고, 아주 만족스러웠죠."

그는 보스턴 셀틱스에서 2년 정도 선수생활을 했다. 그러나 아내와 아이를 부양할 정도로 수입이 충분하지는 않았다. 그는 의미 있는 삶을 찾고 싶어 했다. 그는 워싱턴의 집으로 향했고 존슨 대통령이 '가난과의 전쟁'을 위해 마련한 프로그램에서 일자리를 얻었다. 농구 코치로 자원한 그는 저소득층 거주지역의 아이들을 위해 농구 강습을 열었다. 조지타운에 간 후에도 톰슨은 저소득 지역 아이들을 위해서 홈 선수석 뒤편에 '코치의 코너'라는 자리를 마련해두었다.

톰슨은 조지타운에서 일자리를 얻었을 때, 딘 스미스Dean Smith를 멘토로 두었으며 학업부터 휴식시간에 이르는 모든 것에 대한 조언을 얻었다. "사람이 다른 사람에게 줄 수 있는 가장 의미 있는 선물 중 하나가 지식입니다." 톰슨은 스미스에 대한 감사를 표하며 이렇게 말한다. "비즈니스 세계에서는 사람들 사이에 불확실성이 항상 존재하기 때문에, 자신을 좀처럼 드러내지 않습니다. 스미스씨는 정직하고 있는 그대로 자신을 드러내는 사람이었습니다. 나는 그의 경험과 실패로부터 많은 것을 배울 수 있었습니다."

멘토링은 단순히 이타적인 선물도 아니고 이기주의도 아니다. 이것은 좀더 깊이 있는 상호관계를 의미한다. 이런 상호관계는 자기 계발을 돕고, 단순한 동료 관계에서 다양한 기회를 포착할 수 있는 관계로 발전하여 훌륭한 팀을 만든다.

톰슨의 경우, 다른 사람을 지도하는 일에는 다른 사람들에게 뭔가를 돌려주는 일도 포함된다. 서로의 발전을 돕는 두 사람 사이의 관계는 쉽게 깨지지 않는다. 패트릭 유잉Patrick Ewing이 톰슨과 함께 조지타운을 최고의 팀으로 변화시킨 지 몇 년이 지났지만, 톰슨은 여전히 유잉의 플레이오프 게임을 보기 위해 매번 경기장을 찾는다. 한편 유잉은 조지타운과 관계를 지속하며, 만나본 적은 없지만 슬럼프에 빠진 선수들에게 전화를 하고 동문회 행사에 참가한다.

톰슨과 유잉, 그 둘은 다양한 방법으로 서로를 돕는다. 그러나 그들을 하나로 결합하는 것은 개인적 관계가 아니라 조지타운의 프로그램과 환경을 창조하려고 노력하는 공통의 관심사라고 할 수 있다. 그곳은 젊은 이들을 훌륭한 선수가 되도록 격려하는 장소이자, 또한 인성을 교육하는 장이다. 이 환경에서 잠재력을 계발하는 데에는 한계가 없다. 이곳은 또한 실패하고 위험을 감수할 수 있는 자유가 있다. 사람들이 진정으로 원하는 길로 인도해주며, 도움을 주는 방식을 제외하고는 그들을 바꾸려고 혹은 그들을 새로운 모습으로 만들려고 노력하지 않는다. 올바른 결정을 내리도록 돕지만 일단 결정이 내려지면, 성공하든 실패하든 그들을 지지한다. 이런 과정을 통해 당신은 가장 만족스럽고 가장 영속적인 형태의 관계를 맺을 수 있다.

상대방을 통해 자신을 계발하라

그룹의 모든 구성원들이 자기 자신을 돕고, 동시에 다른 사람들을 도울 때 마술과 같은 일이 벌어진다. 그들은 미래를 향해 함께 전진하며, 이것은 공동의 성취이면서 개인으로서도 위대한 능력과 성취를 보여주는 도전이다. 개인의 능력은 팀 능력의 기초를 이루고, 또한 자신의 능력을 발전시키는 촉매가 된다. 삶의 여정에서 다른 사람을 도와주기 위해 주의와 직관을 집중하는 것은 상호협조와 후원을 끌어내는 환경을 만들어준다. 이러한 환경은 원활한 의사소통과 자유로운 참여를 장려하는 동시에 자기 성취를 위한 목표를 공개적으로 추구함으로써 다른 사람들이 보고 따를 수 있는 모범을 세우기도 한다.

이것이 바로 멘토링 기술이다. 당신은 상대방이 성장할 수 있도록 도와주고, 그 과정에서 개인적 그리고 직업적 발전을 통해 자신과 팀을 지도할 수 있다. 그리고 모든 사람이 최선을 다하도록 격려할 수 있게 된다.

행동하는 의사소통자

당신이 조언을 해주고 싶은 사람이 있는지 생각해보라. 떠오르는 사람들이 있다면 그들의 목록을 간단히 만들어라. 목록에 우선순위를 매기고 그 중 한 명을 선택하라. 동시에 당신이 멘토로 삼고 싶은 사람에 대해서도 생각하라. 당신에게 도움을 줄 수 있는 멘토에 대한 기준을 정하고 멘토들의 목록을 만들어라. 우선순위를 매긴 뒤에 한 명에게 접근하라. 이 두 가지를 동시에 진행하면 당신은 아주 만족스러운 결과를 얻을 수 있다.

빌 쇼어와 SOS 재단

기아와 가난퇴치를 위해 만든 네트워크

Bill Shore

처음 '우리의 힘을 나눕시다' 캠페인을 시작하면서, 빌 쇼어Bill Shore는 방한 칸짜리 지하실에 사무실을 차리고 기아퇴치 조직SOS: Share our Strength을 운영했다. 그의 핵심 그룹에는 여동생과 두 사람이 더 있었다. 이 두 사람은 게리 하트Gary Hart 대통령 선거에서부터 함께 뛴 사람들이었다. 애플 컴퓨터를 개발한 스티브 우즈니악Steve Wozniak은 두어 대의 컴퓨터와 컴퓨터를 가르칠 보조자를 보내주었고, 쇼어의 아내 보니는 자신의 비자카드를 주었다. 쇼어 팀은 타자기를 사고, 전단지 등을 만들기 위해 5달러 10센트짜리 스텐실을 구입했으며, 지하 사무실 임대료를 지불했다. 사무실 창문은 거의 천장 근처였기에 지나가는 사람들의 발목이 다 보였다. 물론 우편 집배원의 발목도 보였다.

쇼어는 매일 집배원을 기다렸다. 요리사와 식당 주인 그리고 호텔 소유주들에게 보낸 편지 수천 통에 대한 답장을 기대하면서 말이다. 그는 집배원의 발목을 잘 알고 있었다. 우편물이 한 통도 없는 적막한 날들이 하루하루 지나갔고, 쇼어는 집배원을 따라가 자신에게 온 우편물이 없는지 정중히 물었다. 우편물이 없다는 것을 믿을 수가 없었던 그는 분명히 유실된 우편물이 있을 것이라고 확신하고 우편물 기록을 보여달라고 요구하기도 했다.

마침내 한 통의 편지가 도착했다. 캘리포니아의 유명한 요리사 앨리스 워터스 Alice Waters가 1천 달러를 보내며 자신이 어떻게 도와야 하는지를 묻는 편지였다. 쇼어는 요식업계에서 그녀의 전화를 받고 반가워하며 조언을 해줄 수 있는 사람들에게 연락해줄 것을 부탁했다. 앨리스 워터스가 동료 요리사들에게 보낸 편지로 거의 2만 달러를 더 모을 수 있었다. 유명한 요리사가 이 캠페인에 합류할 때마다 쇼어는 그들에게 주변에 호소해달라고 부탁했다. 쇼어는 말했다. "신호가 온 것이며, 우리가 그것을 큰 흐름으로 만들 수 있다면 더 효과적인 네트워크를 만들 수 있는 것입니다."

"일단 동심원을 만들고 점점 키워나가는 것이죠"

설립자들의 핵심 팀에는 적으면 두세 명, 많으면 여덟 명까지 있을 수 있다. 창업 멤버 중 종종 한두 명의 투자자와 몇 명의 핵심 이사진, 그리고 두 명에서 네 명의 초기경영 팀이 핵심 팀을 구성한다. 핵심 팀이 잘 돌아가면 그들은 우정을 능가하는 강한 결속과 믿음, 그리고 서로 돕는 관계를 만들 수 있다. 이 공통의 정체성은 논쟁이 발생할 수 있는 부분에서 합의를 도출하고 어려운 상황에서 사기를 북돋는 데 다른 무엇보다 핵심 역할을 한다. 이 네트워크는 단지 명성을 쌓고 얕은 친분을 맺는 피상적인 관계가 아니다. 이것은 쇼어의 옛 상사인 전 콜로라도 상원의원 게리 하트가 1984년 뉴 햄프셔에서 대통령 선거 운동에 사용한 동심원 이론이었다.

쇼어는 정계를 떠나 자신의 모든 정력을 이 캠페인에 쏟아 붓기 전에, 여러 해 동안 처음에는 하트의 쪽에서 그리고 다음에는 네브라스카의 상원의원 밥 케레이**Bob Kerrey** 쪽에서 정치고문으로 일했다. "하트는 항상 이렇게 말하곤 했습니다. '우리의 선거운동은 스물 다섯 명을 위한 것입니다. 우리가 적당한 사람 스물 다섯 명을 얻는다면 우리는 1위를 할 수 있습니다'라고 말이죠." 그 스물 다섯 명의 사람들이 각각 지지자들의 원을 가져올 수 있고, 이렇게 모인 사람들이 또한 새로운 원을 가져올 수 있었다. 이 과정은 계속 반복되었고 결국 하트는 1위를 했다.

SOS 재단은 오랜 여정을 거쳐왔다. 그 과정에서 기아와 가난 퇴치를 위한 6천만 달러 이상의 기금을 모았고, 자선 사업에 혁명을 일으켰다.

도전적인 문제에 접근하기 위해 일단 설립자 그룹이 형성되면, 이 그룹은 결속을 유지하면서 원을 확장하고 복제해야 한다. 본격적으로 사슬 반응을 시작하는 것이다. 즉, 다른 사람들을 그룹의 구성원으로 만들고 목적을 성취하기 위해 노력하는 것이다. 각각의 설립자는 몇몇 다른 핵심 인물들을 데려오고, 이 사람들은 또 다른 몇몇을 데려온다. 이제 반응이 보이기 시작한다. 많은 에너지를 발생시키는 연쇄 반응은 설립자의 네트워크를 확장할 사람들을 선택하는 것이 중요하다. 만일 그들이 적절한 능력과 공감대, 공동의 관심사가 있다면 그 반응은 매우 뜨겁고 매우 빨리 퍼진다. 그렇지 않다면, 연쇄 반응에 활력을 주기 위한 시도는 빨리 소멸하거나 형식적인 수준에 머무를 것이다.

쇼어는 요리사와 식당 주인들이 100달러 짜리 수표를 써주는 것보다 1천 달러 상당의 음식과 재능을 제공하고 싶어 한다는 것을 알게 되었다. 그래서 '전국 미식가' 행사를 열었고, 그 행사에서 요리사들은 그들의 요리를 자랑할 수 있는 기회를 가졌다. "우리는 또 다른 200여 명에게 손을 뻗을 수 있는, 그래서 그 결과 매년 봄 6천에서 8천 명의 자원봉사자를 확보할 수 있는 30여 명의 요리사와 식당 주인들을 핵심 팀에 보유하고 있습니다."

쇼어는 요식업계를 끌어들일 수 있는 또 다른 핵심은 그들에게 재단의 소유권을 주는 것이라고 말했다. "우리는 이 단체를 기아퇴치를 위한 조직으로가 아니라 기아와 싸우는 요리사와 식당 주인들의 단체로 창조했습니다. 단체가 자신들의 것이라고 느낄 수 있도록 말입니다."

"네트워크의 힘은 의사소통에 달려 있다"

쇼어의 이와 같은 접근 방식은 네트워크로 묘사된다. 이 네트워크는 1991년 아메리칸 익스프레스 American Express가 전국 미식가 행사를 이끄는 스폰서로서 핵심 파트너가 되면서 시작되었다. 아메리칸 익스프레스로서는 높은 카드 수수료와 형편없는 서비스를 불평하며 불매운동을 벌인 음식점 주인들과의 관계를 호전시킬 수 있는 좋은 기회였다. 스타벅스와 다른 유수의 기업들도 합류했다. 아메리칸 익스프레스는 그 후 좀더 큰 일을 하고 싶어 했고, 그래서 매년 마지막 두 달 동안 달러당 3센트를 기부하는 '기아퇴치 요금'을 만들었다.

SOS 재단은 아메리칸 익스프레스와 함께 하면서 얻은 명성 덕분에 갤로 워너리Gallo Winery나 캘퍼른 쿡웨어Calphalon Cookware 같은 다른 회사들의 대표와도 만날 수 있었다. 쇼어는 SOS 로고를 와인 병이나 프라이팬에 새겨주는 대신 일정량의 이익금을 기부받기로 한 것이다.

네트워크의 활력은 의사소통에 달려 있고, 의사소통은 신뢰에 기초한다. 신뢰는 중심점의 수와 채널의 질과 네트워크 성장, 멧칼프의 법칙(네트워크의 가치는 참가하는 중심점의 수의 제곱에 비례한다)에 표현된 관계를 세심하게 보강한다. 또한 사람들 사이에서 협동을 불러일으키고 네트워크를 확장시킨다.

인터넷이 확장하면서, 마우스 클릭이나 채팅만으로 알게 된 개인들과 조직들 사이에서 수십억 개의 새로운 상호작용과 가변적인 정보가 창출되고 있다. 그 결과 신뢰의 문제가 다시 전면에 등장하고 있다. 가치와 봉사를 통해 신뢰를 쌓기보다는 조회수와 페이지 임프레션, 혹은 고정 고객 확보에 열 올리는 기업이나 지도자는 경쟁력이 떨어질 수밖에 없다.

이것은 어느 정도 규모를 갖추고 지속가능한 네트워크를 성장시켜야 한다는 것을 뜻한다. 작은 규모에서 효과적으로 작동하는 네트워크는 큰 규모에서는 쉽게 부서진다. 이런 취약성은 놀랍게도 빨리 나타난다. 따라서 네트워크가 효과적으로 작용하도록 하기 위해서는 지속적인 경영과 관심이 필요하다. 회사의 설립과 성장처럼 네트워크를 시작하는 것과 유지하는 것은 별개의 문제다. 채널을 열고, 계속해서 정보가 흐르도록 만들고, 네트워크를 관리하고, 신뢰를 증대하는 일에는 끊임없는 열정과 기술 쇄신이 필요하다. 네트워크가 이질적이고 변이가 많을수록 신뢰와 의사소통자들의 역할이 중요하다.

SOS 재단은 새로운 문제에 직면했다. 미국 전역의 자선 단체들은 기부금을 요구하는 대신에 그들 스스로 부를 창출할 수 있는 방법을 요구했다. "우리가 산출하는 것들이 사람들이 정말로 원하고 돈을 지불하고 싶어하는 일인지를 확인하기 위해 우리의 상품과 서비스를 구체화시킬 수 있는 자유로운 시장을 원했습니다. 이것은 꽤 좋은 방법이죠."

그래서 SOS 재단은 최근에 세계적 네트워크를 더 넓게 확장하기 위해 컨설팅 사업 쪽으로 가지를 뻗었다. 또한 스탠포드 경제대학원에서 최고의 컨설턴트와 사업가를 채용했다. 목표는 비영리단체들에게 그들의 자산이 시장에서 경쟁력을 갖출 수 있는 방법을 가르치는 것이다. 경영으로 관심을 돌린 것은 연쇄 반응을 유지하기 위한 전략이다. 그들은 네트워크의 집합점 각각이 확장할 수 있는 방법에 초점을 맞춤으로써 네트워크 자체를 더욱더 튼튼하게 만든다. 새로운 사람들이 잠재력을 실현할 수 있도록 장려함으로써 조직은 성장한다. 이제 그 팀은 전국적인 네트워크를 갖춘 자선단체인 것이다.

쇼어는 한번도 그의 컨설팅 회사인 커뮤니티 웰스 벤처Community Wealth Ventures 주식회사를 언론에 공개하지 않았다. 그는 여전히 동심원을 믿기 때문이다. "우리의 전체 전략은 진정한 고객 네다섯 명을 얻는 것입니다. 그들의 도움으로 두 배, 세 배가 되고 사업이 번창하게 되죠. 사람들은 앞에 나서서 말하기 전에 먼저 떠벌리려고 합니다. 인내가 필요해요. 각자 자신의 의견을 피력하는 사회에서, 우리의 이야기가 정말로 필요한 곳에서, 구체적인 주제를 갖고 사람들에게 다가갈 수 있기를 바랍니다. 어렵게 손에 넣은 진실일수록 소중한 것이니까요."

네트워크를 확장하라

문제를 해결하는 데 있어서 가장 큰 자산은 손익계산서에 나타나지 않는다. 그것은 자본이나 기술이 아니라 핵심 팀으로 이루어진 네트워크와 성공을 위해 전념하는 것이다. 네트워크의 기초는 작고 단단하게 짜여진 핵심 그룹이다. 핵심 그룹 안에서 네트워크는 결합과 재결합을 반복하면서 더 큰 전체를 형성한다. 중심점은 추가되고 네트워크는 꾸준히 점차적으로 성장한다. 작은 그룹 창시자들도 세계적 규모의 네트워크를 창조하는 데 영향력을 행사할 수 있다.

문제와 기회가 크고 까다로울수록 핵심 그룹과 그들의 네트워크는 더욱더 중요해진다. 대개의 조직들은 공급자, 유통자, 고객, 주주, 전략적 파트너, 그리고 경쟁자 사이의 이해관계가 얽혀 단단하게 짜여져 있다. 이처럼 모든 개인은 단지 큰 전문적 네트워크의 일부분일 뿐이다. 리더가 네트워크를 얼마나 성공적으로 확장할 수 있느냐는 문제와 기회를 인식하는 능력과 그것들을 해결할 수 있는 능력에 따라 결정된다.

행동하는 의사소통자

장기간에 걸쳐 변화를 주고 싶은 문제나 기회를 선택하라. 그것은 공동체에서의 자원봉사가 될 수도 있고, 직장에서의 일이 될 수도 있고, 혹은 새로운 모험일 수도 있다. 이 일을 훌륭히 해낼 수 있는 핵심 그룹을 구성할 수 있는 사람을 서너 명 찾아보라. 떠오르는 특정한 사람이 없다면 문제를 해결하는 데 필요한 기술이나 능력이 무엇인지를 먼저 써보라. 그리고 그런 자질을 갖춘 사람들의 목록을 만들어라. 시간을 충분히 갖고 그들을 양성하라. 동기를 부여하라. 일단 핵심 그룹을 만들었다면 그들과 함께 일할 사람 두세 명을 더 찾아라. 당신은 아마도 새로운 모험이 진행되는 속도에 깜짝 놀라게 될 것이다.

맥킨지

일하는 방식이 다른 그들만의 부분과 합의 공식

'전체는 하나를 위하고 하나는 전체를 위하여' 라는 원리를 가진 공동체와 문화는 오래 지속될 수 있으며 역동적이다. 이런 조직들은 특정 개인이나 그룹에 힘이 쏠릴 수도 있기 때문에 균형을 맞추는 것이 아주 중요하다. 세계적으로 맥킨지 앤 컴퍼니Mckinsey&Company만큼 탄력 있는 문화를 갖추고, 성공을 거둔 기업은 많지 않다. 맥킨지 앤 컴퍼니의 가치와 철학은 '전체는 하나를 위하고 하나는 전체를 위하여' 라는 기본적 원리에 따른다. 또한 회사가 성공할 수 있는 이유는 이 원리에 달려 있다.

회사가 시장 가치를 높이기 위해서는 뛰어난 인재들이 필요하다. 공동체의 성격은 구성원이 어떻게 들어오고 떠나느냐를 보면 가장 잘 알 수 있다. 사람들이 맥킨지에 합류하고 떠나는 방법을 보면 이것은 더 명백해진다.

당신이 맥킨지에 입사했다고 가정해보라. 먼저 면접 과정, 이미 95%의

지원자를 걸러낸 다음의 선별 과정에서 당신은 7~14명의 다른 지원자와 매니저, 동료 그리고 선배들을 만나게 된다. 면접이 끝날 때쯤, 당신은 1천 명 중의 1명이 될 것이고, 맥킨지의 완전한 단면을 보게 될 것이다. 그들은 당신과 회사의 협력관계를 위해서, 당신의 비전을 원하고 당신 또한 그들을 통해 비전을 갖기를 바란다.

그들은 면접 과정에서 동료로 받아들일 수 없는 사람은 고용할 수 없다고 밝힌다. 이 첫 번째 만남에서 회사는 개인의 잠재력을 즉시 받아들이는 동시에 회사의 운명과 연결시킨다. 일단 당신이 합류하면 형세는 바뀐다.

일단 입사한 후에는, 당신의 잠재력이 미래를 위해 지금 무엇을 할 수 있고 그 미래를 향해 어떻게 움직일 것인가로 초점이 바뀐다. 회사에서는 당신이 당신 자신의 역량을 잘 알고 잠재력을 최대한 발휘하여 열심히 일할 것을 기대한다. 당신이 그 회사에 머무르든지 떠나든지에 상관없이 말이다. 몇 십 년을 그곳에서 일한 대부분의 선배들이 당신에게 이렇게 말할 것이다. "2~3년마다 회사가 적당한 장소인지를 재평가하고 질문한 끝에 다시 머무를 것을 선택하라."

"맥킨지도 나를 선택하고 나도 맥킨지를 선택한다"

맥킨지 또한 항상 당신을 재평가하고, 당신을 재고용할 것인지를 결정한다. 이것은 당신을 그 회사에 미묘하게 묶어놓는 목적성과 강렬한 자유를 같이 느끼도록 만든다. 일단 입사 후 해야 할 일은 그 회사의 방식과 가치, 사업을 하는 과정, 스타일과 이미지, 그리고 역사와 문화를 배우고 그것을 당신의 일부분으로 받아들이는 것이다. 당신은 트레이닝을 하고 매번 과제를 제출한 후에 당신이 배운 것과 여전히 계발해야 할 것들에 대해 평가받을 것이다. 당신이 얼마나 전진했는지는 '발달 경로'를 통해 탐지된다. 따라서 모든 사람들이 당신이 다음 단계의 기술과 지식을 배울 수 있을 만큼 잘 따르고 있는지를 평가할 수 있다.

그러나 회사는 당신이 독립적으로 생각하고, 문제를 정의하고 해결하는 과정에서 당신만의 시각을 주장하고, 책임을 받아들이고, 동의할 수 없는 일일 때 솔직히 반대할 수 있기를 기대한다. 그리고 당신을 개인적 · 업무적으로 도와줄 선배나 동료가 있다. 요약하자면, 회사에 입사하는 순간부터 그곳에서는 당신을 조직의 일부분으로 만드는 것과, 당신의 개성과 전문적 기술을 발휘함으로써 조직을 발전시키는 것, 이 두 가지를 강조한다.

맥킨지의 입사와 퇴사 사이에는 큰 '중간 단계'가 있다. 그것은 세계에서 가장 까다로운 문제를 해결하고, 출장을 다니고, 전세계 많은 국가들을 상대로 일하며 수백 명의 고객을 안내하는 맥킨지에서의 경력이다.

각 단계에는 삶과 일의 중심이 되는 세 가지 주요한 힘이 있다. 첫 번째는 이 기업의 설립자인 마빈 바우어Marvin Bower다. 두 번째는 지도 원칙, 세 번째는 두려움이다. 이 세 가지가 맥킨지를 지탱하는 역동적인 힘이다.

먼저 마빈을 보자. 이제 막 입사한 사원들조차 마치 마빈을 잘 알고 있는 것처럼 그를 마빈이라 부른다. 마빈은 신입 사원들이 교육을 받을 때 몇 십 년간 그 자리에 있었다. 그 사원들이 입사하는 것도, 퇴사하는 것도 수없이 지켜봤다. 그는 노령에도 불구하고 맥킨지에 생기를 불어넣는다. 맥킨지의 모든 사람들은, 어떤 수준에서든 자신이 마빈과 관계가 있다고 느낀다. 대부분의 직원들이 마빈이 정말 어떤 사람인지에 대해서 기본적인 것도 모를 수도 있지만 말이다. 이 조직의 어느 곳에 가든 사람들은 마빈에 대해 이야기한다. 마빈에 대한 논평은 전설적인 인물에 대한 존경에서부터 연민, 혹은 보수파에 대한 반감에 이르기까지 다양하다. 출장이 잦고 관계를 맺는 것이 어려운 글로벌 회사에서, 직원들이 마빈과 맺는 관계는 맥킨지의 가장 효과적이면서도 미묘한 힘이 될 것이다.

두 번째는 지도 원칙들이다. 전 세계의 어느 사무실이든지 맥킨지는 행동을 추진하고 기업의 가치를 상징하는 12가지 지도 원칙을 고수한다. 이 중 두 가지는 '전체는 하나를 위해, 하나는 전체를 위해'라는 개념을 집약해서 보여준다. 첫 번째 원칙은 "권리를 받아들이고 자기 관리 하에서 책임을 수행하라"이고, 두 번째는 "이의를 제기하는 것은 의무이다"라는 것이다. 모든 직원은 회사에 대한 책임과 모든 구성원에 대한 책임을 가져야 한다. 동시에 서로를 믿고, 솔직하게 이야기함으로써 그들의 강점을 이끌어낸다.

세 번째는 두려움이다. 맥킨지의 전 대표는 신입 사원들과 함께 앉아서 그들의 경력 계발과 업무평가 기준에 대해 논의한 적이 있었다. 신입 사원들은 치열한 경쟁과 진정한 리더를 찾는 데 어려움과 두려움이 있다고 말했다. 기준에 미치지 못할 것에 대한 두려움, 회사가 제시하는 이상에 이르지 못할 것에 대한 두려움, 심지어 자신의 마음을 표현하는 것에 대한 두려움도 있었다. 토론과 상담이 끝나고 그는 노골적으로 말했다. "여러분, 이 회사는 풍요롭고 복잡한 문화를 가지고 있습니다. 그러나 우리의 원칙과 가치가 실제적인 것이라 해도, 이 회사가 성공할 수 있는 이유는 그런 고결한 것들만이 아닙니다. 정작 필요한 것은 두려움에 대한 경각심과 경쟁심입니다. 기대 이상의 성과를 올릴 수 있는 사람들이지만 성공을 확신할 수는 없는 사람들을 한 자리에 모아둠으로써 생기는 두려움과 경쟁심이죠. 이 점을 이해하십시오. 하지만 그것에 너무 신경 쓰지는 마십시오. 초월하십시오."

맥킨지는 매우 다양한 개인들로 구성되어 있지만 결국 그 개인들의 잠재력이 모여 '전체'가 되는 것이다. 문제는 그 잠재력을 어떻게 실현시키느냐는 것이다. 조직의 동일성을 창조하는 것은 긍정적일 수도 부정적일 수도 있다. 긍정적인 형태로는 사람들을 하나로 묶는 기회와 공통의 관심(이익), 그리고 전통이 있다. 부정적인 형태로는 위협이나 문제가 잠재되어 있다가 한꺼번에 폭발할 수 있다는 점이다.

결국 맥킨지에서 당신의 경력이 끝날 때, 그곳을 떠나는 계기는 당신이 3년을 근무했든 30년을 근무했든 거의 비슷하다. 가장 중요한 것은 아무도 당신에게 떠나라고 이야기하지 않는다는 점이다. 떠날 결정을 내리는 것은 언제나 당신이다. 회사에 문제가 있느냐 없느냐는 중요한 게 아니다. 상황을 평가하고 일이 잘 되지 않는 것을 깨닫는 것도 어디까지나 개인의 몫이다. 그곳에서는 개인을 존중한다.

그리고 일단 떠날 결정을 내리면, 근무 기간에 비례하는 충분한 숙고시간을 보장받는다. 이 기간 동안은 앞으로 무엇을 하고 싶은지 결정하고, 상담을 받거나, 맥킨지 네트워크 안에서 새로운 지위를 얻는 것이 가능한지에 대한 조언을 듣는다. 그것만으로 끝나는 것이 아니다. 사실 당신이 이미 맥킨지의 문화를 흡수했다면, 그것은 절대로 여기에서 끝나지 않는다. 일단 당신이 맥킨지에 입사했으면 회사를 떠나고 새로운 직업을 선택한다 해도, 당신은 동문 네트워크에 속하게 된다.

맥킨지 동문 네트워크에 속하는 것은 특별한 일이다. 동문회 인명부는 정기적으로 발행되고 업데이트된다. 맥킨지에서 일했고, 살아남았으며, 성공한 사람들은 어느 분야에 있든 인정을 받는다. 자연히 맥킨지 동문들은 다른 직장에서도 성공하기 쉽고, 결과적으로 더 나은 성공을 위해 이전에 자신을 고용했던 고용주를 직원으로 고용하기도 한다. 이 지점에서, 그 관계는 완전한 원이 된다. 이전에 회사가 고용했던 사람이 이제 그 회사를 고용한다. 이 관계는 맥킨지 공동체가 언제나 하나를 위했던 것처럼, 하나가 전체를 위한다는 사실을 입증한다.

새로운 기술을 가진 매우 젊은 세대들이 계속 노동시장에 들어오고 있으며, 때로 국가의 주요한 갈등 요인이 되기도 한다. 따라서 부분의 합보다 더 큰 전체를 창조하기 위해 사람들을 하나로 모으면서도 개인의 역량을 존중하는 문화를 형성하는 일이 과거보다 더 중요해졌다. 이런 문화를 갖춘 조직만이 최고의 인재를 끌어들이고 보유할 수 있으며, 그 결과 시장에서 이익을 창출할 수 있다. 가족, 팀, 기업, 국가 등 모든 공동체의 궁극적 도전은 개인과 그룹이 모두 자신의 역량을 발휘할 수 있는 방식으로 사람들을 묶는 것이다. 이런 그룹에서 문제가 발생하면 완전히 해결될 수 있다. 비결은 개인과 그룹 모두의 추진력은 모두 같은 근원, 즉 인간의 잠재력을 창조하고 실현하려는 욕구를 추구하는 것이다.

전체는 하나를 위해, 하나는 전체를 위해

두 사람 사이의 가장 단순한 협력에서부터 세계에서 가장 큰 조직에 이르기까지 모든 관계는 개인의 능력을 인정하는 동시에 개인이 조직 안에서 그 능력을 발휘할 수 있느냐에 달려 있다.

성숙한 관계를 맺고 있는 사람들은 정체성에 대해 끊임없이 질문한다. 나는 누구인가? 당신은 누구인가? 함께 있는 우리는 누구인가? 우리는 무엇이 될 수 있는가? 관계는 당신이 자신을 보는 관점, 자신에 대해 알고 있는 정도, 그리고 자신의 가치에 대해 얼마나 믿느냐에 따라 달라진다. 조직에 속한 모든 사람들은 개인적 성취를 위해 헌신해야 한다. 그리고 개인이 효과적인 팀이나 조직으로 발전하기 위해서는 공동의 정체성을 지녀야 한다. 혼자 자부심을 느끼고 남들에게 신뢰를 받는 것이 종착지는 아니다. 그것은 단지 서로 끌어주는 관계에서 마지막까지 함께 하는 데 필요한 힘과 자원을 제공할 뿐이다. 조직은 개인을 바탕으로, 개인은 조직 안에서만 자신의 완전한 잠재력을 성취할 수 있다.

네트워크가 살아 있는 공동체가 된다면 공동의 가치와 비전 안에서 개인의 정체성이 발전할 수 있다. 전체는 하나를 위하고 하나는 전체를 위하는 것이다.

행동하는 의사소통자

당신이 회사에서, 회사의 목적이나 임무와 완전히 동떨어져서 당신만의 권리와 자기 표현, 그리고 성취를 고무할 수 있는지 생각해보라. 그리고 상호적인 책임과 집단적 동일성, 가치 공유, 그리고 공동의 목표가 있는지 생각해보라.

이 두 부문에서 모두 충분히 행해지고 있는지 다시 자문해보라.

우리는 올바른 균형을 이루고 있는가? 문화가 너무 한쪽으로 기운 것은 아닌가? 만일 문화를 향상시킬 기회가 있다면, 그룹에서 개인의 문화를 또 다른 차원으로 끌어올릴 수 있는 업무를 찾아야 한다.

04

선도자형

올바른 목적지로
잘 가고 있는지
리드한다

우리는 살아가면서 문제에 부딪칠 수도 있고 기회를 잡을 수도 있다. 이러한 문제와 기회는 한 정된 시간과 자원 안에서 주어진다. 다양한 갈래 앞에서 리더들은 어떤 여정을 선택하고, 어떤 문제를 해결할 것인지에 대한 우선순위를 정해야 한다. 급변하는 환경 속에서 올바른 기회를 선 택하고 우선순위를 결정하는 일은 어려운 일이다. 또한 엉뚱한 기회를 선택했을 때 발생하는 시 간과 자원의 손실은 우리를 더욱더 힘들게 한다. 우선순위를 정하는 것, 즉 '선별'을 잘 하는 것 은 문제해결에 큰 영향을 미친다. 전문가들이 매일 어떤 문제를 가장 먼저 해결할 것인가에 대 해 고심하는 장소를 찾는다면, 볼티모어에 있는 존스 홉킨스 병원의 응급실을 빼놓을 수 없다.

문제가 발생했을 때에는 우선순위를 정하여 가장 긴급한 기회를 놓치지 않고 해결책을 끌어내야 한다. 선도자형^{playmaker} 리더는 이노베이터의 아이디어, 발견자의 지식, 의사소통자의 관계를 이용하여, 목적지와 그곳에 이르는 방법을 끌어낸다. 선도자는 변화를 시작하고 주도하는 데 탁월한 능력을 보여준다. 이들은 여러 개의 프로젝트를 동시에 추진하고, 목적지를 확인하고, 방향을 정하고, 종착지에 이르는 계획을 세운다. 임무 정의, 전략 설정, 우선순위 결정, 포트폴리오 관리, 성공 측정, 효과적인 지도, 이 모든 것이 선도자형 리더들의 몫이다.

여정을 제대로 관리하지 못하면 우선순위가 뒤죽박죽이 되고, 무분별한 해결책이 선택되며 성공이 불확실해진다. 반면에 여정을 잘 관리하면 우선순위가 분명해지고 여정이 정기적으로 수정되어 정확한 길로 갈 수 있게 된다. 그리고 언제 성공했는지, 언제 다음 문제로 이동할 수 있는지를 알 수 있게 된다.

달을 향한 인간의 도전

1969년 7월 16일, 우리는 처음으로 달에 착륙했다.

달을 바라보며 사랑을 맹세하고 숱하게 상상의 여행을 떠났으면서도 현실적으로 우리가 그곳에 갈 수 있다고 생각한 사람은 거의 없었다. 그러나 존 F. 케네디는 우리가 10년 안에 달나라를 탐험할 수 있게 될 것이라고 말했다. 두려움과 영감, 기술적 가능성, 그리고 위대한 도전을 불러일으키는 성취감에 대한 기회를 기꺼이 받아들임으로써 1969년, 달을 향한 모험이 시도되었다. 이로 인해 우리 자신은 물론 우리가 속한 세계, 더 나아가 우주 안에서의 우리의 시각이 180도 바뀌었다.

달 탐사는 지금까지 인류가 행한 모험 중 가장 놀랍고도 위대한 도전 중 하나로 꼽을 수 있다. 인류는 처음으로 지구 밖으로 나갔다가 돌아왔다. 케네디가 발표했을 무렵에는 새턴 V 로켓도, 달착륙선도, 아폴로 계획도 없었다. 오직 스푸트니크Sputnik(세계 최초의 구 소련 인공위성)와 러시아의 우주 프로그램이 빠르게 성장하고 있었을 뿐이다. 그 당시로 돌아가서 생각해보면 그러한 목표를 세우는 것이 어떤 일이었을지를 상상하기는 쉽지 않다. 이것을 세계에 공표하는 것은 말할 것도 없었다. 그러나 그들은 때맞춰 적절한 방법으로 가능성 있는 영역으로 막 들어가는 목적지를 선택했고, 그곳에 도달할 수 있다고 믿게 만들었다.

케네디는 달에 도달하는 모험을 이끌면서, 국민들이 함께 할 수 있을 뿐만 아니라 국민 스스로가 그 모험을 이끈다는 생각을 심어주었다. 케네디는 적절한 시기에 해결할 수 있는 올바른 문제를 선택했다. 우주를 향한 적극적인 행동은 미국의 국력을 강화했을 뿐만 아니라 군수산업과 기술을 강화하는 발판을 마련했다. 케네디는 도달할 수 있는 장소에 초점을 맞추고 그곳에 갈 수 있는 방법을 명확히 표명했다. 달은 도달할 수 없을 것처럼 보였던 곳이었기에 그 성취감은 더욱 컸다.

모든 모험에는 여정을 이끌고 실행할 사람이 필요하다. 선도자형 리더들은 아무도 시도해보지 않은 방법으로 극적이고 영향을 주는 여정을 계획한다. 그 과정에서 사람들이 올바른 방향으로 나아갈 수 있도록 동기를 부여하고, 그것을 성취하기 위해 끊임없이 노력한다.

오늘날의 선도자들은 달이 아니라 화성에 탐사선을 쏘아 올린다. 기아 퇴치를 위해 일하는 사회사업가와 기업주, 질병을 퇴치하기 위해 노력하는 과학자, 이들은 모두 선도자들이다. 자본가와 환경운동가들도 마찬가지다.

뛰어난 리더는 문제를 여행처럼 관리한다!

목표를 달성하는 것은 새로운 방식으로 문제를 생각하는 방법을 배우는 것을 뜻한다. 문제는 정적인 것이 아니다. 모든 문제는 일종의 여행이다. 그리고 모든 여행은 아이디어가 떠오르고 목적지가 결정되는 순간 첫 발을 내딛고, 실제로 길을 만드는 것까지 여러 단계를 포함한다.

가장 작은 것에서 가장 큰 것까지, 가장 간단한 것에서 가장 복잡한 것까지, 가장 짧은 것에서 가장 긴 것까지, 어떤 문제나 기회든 시간의 흐름에 따라 같은 과정을 밟는다. 이 과정은 문제나 기회가 처음 발생했을 때 적응하는 것을 시작으로, 무엇을 성취하고 무엇을 배웠는지, 그리고 그것의 의미를 평가하는 것으로 끝난다. 일단 이 필수적인 단계들을 이해한다면, 어떤 문제에서든 그것이 얼마나 크든 상관없이 자신의 위치를 정할 수 있다. 또한 자신이 지금 어느 단계에 있는지를 인식하고 여행할 수 있다.

이 장에서는 최고의 리더들이 그들의 여정을 관리하고 문제를 해결하는 방법을 깊이 있게 다룬다. 선도자들이 올바른 문제를 선택하는 방법, 그리고 어떻게 방향을 설정하는지, 리더십이 어떻게 전진해야 하는지를 설명한다.

KPCB

Vinod Khosla

실리콘밸리와 신생기업을 키워내는 벤처캐피털

새로운 사업을 시작하고 성장시키는 것만큼 까다로운 문제는 없을 것이다. 많은 사람들이 희망을 품고 시작하지만 예상치 못한 결과, 자본 부족, 인재 발굴의 어려움, 빗나간 초점 등 많은 이유로 실패하곤 한다.

클라이너 퍼킨스 코필드&바이어^{KPCB: Kleiner, Perkins, Caulfield & Byers}의 파트너 존 도에르^{John Doerr}는 이렇게 말한다. "신생 기업 중 열이면 아홉이 실패합니다. 그러나 우리 사무실에서 32킬로미터 거리에 있는 벤처 기업들 중 열에 아홉은 성공했습니다. 실리콘밸리는 사람, 프로젝트, 자본을 모으는 데 효과적인 시스템을 갖추고 있습니다." 그 시스템을 운용하는 사람들은 도에르와 같은 벤처 자본가들이든 CEO들이든 모두 선도자들이다.

KPCB는 지넨테크^{Genentech}, 선^{Sun}, 컴팩^{Compaq}, 로터스^{Lotus} 같은 과학기술 산업의 초석을 세우는 일을 도왔고, 이 과정에서 〈포춘^{Fortune}〉 선정 500대 기업 중 10개의 회사를 건설했다. 이들의 수입은 전국의 벤처기업들이 벌어들이는 금액의 5퍼센트를 차지한다.

〈포춘〉은 KPCB의 파트너 중 열두 회사가 위험부담이 높은 투자를 통해 1년 만에 2억 1천만 달러의 순이익을 올렸다고 추정했다. 여기서 우리는, 어떻게 이런 일을 할 수 있으며, 왜 이 사람들은 계속해서 이 일을 하는가, 라는 질문을 제기할 수 있다.

이 두 가지 질문에 대한 대답은 근본적으로 같다. 세계에서 가장 새로운 산업으로 가장 큰 판촉활동을 벌이며 돈을 벌어들이는 이 곳에서, 중요한 것은 돈을 버는 일만이 아니다. KPCB는 팀을 만들고, 회사를 설립하고, 새로운 리더를 발굴하고, 모험을 즐긴다.

"우리는 변화에 잘 대응하는 기업에만 투자한다"

KPCB의 파트너들은 사업계획을 검토하고 투자한 후에도 편히 발 뻗고 쉬지 않는다. 그들은 금융 마법사들이 아니다. 성공적인 기업을 설립해왔고, 혹은 설립을 도와온 그들은 다른 사람들을 성공시키고 번창하는 회사에 합류하기 전에 이미 성공과 실패를 정의하고 측정하고 다루는 방법을 배운다.

비록 평가 방법은 다르지만, KPCB 파트너들은 99퍼센트의 조직개편율을 위해 매년 2,000개 가량의 계획서를 읽고 이중에서 300여 기업을 선택하여 더 면밀한 연구를 하고, 100개의 팀과 만나고 그 중 25개의 팀에 투자한다. 그들이 검토하는 모든 사업계획은 새로운 여행을 독려하는 제안서와 같다. 그들이 풀어야 할 과제는 어떤 기회가 가장 이익이 되는지, 누가 그 여정을 관리할 것인지, 그리고 그들에게 필요한 도움이 무엇인지를 결정하는 것이다. KPCB는 위험에 처한 상황에서도 촉망받는 사람들을 구조하기 위해 행동해야 하지만, 서로 헤어져야 할 때가 되면 미련없이 헤어진다. 적절한 시기에 적당한 기회를 선택하기 위해서 KPCB는 투자할 회사 자체만 분석하지는 않는다. 그들이 분석하는 것은 전체 산업에 영향을 줄 수 있는 새로운 산업이나 과학기술이며, 핵심은 다른 사람들보다 먼저, 새로운 산업에 관심을 갖는 것이다. 우선 그들이 전반적인 문제를 정의한다고 해도, 투자할 만한 회사를 고르는 일은 쉽지 않다. 도에르는 말한다. "400개의 벤처기업이 있습니다. 그 중에서 앞으로 눈에 띄게 시장을 점유하게 될 회사를 어떻게 선택할 수 있을까요? 그것은 진취성에 초점을 맞출 때에만 가능합니다. KPCB의 몇몇 파트너들은 무선 통신, 인터렉티브 미디어, 인터넷/온라인 서비스 같은 특정 분야의 회사를 설립하고 주도권을 잡기 위해 함께 일하고 있습니다. 우리는 변화하는 시장에 적용할 수 있는 과학기술, 그리고 훌륭한 팀을 찾고 있습니다."

파트너들은 자신이 겪었던 성공과 실패를 바탕으로 문제를 선택한다. 예를 들면, 도에르의 동료 비노드 코슬라^{Vinod Khosla}는 KPCB에 합류하기 전에 선 마이크로시스템스^{Sun Microsystems}의 공동 창업자였다. KPCB 팀의 나머지 파트너들도 그와 비슷한 배경을 가지고 있다. 이 중 가장 유명한 사람이 도에르다. 그는 금융업자로서 20년 동안 선, 컴팩, 로터스, 인튜이트^{Intuit}, 넷스케이프^{Netscape}, 아마존닷컴의 창업을 지원했다.

선도자형 리더들이 회사를 잘 경영하는 이유는 무엇일까? 이들은 문제가 무엇인지, 고객들이 누구인지, 그 사업이 어떤 가치를 가져올지, 그리고 시기가 적절한지를 분명하고 엄격하게 정의하는 것부터 시작한다. 그들은 제안서의 가치를 평가할 수 있는 정교한 공식을 개발했다. 그것은 사업내용, 시장, 기술에 초점을 맞추고 그것을 가장 잘 실현할 팀에 집중하는 것이다. "우리는 팀에 대해 가장 많은 고민을 합니다. 오늘날 세계에는 기술도 많고 기업가들도 많고 돈도 많죠. 하지만 훌륭한 팀은 찾아보기 힘듭니다."

KPCB에서 방향과 전략을 선택하는 것은 간단한 일이다. 그들은 리스크를 낮추기 위해서 전략을 다듬는다. 그리고 클라이너의 첫 번째 지침 '초기에 위험을 알아내라'에 집중한다. "위험은 도처에 도사리고 있습니다. '우리가 원자를 분리할 수 있을까?' 와 같은 기술적인 위험이 존재할 수도 있고 '개들이 그 식품을 먹을 것인가?' 하는 시장성에 대한 위험도 있죠. '창립 멤버가 계속 있을 것인가?' 하는 사람과 관련한 위험도 있고, '우리가 자금을 구할 수 있을까?' 와 같은 재정적 위험도 있습니다." 각 회사의 경영 팀이 이런 위험에 직면할 때, 잘못된 여정을 수정하고 문제를 해결할 방법을 함께 고민한다. 그들은 도전하고, 밀어붙이며, 다른 기업들과의 접촉을 이끌어내고, 합병을 추진한다. 즉, 공격적으로 리스크를 관리함으로써 성공의 가능성은 더 커진다.

KPCB는 한 회사의 설립과 운영 과정에 참여하여 결국 회사가 자립할 수 있도록 돕는다. 그들의 목표는 장기간에 걸쳐 회사를 성장시킬 수 있는 전략을 수립하는 것이다. KPCB는 새로운 회사가 성장하고, 상장될 수 있게끔 이끌어준다. 그리고 KPCB가 투자하는 다른 벤처기업들과 서로 이익을 주고받을 수 있는 관계를 형성한다.

KPCB는 사람들뿐만 아니라 전체 회사들과 일을 한다. 도에르와 그의 파트너들은 KPCB가 지원하는 회사들을 네트워크로 연결한다. 익사이트는 @home과 혼합되어 익사이트앳홈Exite@home이 되기 전에 아마존닷컴, 스포츠라인 USA와 제휴했었다.

그러나 KPCB가 아무리 열심히 일한다 해도 표면적으로는 성공보다 실패를 많이 한다. KPCB는 항상 3~4년간의 투자에서 수익을 보는 단기적 목표를 가지고 있지만 모든 회사가 큰 성공을 거두지는 못한다.

도에르는 말한다. "벤처 자본가를 훈련시키는 것은 몇 대의 F-16기가 충돌하는 것과 같은 일입니다. 대략 3천만 달러의 비용이 들어요. 바로 아래로 빠져버리는 돈이죠."

KPCB가 투자에 접근하는 방식은 두 가지 면에서 효과적이다. 먼저 그들은 개별적 벤처가 아니라 전체적인 관점에서 성공을 정의한다. 성공은 다양한 경로로 다양한 수단을 통해 달성된다. 둘째, 한 회사가 큰 성공을 거두지는 못했다고 해도, KPCB가 적어도 거기에서 얻을 수 있는 지위는 그들이 300~400퍼센트의 수익을 올릴 수 있다는 것을 의미한다. 그들이 소유한 값싼 주식이 상장된 주식으로 격상하기 때문이다. 그래서 성공의 비결은 실제로 이런 '중간의' 수익을 가져오는 회사들과 KPCB가 투자한 금액보다 20~100배 이상의 수익을 가져오는 몇몇 회사들에게 있다. KPCB가 1990년에서 1998년 사이에 상장을 도왔던 79개의 회사 중 25퍼센트는 나스닥지수 이상으로 거래되고, 5퍼센트는 지수 바로 아래, 그리고 70퍼센트는 상장된 첫날 폐장 가격보다 낮은 가격으로 거래되었다.

KPCB는 성공에서 눈을 떼지 않으며, 포트폴리오를 면밀하게 조사한다. 파트너들은 일주일에 한 번씩 만나서 최근의 투자를 검토하며, 매 분기마다 가장 활동적인 100건의 투자를 검토한다. 재정 상태와 간부들의 성과 등 7가지 변수로 투자한 회사를 평가한 후에는 그 회사를 성장시킬 수 있는 세 가지 목표를 갱신하는 방법에 동의한다.

숫자와 돈에 초점이 맞춰지긴 하지만 성공에는 또 다른 관점이 있다. KPCB의 파트너들은 성공은 돈 이상의 가치가 있다고 끊임없이 주장한다. 그들에게 성공은 기회를 창조하고 문제를 해결하고 기업과 산업을 건설하는 일이다. 창조 행위와 변화를 만드는 것은 돈만큼이나 중요한 일인 것이다. "최고의 기업가는 성공에 초점을 두지 않습니다. 그들은 세계 경제에서 리더가 될 수 있는 회사를 건설하는 데 초점을 둡니다. 성공은 그에 뒤따른다는 것을 알고 있는 거죠. 성공에만 초점을 두면 성공할 수 없습니다. 사회 공헌과 고객 가치에 초점을 둘 때, 바로 그때 성공할 수 있습니다."

KPCB는 각각의 벤처에 대해 조심스럽게 분석하면서 위험을 초기에 최소화하고자 한다. 장기적인 성공에 기초를 둔 포트폴리오에 따라 위험을 분산시키는 것은 아주 중요하다. 그들은 또한 공격적으로 계획하고, 실패했을 때에는 실패를 최대한 이용한다.

그들의 확장 이사회 정책, 개인적 네트워크, 정기적인 기획 회의, 그리고 다양한 회담은 미래에 무슨 일이 일어날까에 대한 생각을 가지고 있는 정보 에이전시의 효과를 갖는다. 어떤 산업이 승자가 될 것인지를 생각해내고 계획을 실행하는 데도 많은 노력을 한다. 그러나 그들은 예상하지 못했던 일에도 대비가 되어 있다. SUN의 공동 창업자이자 KPCB 파트너인 빌 조이Bill Joy가 도에르에게 언젠가 스무 살의 소프트웨어 프로그래머가 컴퓨터 사업을 바꾸어놓을 것이라고 말했던 때처럼 말이다. 그들은 그것이 컴퓨터 게임이라 생각했었지만, 그것은 마크 앤드리센Marc Andreesen이 만든 브라우저였다.

도에르의 동료 비노드 코슬라^{Vinod Khosla}는 이렇게 말한다. "우리는 SUN 에서 AOL, 그리고 익사이트에 이르기까지 모든 회사의 이사회에 있었습니다. 우리는 시장 조사가들보다 먼저 미래를 예측하는 방법을 익혔죠."

기업은 우연한 사건들에 대응하여 해결책을 세우며, 예상하지 못했던 손실로부터 기회를 만들어내야만 한다. KPCB가 1,500만 달러의 회사를 잃었을 때, 그들에게는 보살펴야 할 직원이 40명이나 있었다. KPCB는 그 사람들을 손실로 생각하기보다 포트폴리오 안의 다른 곳에 사용될 수 있는 가치 있는 자산으로 생각했다. "그 팀의 반 이상이 이미 우리가 투자한 다른 회사에서 일자리를 얻었습니다. 투자자들은 이 직원들 모두가 훌륭한 일자리를 얻는 것을 돕기 위해 이력서를 돌려보고 있습니다. 당신이 그 팀과 함께 열심히 일하고 정체해 있지 않다면 벤처 산업은 실패해도 괜찮습니다."

사람이 최고인 회사, 리더십을 제공하는 회사

KPCB가 다른 회사들과 특히 다른 점은 아마도 그들이 제공하는 리더십일 것이다. KPCB는 구식의 방법, 즉 투자를 하고 그 배당금 수표를 걷는 방법으로 돈을 버는 것을 좋아하지 않는다. 그들은 소매를 걷어붙이고 새로운 산업을 목표로 삼고, 첨단 기술 회사를 성공시킬 관리자들을 가르치고 고무하고, 들볶고, 선발한다.

코슬라는 이렇게 말한다. "우리는 60~70퍼센트의 시간을 이미 존재하는 회사들에 씁니다. 또 다른 20퍼센트는 교육을 하는 데 사용합니다." 그리고 나머지는 새로운 기업을 찾는 데 사용된다. 즉, 전체 시간의 75퍼센트가 회사의 성공을 돕는 데 사용되고, 나머지 25퍼센트가 어떤 문제를 해결할까를 결정하는데 사용된다. 일단 새로운 과학기술이 어떻게 발전할 것인지가 정해지면, 그들은 그 분야에 뛰어들어 새로운 영향력을 만든다. 또한 협력이 핵심이긴 하지만, 필요하다면 기꺼이 강경한 리더십을 받아들인다. "이사회 구성원으로서의 나의 역할은 힘든 질문을 던지고 경영진이 힘든 문제를 예상하도록 하는 것이죠. 그래서, 아마도… 아주 성가신 존재일 겁니다."

그들은 뒤에서 이끈다는 평판으로도 유명하다. 그들은 호출기와 휴대전화기를 항상 켜놓고 있기 때문에 낮이든 밤이든 언제든 연락이 가능하다. 문제를 해결하고 기회를 잡으려고 노력하는 기업가들이 언제든 연락할 수 있도록 하기 위해서다.

무엇보다도 KPCB는 리더를 선출하는 데 집중하는 것으로 좋은 평을 얻고 있다. 사람을 모으는 일은 KPCB가 제공하는 가장 중요한 리더십일 것이다. "우리는 언제나 훌륭한 리더를 찾고 있습니다. 훌륭한 리더는 훌륭한 의사소통자들이죠. 그들은 아주 성실합니다. 그리고 대개 문제를 인식하는 첫 번째 사람들이죠. 또한 무정할 정도로, 절대적으로 정직합니다. 그들은 새로운 사람을 모으는 데 뛰어나죠. 그래서 항상 재능 있는 사람들로 구성된 그들의 네트워크를 갖고 있습니다. 또한 그들은 훌륭한 영업 간부들입니다. 항상 기업의 가치 있는 상품을 판매하고 있죠." 마찬가지로 도에르와 그의 동료들은 항상 KPCB의 가치 있는 자산, 즉 '24년, 300개 이상의 회사에 대략 10억 달러의 투자, 시장 상한가 5조 달러, 그리고 창출된 25만 개 이상의 일자리'를 판매하고 있다.

선도자형 리더들은 가장 가치 있는 문제들, 즉 서로 상승작용을 불러올 수 있는 문제들을 선택한다. 그리고 각각의 여정에서 성공을 정의하고 성공 가능성이 가장 높은 곳에 이르는 경로를 찾는다. 그들은 목적지를 명확히 정한다. 어떤 경로를 취할 것인가, 효율적인 여행을 위해 어떻게 여정을 나눌 것인가 등 방향에 대한 선택을 내리는 그들은 모든 단계에서 팀을 지도하고 그 팀이 동일한 목적을 향해 같은 태도를 취하도록 리더십을 행사한다.

가장 큰 문제들의 경우에, 분명한 목적지를 설정했는가? 방향은? 그것을 왜 선택했는가? 다른 대안은 생각해봤는가? 당신에게 동의하는 사람이 있는가? 그것을 어떻게 아는가? 그들은 당신과 함께 목적지에 이르기 위해 얼마나 전념하는가? 앞으로 나아가기 위한 당신의 전략은 무엇인가?

본래의 계획이 결정적 상황을 예상하지 못했다면 목표를 조정해야만 한다. 리더십의 명료함, 융통성, 세심함의 결합은 어디로 향해야 할지와, 그곳에 가야 하는 정확한 이유와 도달하는 방법에 대한 혼란을 최소화해준다.

존스 홉킨스 ER

긴급한 환자들의 우선순위 정하기

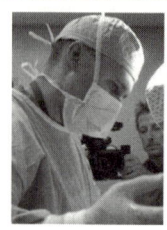

저녁 시간, 볼티모어의 거리는 물론, 존스 홉킨스 병원의 응급실^{Johns} ^{Hopkins Emergency Room}도 무척이나 붐빈다. 홉킨스는 〈유에스 뉴스 앤 월드리포 트^{U.S. News & World Report}〉가 선정한 미국 최고의 병원으로, 특히 심장병에 있어 서 권위를 인정받고 있다.

응급실은 오후 내내 바쁘다. 특히 월요일은 더 그렇다. 수십 명의 환자 들이 대기실에서 힘들게 기다리고 있다. 환자들은 응급실 침대에서 빈 자리가 날 때까지 꼼짝 없이 기다려야 한다. 들것에 누워 있는 환자들, 몇 분마다 고함을 치는 환자들…, 그야말로 아수라장이다. 조용히 가족을 위해 기도를 하는 엄마도 있고, 큰 소리로 구역질을 하는 젊은이도 있다. 이런 정신없는 상황에서 응급실에 경고벨이 울린다.

갑자기 다급한 간호사의 목소리가 흘러나온다. "외상 환자 두 명 도착 예정. 30대 여성, 의식 불명, 도착 예정시간 3분에서 5분 후!" 트럭과 택

시의 충돌사고다.

마침 교대근무중이던 응급실 내과의사 데이비드 니콜라우 박사[Dr. David Nicolaou]는 바쁘게 움직인다.

두 명의 외상 환자는 5분 안에 도착할 것이다. 니콜라우는 수화기를 들고 간호사에게 묻는다. "기도는 확보했나?" 그의 목소리는 침착하면서도 다급했다. 그의 지휘 하에 있는 의사들도 움직이고 있다. 그들은 급히 외상 환자실로 향했다. 니콜라우는 환자의 내상 여부를 판단할 수 있는 초음파 기계를 꺼냈다.

마침 환자가 들어온다. 의사와 간호사들은 움직이지 않는 환자를 둘러싸고 묻는다. "얼마나 됐나?" 환자가 맥박이 멈춘 지 얼마나 되었는지를 묻는 것이다. "15분." 간호사가 대답한다. 외상으로부터 급성 심장마비가 온다면 가망은 없다. 그것은 대동맥 파열이나 뇌신경 파괴와 같이 회복할 수 없는 부상이기 때문이다.

환자의 청바지는 찢어져 있었고, 마치 맨발로 밖에서 놀던 사람처럼 발바닥은 더럽다. 젊은 의사가 심폐소생술을 시작한다. 환자의 몸은 아무런 반응이 없다. 니콜라우는 최후의 결정을 내린다. 그리고 바로 인접해 있는 외상 환자실로 향한다. 다음 환자를 치료하기 위해서다.

"문제가 무엇인지 정확히 말하세요!"

위기나 문제를 처음 인식했을 때, 그것에 대해 빠르고 철저한 평가를 내려야 한다. "비결은 대답을 빨리 하고 행동을 빨리 취하는 것이 아닙니다. 먼저 질문을 정확하게 정의내리는 것이 중요하죠. 환자에게 아무런 도움도 되지 않는 질문에 대한 답을 찾느라 시간을 낭비해서는 안 됩니다. 정확히 어떤 정보가 필요한지, 그리고 무엇을 제일 먼저 해야 하는지를 정확히 파악하는 것이 중요합니다." 문제 유형을 파악하는 것은 선별의 기본이다.

니콜라우가 의사의 길을 걷게 된 것은 순전히 우연이었다. 법대에 뜻을 두고 대학에서 정치학을 전공하고 있었는데 어느 날, 간호사이자 병원 관리인이었던 그의 어머니가 지역 병원에서 환자를 이송하는 아르바이트를 소개해주었다. "응급실에 처음 들어섰을 때, 이렇게 외쳤죠. '와우, 대단한데.' 응급실에서는 아주 짧은 시간 동안 많은 일을 처리해야 해요." 니콜라우는 그 시절을 회상하며 말했다. "참고해야 할 데이터조차 항상 의심해봐야 합니다. 의사의 결정은 환자에게 매우 중요한 일이 될

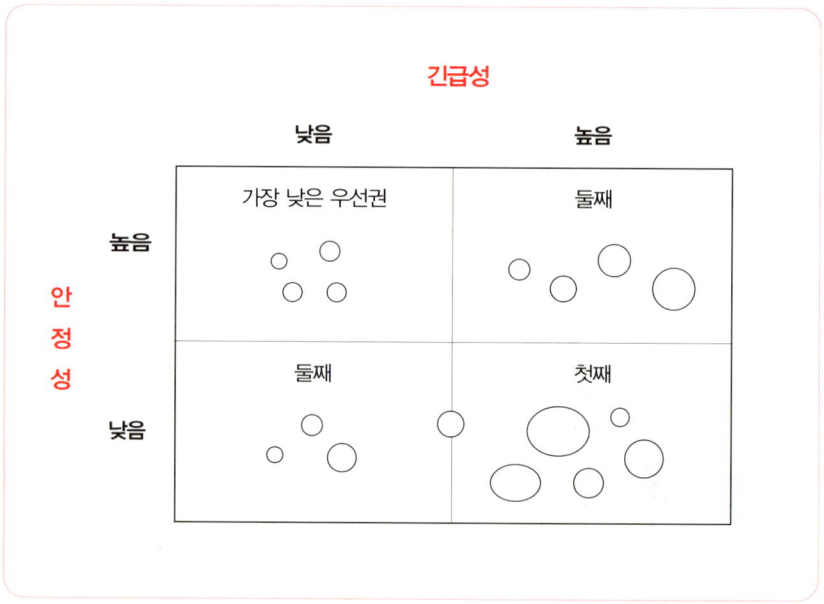

〈표 1〉 문제 샘플 포트폴리오

수 있습니다. 저는 그 사실에 매우 흥미를 느꼈고, 결정을 내려야 한다는 사실에 매료되었습니다."

리더들이 선택하는 일련의 문제들은 하나의 포트폴리오라고 할 수 있다.(〈표 1〉의 원은 각각의 문제이며 원의 크기는 해결하기 위해 필요한 자원의 양이다) 니콜라우는 업무를 교대하면, 제일 먼저 칠판 앞에서 환자들의 포트폴리오를 살펴본다. 환자의 이름, 그들의 침대, 증세, 그리고 그들이 입원수속을 위해 대기중인지 등을 확인한다. 니콜라우와 교대하기 전에 근무했던 의사는 그에게 각각의 환자에 대해 설명해준다.

자궁외 임신을 한 여자가 수술실로 가기 위해 대기중이다. 현기증이 심한 노신사도 있는데, 직장 검사시 출혈이 있었고 의사들은 결장암이 아닐까 우려하고 있다. 천식을 앓고 있는 여자는 숨이 가쁜 상태다. 5일간 복부 통증과 고열에 시달려온 여자도 있다.

문제(환자들의 경우)의 우선순위를 정하는 것은 업무를 분류하는 것과는 매우 다르다. 당신은 문제가 되지 않는 것을 먼저 해결하려고 할 수 있다. 혹은 문제는 제대로 택했지만 엉뚱한 일을 처리하고 있을 수 있다. 가장 중요한 것은 문제다. 그러나 불행히도 많은 사람들이 정말 무엇이 중요한지를 결정할 때 일정과 시간에 쫓겨 정반대의 접근을 하기도 한다.

문제나 기회를 파악하기 보다 당장 해결하는 데 급급함으로써 어떤 사람들은 시간과 자원을 낭비하기도 한다. 의사나 간호사가 올바른 치료를 엉뚱한 환자에게 행한다면 그 결과는 즉시 나타난다. 병원은 이러한 문제를 설명하는 완벽한 장소라고 할 수 있다.

부상자를 분류하고 응급처치를 하는 간호사들은 초기에 결정을 내린

원칙	내용
긴급성 · 타이밍	결정적 변화가 일어나기 전에 이용할 수 있는 시간
중요성	전반적 위협이나 이익
비용 · 위기 · 이익	상황의 경제성 – 수리 비용, 수리했을 경우 잠재적 이익, 기회비용
안정성	문제가 얼마나 예측가능하고 안정적인가? 지속으로 관찰해야 하는가?
책임	누구에게 책임이 있는가? 다른 사람에게 책임을 넘길 수 있는가?

〈표 2〉 보편적 선별 기준

다. 그들은 걸어서 들어오는 환자들에게는 예비조사를 하고 피를 뽑고 체온과 혈압을 검사하고 구두로 문답한다. 심장박동, 혈액 내 산소량, 동공 팽창, 혈압, 체온, 호흡, 그리고 혈액순환 등을 확인하고 난 뒤 해결해야 할 문제가 무엇인지를 결정한다. 가장 긴급한 일은 무엇인가? 가장 심각한 일은 무엇인가? 어떤 환자가 빨리 회복될 것인가? 어떤 환자를 정밀 진단해야 하는가?

간호사들은 환자 선별 안내서를 보고 즉시 선택을 한다. 첫 번째 기준이 되는 것은 긴급성과 중요성, 그리고 안정성이다. 1단계는 5분 안에 조치를 취해야 할 환자들이다. 2단계는 한 시간 이내에, 바쁜 날에는 3단계와 4단계는 오랫동안 방치되기도 한다. 도시의 응급실에서 할 수 있는 일은 그 정도다. 때로는 기다리다 지쳐서 걸어 나오는 환자들도 있다.

간호사와 의사가 우선순위를 매기는 작업은 기본적인 지침에 따르지만, 대개 경험과 직관을 따르는 경우가 많다. 대부분의 선별 작업은 엄정한 규칙을 따르기보다는 통계와 경험을 바탕으로 매우 능숙하게 선별한다. 최고의 선별 작업을 위해서는 세밀한 기준과 환자의 상태가 어떻든 기꺼이 받아들이는 태도, 그리고 경험이 결합되어야 한다.

문제를 올바르게 정의하고 우선순위를 매길 수 있다면 당신은 성공적으로 문제를 해결할 수 있다. 그러나 일의 순서가 바뀌기 쉽다면, 필요에 따라 우선순위를 다시 조정할 수 있도록 포트폴리오를 반복해서 재확인해야 한다.

니콜라우는 항상 차트를 확인한다. 긴급한 환자들을 정확하게 선별했는지 확인하기 위해서다. 그는 2단계의 환자를 발견하고는 맨 위로 옮겨 적는다. 훌륭한 선별 작업은 환자에게 기회를 주고 부족한 자원을 가장 효과적으로 사용할 수 있다. 하지만 불행히도 여전히 긍정적인 결과를 보장할 수는 없다.

'적시에' '올바른' 문제를 해결하라

우리는 살아가면서 문제에 부닥칠 수도 있고 기회를 잡을 수도 있다. 이러한 문제와 기회는 한정된 시간과 자원 안에서 주어진다. 다양한 갈래 앞에서 리더들은 어떤 길을 선택하고, 어떤 문제를 해결할 것인지에 대한 우선순위를 정해야 한다.

급변하는 환경과 치열한 경쟁 사회에서 올바른 기회를 선택하고 우선순위를 결정하는 것은 어려운 일이다. 또한 엉뚱한 기회를 선택했을 때 발생하는 시간과 자원의 손실은 우리를 더욱더 힘들게 한다.

우선순위를 정하는 것, 즉 '선별'을 잘 하는 것은 문제해결에 큰 영향을 미친다. 전장에서 위생병들이 위급한 환자를 결정할 때 사용했던 '선별 전략'은 현대사회에서 주식 종목을 관리하는 것에서부터 고객상담의 순서를 정하는 일까지 어느 사업에나 적용할 수 있다. 전문가들이 매일 어떤 문제를 가장 먼저 해결할 것인가에 대해 고심하는 장소를 찾는다면, 발티모어에 있는 존스 홉킨스 병원의 응급실을 빼놓을 수 없다.

행동하는 선도자

회사에서 혹은 당신의 경력에 비춰 지금 이 순간 가장 중요한 열 가지 문제와 기회의 목록을 만들어라. 그리고 약간 뒤로 물러서서 장기적인 비전을 갖고 바라보라. 올해 당신이 시도하려는 열 가지 일의 목록을 만들어라. 일단 목록을 만들었다면 그것들의 순위를 매기는 방법을 결정하라. 선별 기준 중 어떤 것이 가장 중요한가? 선별 기준을 정했다면 목록의 순위를 정하거나 당신이 선택한 기준에 따라 그것을 잘 볼 수 있는 회로망을 만들어라. 시간이 많이 필요한 문제나 기회로 보이는 것은 강조 표시를 해두어라. 이제 일주일 동안 당신의 스케줄을 바라보라. 당신은 지금 일의 우선순서에 따라 시간을 보내고 있는가?

아이데오와 앰트랙

Aura Oslapas

필라델피아의 기차역 플랫폼에서 승객 두 사람이 이런 이야기를 나누고 있었다.

"난 절대로 앰트랙Amtrak을 타지 않을 거야."

"나도 그래. 나는 메트로라이너Metroliner만 타지."

아우라 오슬라파스Aura Oslapas는 지나다가 우연히 그 말을 들었다. 메트로라이너는 앰트랙 소속이다. 그 순간, 오슬라파스는 앞으로 자신이 무슨 일을 해야 하는지 감을 잡았다. 앰트랙의 고속열차 서비스가 비행기와 경쟁을 하기 위해서는 방향을 제대로 설정하는 것이 중요했다. 오슬라파스는 말한다. "그들의 말을 듣고 사람들이 앰트랙을 어떻게 생각하는지 알 수 있었습니다. 그건 메트로라이너가 성공적이기 때문에, 그것이 앰트랙일 리는 없다는 말이었습니다. 그렇죠?"

오슬라파스는 디자인 회사 아이데오IDEO의 디자이너다. 아이데오는 스탠포드 대학 교수인 데이비드 켈리David Kelley가 캘리포니아주 팰러알토에 설립한 회사다. 1991년 켈리는 자신의 공학적 배경지식과 산업디자이너였던 친구의 지식을 합쳐 아이데오를 만들었다. 아이데오는 그리스 말로 이데아idea를 뜻한다.

앰트랙은 승객들에게 고속 열차를 타는 것, 특히 보스턴에서 뉴욕으로 가는 열차를 타는 것은 비행기 셔틀을 타는 것보다 낫다는 것을 확신시킬 전략을 찾기 위해 아이데오에 갔다. 문제는 형편없는 평판을 가진 회사와 상품을 경쟁이 치열한 산업에서 어떻게 주도적인 경쟁자로 자리매김하느냐 하는 것이었다.

일반적으로 선도자들은 그들의 마지막 게임을 선택하고, 정의하고, 소통하는 데 많은 시간을 할애한다. 즉, 어디로 가고 싶어하는지, 누구를 위해서, 왜 등의 문제에 집중한다. 변화를 위해서는 열정과 노력이 필요하다. 여정에 동참한 사람들은 왜 그들이 참가해야 하는지 그 이유를 알아야만 한다. 가치 있는 목표를 세우기 위해서는 문제의 실질적 증거와 해결책이 가져다 줄 잠재적 이익에 대한 증거를 확보해야 한다. 목적지에 도달해야 하는 이유뿐만 아니라 목적지를 향해 떠나야 할 이유를 아는 것도 중요하다.

무엇을 변화시키고 무엇을 유지할 것인가

오슬라파스와 아이데오의 20여 명의 직원들이 문제의 틀을 규정하고 방향을 설정하는 데에는 4개월의 시간이 걸렸다. 실제 상품을 재설계하기도 전에 말이다. 조사를 하는 과정에서 그들은 앰트랙이 사업을 바라보는 관점이 기술에 초점을 맞추고 있다는 사실을 발견했다. 기차와 발차 절차가 그 중심에 있었던 것이다. 앰트랙 입장에서 보면 승객들을 승하차시키는 일이 가장 중요한 일이었다. 아이데오 팀의 과제는 앰트랙이 이런 낡은 사고방식을 극복하도록 돕는 것이었다.

아이데오는 새로운 아이디어를 제안했다. 즉, 기술을 관리하는 것이 아니라 승객의 경험에 기반한 여행을 제공한다는 것이다. "승객에게 직접 얻은 정보잖아요. 우리는 그 정보를 이용해 고객의 문제를 극복해야 합니다. 그래서 고객 여행이라는 아이디어를 제안하게 된 것이죠. 앰트랙의 경영자들에게 서비스의 본질은 실제로 고객이 서비스를 느끼는 순간부터 그들의 목적지에 도착하는 순간까지를 의미한다고 말했죠."

아이데오는 고객 여행을 10단계로 나누었다. "이런 모든 에너지가 열차 안에 사용되고 열차에서 무슨 일이 일어나는지를 알게 된 것은 정말로 크게 '아하!' 하고 소리칠 일이었습니다. 앰트랙은 결국 10단계 중 8단계까지의 고객은 열차를 이용하지 않는다는 것을 알게 되었습니다." 앰트랙의 비전은, 열차가 도착하고 떠나는 기술을 관리한다는 것에서 여행자들이 다시 찾을 수 있는 매력적인 여행을 제공하는 것으로 바뀌었다.

아이데오 팀이 완전히 새로운 비전에 초점을 맞추었지만, 여전히 앰트랙의 현 운영 방식을 유지하는 것들도 있었다. 기술적으로 열차를 관리하는 것이 꼭 필요하다면 그것을 수정할 필요는 없었다. 선도자형 리더들은 큰 변화를 겪는 동안 무엇을 변화시켜야 하는지를 정의하는 데 많은 시간과 노력을 쏟는다. 사람들은 모든 카드가 공중에 던져졌는지 아닌지를 확신하지 못하기 때문에 불안해한다. 목적(문제의 해결)과 수단(즉 각적인 해결책)의 차이를 알고 무엇을 바꿔야 하고 무엇을 유지해야 하는지를 결정함으로써 혼란을 제거하고 긴장을 줄일 수 있다.

아이데오 설계팀은 새로운 목적지와 보편적 방향을 가지고 특수한 정보를 얻고, 다른 교통수단을 이용하는 승객들을 끌어오기 위한 전략을 모색했다. 그들은 먼저 새롭게 진입할 시장에 대한 사전 조사를 시작했다. 전략적 가능성이 있는지 알아보기 위해 여행을 시작했다. 그들은 "뉴욕에 가고 싶다. 어떤 수단을 선택할까? 어떻게 고속열차를 탈 수 있을까? 어디에서 정보를 찾을 수 있을까?"라는 질문에서 시작했다. 그들은 사람들이 다음 목적지로 가는 것을 도우며 열 번째 단계를 끝마쳤다.

사전 조사를 마친 뒤 전략은 모양을 잡아가기 시작했다. 전략의 과제는 가능성 있는 해결책과 자원으로 여정을 가장 성공적으로 완수하는 방법을 알아내는 것이다. 그러므로 전략은 경로를 찾아내는 것 이상의 것이다.

최고의 전략은 서로 다르게 작용하는 개념과 생각, 혹은 주제들을 결합하는 것이다. 가장 오해 요소가 많고 까다로운 것은 바로 전략의 가장 막연한 요소인 주제를 통합하는 것이다. 주제가 통일되어야 곤경 속에서도 응집력을 갖출 수 있고 질서 있게 행동할 수 있다. 그렇지 않으면 마지막 과정에서 전략은 쉽게 무너질 수 있다.

새로운 고객을 확보하고 시장을 점유하기 위해 아이데오가 세운 전략은 '시간'이었다. 그들은 기차가 시간을 지킬 수 있다는 사실을 강조하고 싶었다. 만일 누군가 보스턴에서 뉴욕으로 가는 비행기를 탄다면 그가 시간을 조절한다는 것은 거의 불가능하다. 특히 날씨가 좋지 않은 날에는 더 할 것이다. 오슬라파스는 이 점에 주목했다.

"요약하자면 비행기를 탄다면 그 여행은 아마도 세 시간에서 세 시간

삼십 분 정도의 시간이 소요될 것입니다. 하지만 기차를 이용하면 세 시간 안에 보스턴에 도착할 수 있습니다. 당신은 세 시간 동안 시간을 마음대로 쓸 수 있습니다. 안전벨트로 몸을 죄지 않아도 되죠. 그래서 우리는 편안히 앉아서 휴식하고, 숨쉴 수 있다는 주제를 채택했습니다. 당신은 기차 안에서 잠시 동안이나마 시간을 조절할 수 있습니다. 당신이 할 수 있는 모든 일을 생각해보세요."

새로운 전략은 앰트랙의 경영 방식에 큰 변화를 몰고 왔고, 그 결과로 그들이 새로운 상품을 고안하는 방법에도 변화를 주었다. 아이데오의 캐나다 팀은 1년을 투자하여 사람들이 시간을 활용할 수 있는 새로운 기차를 설계했다. 다리를 뻗을 공간을 위해 좌석을 다시 디자인했고 기차 마지막 칸에는 좌석이 마련된 식당도 만들었다. 여행자들이 노트북 컴퓨터를 사용할 수 있도록 좌석마다 콘센트를 설치했다.

오슬라파스는 시간을 효율적으로 사용하는 최종 단계를 위해, "제 꿈은 모든 역에서 킨코스Kinkos(출력 · 제본 업체)를 이용하는 것입니다"라고 말한다. 보고서를 작성한 승객은 다음 역에 있는 출력소에 데이터를 보내고 도착했을 때 깨끗하게 출력된 보고서를 볼 수 있게 되는 것이다.

어디로 갈지, 어떻게 갈지 선택하라

시간과 에너지를 투자할 문제를 선택한 후에는, 어디로 가야 할지와 어떻게 가야 할지, 즉 목적지와 방향의 문제가 뒤따른다. 경쟁자와 소비자들의 기대심리로 인해 압박을 받는 그 순간이 바로 '확장'할 수 있는 기회이기도 하다. 반면, 높은 기대를 세운 뒤 실패하거나, 공격적으로 한

쪽으로 방향을 세운 뒤 힘을 구축하려 할 때에는 너무 자주, 그리고 너무 변덕스럽게 과정이 바뀐다. 이것만큼 사업이나 계획을 빠르게 위축시키는 것도 없다. 때때로 해결책이 너무 복잡하여 목적지와 목적지에 이르기 위한 전략이 불분명해지기 때문에 여정이 행로를 벗어나기도 한다. 가장 정교한 과학기술자들도 자신들이 만들어낸 과학기술 때문에 능력을 발휘하지 못할 때도 있다.

방향 설정에서 놓치기 쉬운 부분은 창조적이고 다양한 목표와 전략을 수립하는 것이다. 앰트랙이 일본과 프랑스에서 성공한 고속철도 시스템을 미국에서도 구축하기로 결정했을 때, 그들은 세계의 선도적 디자인 회사인 아이데오에 의뢰했다. 그들의 목표는 철도 여행의 새로운 시대를 열기 위한 방향과 전략을 수립하는 것이었다.

행동하는 선도자

중요한 문제나 기회를 선택하라. 그리고 당신만의 목표달성 사다리를 만들어라. 먼저 당신이 예측할 수 있는 최소한 7년 후의 비전에서 시작해서, 종반, 미래 상황, 목적, 목표물, 이정표를 통해 한 단계 한 단계 내려가라. 아래로 내려갈 때마다 좀더 구체적인 현실과 가까운 목표를 만날 수 있을 것이다. 끝마칠 때에는 당신이 이정표까지 도달하는 데 한 달도 채 남지 않아야 한다. 그리고 또한 예측할 수 있어야 한다. 대부분의 사람들이 단기간에 할 수 있는 일은 과대평가하고, 오랜 시간을 두고 발휘되는 잠재력은 과소평가한다는 것을 명심하라. 당신은 높이 도달하고 있는가? 기초를 세웠는가? 동료들과 함께 당신의 관점을 확인하고, 필요하다면 목표달성 사다리를 다시 조정하라.

넬슨 만델라

Nelson Mandela

모든 것은 협상할 수 있으며, 패배는 없다

만델라^{Nelson Mandela}와 아프리카민족회의^{African National Congress: ANC}는 수년에 걸쳐 그들의 궁극적 성공, 그들의 목적지 근처에 도달했다. 그들은 단지 '자유'를 원했다. 하지만 과거 아프리카의 많은 혁명가들은 진정한 자유를 쟁취하는 데 실패했다. 식민지에서 해방되어 '독립'이라는 목적을 달성했을 때조차도 말이다. 일단 성공하면 성공을 알 수 있을 것이라는 생각이 문제였다. 만델라가 이끈 운동은 성공과 실패를 정의하는 모든 요소를 포함하고 있다.

- 얼마나 정확하게 성공을 정의할 수 있는가? (정확성, 속도, 순수 이익, 비용, 위험부담, 질)
- 성공을 어떻게 객관적으로 측정할 것인가? (목표, 방법, 시스템)
- 무엇에 견준 성공인가? (절대적 그리고 상대적)

- 누가 성공이라고 판단했는가? (설립자, 투자자, 주주, 직원)
- 성공이나 실패를 어떻게 다룰 것인가? 나 혼자만의 것, 아니면 다른 사람의 것?
  (동기, 관계)

일찍이 만델라와 동료 혁명가들은 사회가 변하고 있기는 하지만 진보는 없고, 인간의 존엄성이 계속 억압받는다는 사실에 좌절했다. 삶은 위축되었고, 정신은 억압되었고, 사람들은 학살당했다. 이런 급박한 상황 속에서 적의 힘과 전술에 맞서서 무장 투쟁과 속도전이 필요하다는 논의들이 불거져나오기 시작했다.

'성공'의 명확한 정의가 필요했다!

1961년 여름, 만델라와 ANC 지도자들은 결국 평화적인 항의로는 충분하지 않다고 결정했다. 그는 이렇게 말한다. "우리는 이 나라에서는 폭력이 불가피하다고 결론을 내렸습니다. 정부가 우리의 평화로운 요구를 무력으로 막고 있는 시기에 아프리카 지도자들이 평화와 비폭력을 설파하는 것은 옳지 않고 비현실적인 일입니다."

만델라는 국가를 떠나 비합법적으로 게릴라 군을 결성하여 양성했다. 만델라는 귀국하는 순간 체포되어 투옥되었고, 역사적인 리보니야 재판에서 '파괴행위'라는 죄목으로 감옥에 갇히는 신세가 되었다. 만델라는 피고석에서 모든 사람이 조화와 평등 속에 사는 자유민주주의 사회구현을 위해서는 죽을 각오가 되어있다고 맹세했다.

만델라와 ANC에게 성공은 처음부터 위험부담이 높았고, 큰 희생이 필요한 고결한 것이었다. 그리고 그들의 목표가 수단을 정당화한다고 생각했기 때문에 인간의 생명이라는 궁극적인 대가도 기꺼이 치르겠다는 의지를 보여주었다.

그러나 가장 힘든 것은 정확한 질문을 하는 것이다. 얼마나 많은 자유를 원하는 것인가? 백인들이 그들을 지배했던 것처럼 똑같이 백인을 지배하기를 원하는가? 단지 정부가 하는 일에 참여하기를 바라는가? 이런 질문들은 남아프리카공화국의 자유를 쟁취할 때까지 내내 거센 논쟁을 일으켰다. 그들은 성공이든 실패든 명확한 정의가 필요하다는 사실에 주의를 돌렸다.

1980년대에 이르러 만델라는 내부의 심각한 분열에도 불구하고 흔들리지 않았다. 프린스턴 대학 정치과학 교수 제프리 허브스트Jefferey Herbst는 설명한다. "만델라는 말했습니다. '모든 것은 협상할 수 있습니다. 한 사람당 한 표의 참정권만 제외하고 말입니다.' 그것이 최소한의 요구를 정하는 방법이었습니다." 정확성과 질은 민주주의의 기반이다. 혼돈과 혼란, 그리고 갈등 속에서 만델라가 정의한 성공은 탁월했으며 승리할 수 있었다.

리더는 성공과 실패를 정의하는 것에서 멈춰서는 안 된다. 그 정의에 입각하여 결과를 측정할 수 있어야 한다. 성공은 때로는 절대적이지만 대개의 경우 상대적이다. 누구에게 혹은 무엇에 견준 성공인가? ANC가 사회주의적 근간을 가지고 있었지만, 만델라는 궁극적으로 복수정당제를 가진 민주주의를 원했다. 성공의 결과를 측정할 수 있었던 것은 이 모델에 가까이 가려던 그의 결정 덕분이었다.

이 운동에서 국가로서 성공이라고 측정할 수 있는 결정적인 수단 중 하나는 '자유선거'라는 문제에 이르게 된다. 결국 1994년 4월 말, 선거를 할 수 있었다. 그것은 여러 해에 걸쳐 난항을 거듭한 협상으로 얻은 결실이었다. 그러나 모든 사람들의 마음속에는 공동의 지식이 발달하고 있었다. 세계는 남아프리카공화국의 자유선거를 목격하기 전까지 그것을 그리 중요하게 생각하지 않았었다.

남아프리카공화국의 선거는 UN과 다국적 감시단이 참가하고 확인했다. 이와 마찬가지로 사업에서든 정치에서든 과학에서든 최고의 척도는 독립적으로 관찰할 수 있고 확인할 수 있어야 한다. 다른 투자자들과 다양한 관점을 지닌 사람들도 그 척도들을 비슷한 양상으로 해석할 수 있어야 하며, 독립적인 외부 사람들도 확인할 수 있도록 열린 정보와 과정이 있어야 한다. 척도는 적절한 수준으로 세밀하고 정밀해야 한다. 때때로 적절한 측정은 직관적 관찰에 근거할 수도 있다. 어떤 경우에는 통계적으로 유용한, 그리고 실험적으로 증명된 관찰을 요구하기도 한다. 정밀도의 수준은 무엇이 문제가 되는지 그리고 어떤 결정이 내려지는가에 따라 달라진다.

만델라와 ANC는 궁극적 성공을 묘사하는 방식을 통해 위대한 지혜를 보여주었다. 만델라는 자신이, 혹은 자신의 운동이 성공을 이끌었다고 주장하지 않았고 다른 사람들도 마찬가지였다. 오히려 그 결과를 모든 남아프리카공화국이 전세계와 함께 이룩한 성공으로 표현하려 했다. 만일 패배감에 젖어들었다면(사실 손실된 것도 있지만) 승리는 없었을 것이다. 노벨상은 두 협상자 만델라와 드 클레르크De Klerk 남아프리카공화국 대통령이 공동으로 수상했다. 대다수 흑인들의 선거를 통해 수립된 정부는 남아프리카 국민 모두의 정부였다.

복수를 하기보다는 조정과 해방을 위해 노력한 만델라와 ANC는, 이제 모든 사람들이 함께 과거를 공유할 수 있고 양측 어느 누구도 희생자나 범죄자로 지목되지 않는다는 사실에 주목했다. 성공과 실패의 문제는 함께 이룩한 성공으로 변형되었다. 궁극적으로 만델라가 위대한 역사적 인물이 된 것은 집단을 만들고 함께 나라를 세운다는 새로운 목표를 설립함으로써 성공과 실패를 성공적으로 정의할 수 있었기 때문이었다.

　권력을 획득하자마자 만델라는 어떻게 통치할 것인가라는 문제에 직면했다. 선도자들은 성공과 실패 모두 덧없는 것이고 일정 수준에 이르면 다음 단계에 이르는 방법을 찾아야 한다는 것을 알고 있다. 정체되어 있으면 뒤처지는 것과 마찬가지다.

　그러나 성공과 실패의 표지점 없이는, 경로를 수정하고 앞으로 나아가기 위해 필요한 정보를 모을 수 없다. 성공은 쉽게 자기 만족으로 이른다. 또한 실패는 실패로부터 배울 것이 있으므로 견뎌내야 할 것으로 생각해야 한다. 실패의 진정한 위험성은 노력과 학습, 변화가 필요할 때에 너무 빨리 포기하는 데 있다.

　만델라는 실망과 실패 후에 그의 성공의 중추적인 지점, 즉 드 클레르크와의 협상에서 이 태도를 보여준다. 그릇이 작은 사람이었다면 조급했겠지만, 만델라와 드 클레르크는 상대적으로 느리고 꾸준한 진보를 강조했다. "나는 그 당시에는 해결할 수 있는 일이란 아무것도 없다는 것을 알았습니다." 만델라는 이렇게 썼다. "그러나 그것은 절대적으로 유용했습니다. 왜냐하면 나는 로벤아일랜드에 있을 때 새로운 간수에게 했던 것처럼, 드 클레르크를 받아들였기 때문입니다. 나는 드 클레르크가 과거의 국민당 정치가에서 벗어나 새로운 모습을 보여줄 것 같다고 국민들에게 전할 수 있었습니다."

만델라는 자신이 드 클레르크에 대해 느끼는 것은 대처가 고르바초프에게 느꼈던 것과 비슷한 것이라고 말했다. "드 클레르크는… 함께 사업을 할 수 있는 사람이었습니다."

기나긴 여정의 각 단계마다 성공을 정의하라

문제를 선택하고 목표를 확정하고 방향을 결정하고 난 후, 리더는 성공을 정의해야 한다. 즉, 성공이 사람들에게 어떤 의미를 지니는지와 성공을 가늠할 수 있는 수단을 명확히 해야 한다. 목적지에 도달하기 위해 속도, 비용, 위험부담, 정도 등을 가늠해볼 때 성공이라는 단어가 수면으로 떠오른다. 성공을 정의하기 위해서는 먼저 성취할 수 있는 것과 없는 것을 명확하게 분류하는 일이 중요하다. 또한 성공의 또 다른 모습인 실패도 정의해야 한다.

결과를 측정할 수 있는 수단과 그 결과를 자신이 속한 조직에 어떻게 설명할 수 있는지를 계획해야 한다. 성공은 개인의 관점에 따라 다르게 나타난다. 조직 안에서 그리고 외부에서 바라보는 성공이 다르고, 설립자와 투자자 그리고 직원들 사이에서도 성공의 의미는 다르다.

성공을 가로막는 장애물을 생각해보면, 개인이든 회사든 성공을 정의하는 것은 무엇보다 중요하다. 사람들은 목적지를 선택하는 데에는 시간을 많이 할애하지만 성공과 실패를 정의하는 일은 소홀히 한다. 우리는 너무 뻔한 일반적 문제나 목표에만 동의한 후에 일을 시작한다. 또한 일을 추진할 때 단편적인 토대에 의존하여 성공을 정의한다. 무질서하고 헛된 노력일수록 빠르게 자리를 잡고 그로 인해 힘은 약화된다. 이와 같은 실수는 독창성을 없애는 데 일조한다. 반면 남아프리카에서 반란을 선도했던 넬슨 만델라는 기나긴 여정의 각 단계마다 성공을 정의했다.

현재 해결하려는 가장 중요한 문제나 기회를 선택하라. 그 프로젝트의 종반에 다다를 때쯤 성공과 실패가 어떤 의미인지, 그리고 그것을 어떻게 알 수 있는지 살펴보라. 그런 다음 성공하기 위해 반드시 겪어야 할 실패에 대해 생각해보라. 마찬가지로 일단 성공했어도 어렴풋이나마 실패할 가능성에 대해 적어보라. 이제 핵심 인물들(투자자, 동료, 고객)의 목록을 만들고 그들이 이것을 이해할 수 있을 때까지 그들과 대화하라.

아메리칸 에어라인

경쟁자보다 먼저 미지의 것을 찾아내는 능력

아메리칸 에어라인AA: Amrican Airlines과 그 결실인 사브르주식회사Sabre.Inc는 가장 진보적인 방식으로 계획을 세웠다. 그들의 통합예측시스템 IFSIntergrated Forecasting System은 오늘날의 주도적 사업계획 구상의 초석이 되었다.

AA에서 사브르가 창조한 IFS는 마치 마법의 수정구슬과 같다. 일련의 조건을 입력하면 IFS는 AA 항공기의 전세계적 네트워크를 3분 안에 파악할 수 있다. 모든 비행기와 승객, 그리고 심지어 연료 사용량까지도. 그것뿐만이 아니다. IFS는 전체 비행 네트워크를 구축할 뿐만 아니라 시장 점유율을 계산하고, 승객들의 분포와, 항공사의 지출과 수입 현황까지 뽑아낸다.

이것은 단지 과학기술 수준을 넘어선다. IFS는 인간의 판단과 컴퓨터 예측기술의 통합 시스템이라고 할 수 있다. AA의 고참 경영 팀이 이 과정을 추진하는데, IFS의 예측에 기초해 판단을 내리고 유능한 인재들이 계획도 세운다. 항공운송업은 컴퓨터가 모든 것을 처리할 수 없는 복잡한 사업이다. 항공운송업은 매우 경쟁적이고, 가격에 민감하고, 이윤은 작고, 매우 사멸하기 쉬운 상품(비행기 좌석)이다.

"우리는 우리의 운을 스스로 만듭니다"

사브르주식회사 건물 중앙에는 핵심 데이터 센터가 있다. 사브르는 국방성 다음으로 세계에서 가장 큰 데이터 베이스를 가지고 있으며, 실시간으로 정보를 제공하는 시스템을 보유하고 있다. 거의 30만 개의 장치를 가진 그 시스템은 하루에 1억 5천만 건 이상의 업무를 처리하고 초당 5천 건의 메시지를 처리한다. 이 정보 센터는 수십 년 동안 끊임없는 기술 변화로 꾸준히 성장했다.

훌륭한 계획은 예측하고 예견하는 능력에서 비롯된다. 예측은 미래를 내다볼 수 있는 가장 믿을 만한 시각을 제공함으로써 우연히 발생할 수 있는 해로운 영향을 최소화한다. 얼마나 멀리 내다보고 그 전망에 얼마나 많은 의미를 부여할 수 있느냐는 우리가 지금 처한 환경을 얼마나 예측할 수 있느냐에 따라 크게 달라진다. 1주일이나 2주일 후를 예측하는 것이 확실하다고 해도, 1년이나 2년 후를 예측하는 것은 확신 수준이 아주 낮아질 것이다. 그 기간이 길어질수록 정확도는 낮아지기 마련이다. 그리고 이것은 단선적인 것이 아니라 급격하게 변할 수 있는 것이다.

이러한 예측의 문제를 해결할 수 있는 방법은 과학기술에 있다. AA가 경쟁자들보다 전략적 우위를 점할 수 있었던 이유도 바로 과학기술에 기인한다.

AA의 사람들은 미래를 내다보고 대안을 평가하는 데 탁월한 능력을 갖추고 있다. 예를 들어 그들은 경쟁사에 초점을 맞추고 다른 시나리오들을 시험할 수 있다. IFS는 다른 항공기의 수익성을 추산할 수도 있고, 경영진은 큰 사건 및 기업합병과 같은 결정이 미치는 파급효과를 평가할 수도 있다. 또한 IFS는 새로운 비행기 기종을 선택하거나 낡은 비행기를 폐기처분할 때, 비행 스케줄을 조정할 때 등에 결정의 질을 높인다.

AA의 계획구상 방식이 부가가치를 높일 수 있는 진정한 이유는, 그것이 인습을 초월하여 새롭고 수익성이 높은 선택을 하도록 경영자들을 고무시키기 때문이다. 그것은 상대적으로 짧은 시간에 문제나 기회를 완벽하게 분석할 수 있도록 도와준다. IFS는 수년에 걸쳐 확인해온 사실과 등식에 기반해서 이 일을 수행한다. IFS를 지원하는 팀들은 그들이 배운 교훈을 통해 문제를 해결하기 위한 절차나 방법, 그들이 사용하는 데이터를 지속적으로 다듬는다.

AA는 다른 항공사나 주요 자본 투자회사와의 잠재적인 합병과 같은 큰 결정을 내릴 때, IFS를 사용하여 하루에 30~50개의 시나리오를 만들어 시험해본다. 또 광범위하게 토론하면서 대안과 질문을 만든다.

우리가 아무리 많은 계획을 세운다 해도, 우연한 상황은 끊임없이 발생한다. 사건들은 기대하지 않았던 국면에 처하기도 하고 문제나 기회는 급격하게 변할 수도 있다. 계획수립의 핵심은 충분한 지식을 통해 얻은 정밀한 과학기술과 느슨하고 개방적인 실험, 탐험, 분석 사이에서 균형을 이루는 일이다.

나는 이런 접근을 '계획된 발전' 이라고 부른다. 그것은 경쟁자보다 먼저 미지의 것을 찾아내고 개혁의 가능성을 최대화하는 방법이다. 세분화된 계획과 예기치 않았던 것을 찾아내는 재능 사이에서 올바른 균형을 이루기 위해서는 반전을 일으킬 수 있는 우연성을 예측할 줄 알아야 한다.

사브르는 초기에 좌석과 비행일정, 예약을 관리하는 데 색상으로 구별되는 인덱스 카드와 회전판을 사용했다. 이후에는 반자동화기업연구환경Semi-automated Business Research Environment: SABRE을 통해 기본 시스템에 간단한 데이터를 처리할 수 있는 기능을 추가했다. 1960년대에 이르러 사브르는 여행권 예약대행을 넘어서서 극장표와 선물, 그리고 다른 여행 관련 서비스까지 넓혔다. 1996년 가을, 사브르는 출범한 지 40년 만에 AA로부터 독립했다.

이제 사브르는 여행과 운송수단, 식품 서비스 산업, 그리고 정부 기관에 대해 의사결정 지원체계와 컨설팅을 제공한다. 또한 세계 항공편 예약의 25퍼센트와 미국 렌터카 예약의 25퍼센트를 처리하고 있다. IFS가 예측하지 못한 것이 있다면 독립회사로서, 사실 전적으로 새로운 산업의 지도적 지위를 차지한 사브르의 잠재력이었다.

사브르의 눈부신 발전은 아무도 예상하지 못했던 일이기 때문에 더욱더 값진 성공이다. 그러나 모든 단계에서 경영진은 사브르를 AA의 노예로 만들거나 통제하지 않고 자연스럽게 성장하는 것을 허용했다. AA는 선도자로서 전혀 손색이 없다.

우연에 대비한 계획을 세워라

문제를 선택하고, 방향을 설정하고, 성공을 정의했다면, 이제 계획이 필요하다. 계획은 문제가 어떻게 흘러갈 것인지에 대한 시나리오와 그것의 결과를 미리 예측할 수 있게 한다. 상식과 경험을 통해 적어도 어느 정도는 우리가 스스로의 운을 만든다는 것을 알 수 있다. 우리는 올바른 계획으로 가능성을 예상할 수 있고 따라서 좀 더 준비할 수 있다.

훌륭한 계획이란 훌륭한 준비를 의미한다. 그러나 궁극적으로 계획은 행운이든 불운이든 우연을 고려해야 한다. 빠르게 이동하는 환경에서는 더욱 그렇다. 이런 이유로 선도자들은 불확실성과 예측할 수 없는 것들에 대해 지속적인 관심을 가지고 계획을 세운다. 그들은 모험 도중의 불가피한 일을 설정하고, 의식적으로 그것을 자극하는 '계획적인' 모험을 감행한다.

행동하는 선도자

현재 당신이 직면한 문제나 기회를 선택하고 그것을 해결한 뒤에 또 다시 직면하게 될 문제나 기회를 3가지 정도 예측하라. '전진하는 문제 사슬'로서 그것을 순서대로 적어라. 이제 조금 지나간 일로 돌아가서 문제와 기회를 선택하라. 과거에 직면했었던 문제를 순서에 따라 적어라. 이것이 '역행하는 문제 사슬'이다. 이것이 당신의 문제 사슬이다. 과거에 배웠던 것 중 현재의 당신을 도와줄 수 있는 것이 있는가? 지금 당신이 하고 있는 일이 미래를 대비할 수 있는 것인가?

콜린 파월

리더를 양성하는 리더에게서 배우는 희망의 리더십

Colin Powell

1998년 2월, 노동인구에 대한 모임이 열렸던 미 상공회의소 회의실에서 콜린 파월Colin Powell은 새로운 제안을 했다. "그는 우리에게 성실한 리더가 되어 지역 공동체에 참여할 것을 강조했습니다." 전 미 의회 부의장 레슬리 홀텀Leslie Hortum은 그의 모습을 기억하고 있다. 직장을 한 번도 가져본 적이 없고 기술을 배워본 적도 없는 아이들에게 여름 일자리를 제공할 수 있는 거대한 조직을 결성하자는 것이었다. 그 결과 지역 의회는 아이들을 여름 인턴사원으로 고용했고, 다른 기업들에게도 이 일을 권유했다. "말 그대로 수천 명의 아이들이 일자리를 얻었습니다."

전 합동참모본부 의장이었던 파월은 카리스마가 강한 인물로, 그가 원하는 대로 사람들을 이끄는 방법을 잘 알고 있었다. 3년 만에 파월은 '미국의 약속 America's Promise'이라는 단체를 크게 성공시켰다. 최초 조사에서 결과를 부풀렸다는 의혹이 제기되고 있지만 그 단체가 위험에 처한 수백만 명의 젊은 이들의 인생을 변화시켰다는 것은 의심할 여지가 없다. 작은 기업으로부터의 기부금에서부터 거대 기업들의 백만 달러 기부금에 이르기까지 모금된 돈을 보면 얼마나 많은 사람들이 파월의 임무에 참가하고 싶어했는지를 알 수 있다.

파월의 5가지 약속

"파월은 분명 실제보다 과대평가를 받았을 수도 있습니다. 하지만 파월이 신념에 대해 이야기하는 것을 들어보면 매우 진실하고 성실하고 정직합니다. 사람들은 파월의 신념에서 희망을 보고 동참하고 싶어합니다. 그들은 파월을 기꺼이 돕고 싶어하죠." 사람들은 파월을 실망시키기보다 그의 진실을 퍼뜨리고 싶어하는 것이다. 리더십은 그 성실함에서 나오는 것이다. 자기 자신을 성실하게 표현함으로써 리더들은 자신을 따르는 사람들과 같은 위치, 같은 수준에서 함께 할 수 있다. 사람들은 이 사실을 인지하고 받아들이고 리더를 모범으로 삼고자 한다.

리더로서 앞에 서게 되면 사람들에게 동기를 부여하는 것이 부담스러울 수도 있다. 하지만 변명의 여지는 없다. 성공하느냐 실패하느냐 둘 중 하나다. 리더는 어디로 가야 할지, 무엇을 해야 할지, 그리고 어떻게 그곳에 가야 할지를 알아야 하는 사람이다. 또한 새로운 방향으로 바꿀 때 실패를 전적으로 책임져야 하는 사람이기도 하다. 극적인 변화와 위험부담을 안고 출발하는 상황에서 리더십 외에 상황을 진전시킬 수 있는 것은 아무것도 없다. 실수가 발생했을 때 다시 확인할 기준과 가치를 찾기 위해 기댈 수 있는 사람은 리더밖에 없다.

파월은 '미국의 약속'의 전면에서 연설을 하면서 다른 단체와 기업들에게 합류할 것을 요청했다. '국가적 개혁운동' '구원의 임무' 등의 문구를 사용하며 파월은 아이들에게 다섯 가지 약속만은 꼭 지키자고 간청한다. 보살펴주는 어른, 안전한 장소, 탄탄한 출발, 시장 가치가 있는 기술, 그리고 사회에 환원할 수 있는 기회. "이것은 뇌수술이 아닙니다. 우리는 더 이상 연구할 필요는 없습니다. 저는 심리학자들과 이야기하고 싶은 것이 아닙니다. 우리는 위험에 처한 아이들을 전도유망한 아이들로 만들어야 합니다." 혹은 이렇게도 말한다. "감옥을 건설하는 일을 멈추고, 아이들을 양성하는 일에 힘 쓸 때입니다."

파월은 명사들을 부드럽게 선도한다. "디너 파티에 참석해서 큰 액수의 수표를 주고 〈뉴욕타임즈The New York Times〉에 실릴 사진을 찍는 것으로는 충분하지 않습니다." 그는 뉴요커로 구성된 어떤 단체에게 이런 말을 한 적이 있다. "저는 여러분의 재능을 원합니다. 여러분이 시간을 내주기를 원하고 여러분이 개인적으로 동참하기를 바랍니다. 저는 이 일이 여러분 단체의 책임이 되었으면 합니다. 일 년에 한번 정도만 해도 되는 일로 생각하지 말아주십시오."

훌륭한 리더십이란, 리더십을 공유할 줄도 알고, 포기할 줄도 아는 것이다. 또한 심복들의 본능, 판단, 독창성에 따르고, 그들에게 리더가 될 수 있다는 희망을 주는 것이다. 파월이 보여준 리더십은 다른 사람들의 말을 듣고 배우고, 혹은 다른 사람들의 신호를 따른 것이다.

훌륭한 리더는 문제가 엄습했을 때 그 흐름을 따를 줄 아는 지혜를 갖고 있다. 이는 다른 리더가 등장했을 때, 그들을 억누르고 지배하는 것이 아니라 그들을 따르는 기술이다.

파월은 제휴사인 올스테이트Allstate 손해보험 회사에 갔을 때를 회상하며 말한다. "제가 가장 중요하게 생각하는 일은 리더십을 공유하는 것입니다. 저는 기업을 방문할 때마다 배울 만한 것을 포착합니다." 올스테이트는 파월의 연설이 전세계에 포진하고 있는 직원들에게 위성을 통해 전달된다는 사실을 알려주었다. 연설이 나간 후 올스테이트의 남부 지역 경영자들은 동기를 얻었고, 플로리다의 150명 직원들은 플로리다 주에서 봉사를 담당하는 팀 리더가 되었다. 올스테이트는 회사가 생긴 이래로 파월의 연설이 최고의 동기증폭제였다고 말한다.

전통적인 리더십은 후임자를 선택하고 다음 세대에게 리더십을 건네주는 것이다. 하지만 현대의 리더십은 리더가 그 지위를 행사하기 시작하는 날부터 더 많은 리더를 양성하는 것을 포함한다. 새로운 리더를 양성하는 것은 그들을 선발하는 것뿐만 아니라, 지켜보고 따르고 그들에게 행동할 기회를 주는 것에서 시작한다. 훌륭한 리더십은 언제나 이동한다. 그것은 한 사람에서 다른 사람에게 이동한다. 또한 새로운 리더가 자신의 역할과 책임감에 따르는 행동을 할 때, 한 세대에서 다음 세대로 이동한다.

콜린 파월은 그의 단체가 보살피는 아이들 사이에서, 그리고 그 약속을 지키는 그룹 사이에서 매일 새로운 리더를 양성하고 있다. 그의 다섯 번째 약속은 아이들에게 그들이 배운 것을 다시 사회에 환원할 수 있는 기회를 주는 것이다. "환원할 수 있는 기회를 주는 것은 봉사하는 기쁨과 자신이 사회에 기여했다는 자긍심을 가르칩니다." 파월은 이 개혁운동이 미래를 위한 것이라고 말한다. "지금 우리에게 다음 세대 리더를 구원하는 것만큼 중요한 일은 없습니다."

솔선수범하라

문제를 해결하는 초기 단계에서 리더는 문제를 발견하고, 전략과 계획을 세운다. 하지만 결국, 누군가 솔선을 보여야 한다. 이는 리더십의 핵심이다. 리더는 때로는 맨 앞에 나서야 하는 외로운 사람이 될 수도 있고, 미지의 영역으로 가장 먼저 나서는 사람일 수도 있다. 그러나 일단 뒤에서 밀어주려고 노력해야 한다. 뒤에서 미는 것은 방어진지에서 교훈을 배우고, 그 교훈을 적용하는 것을 포함한다. 궁극적으로 그것은 새로운 리더를 창조하는 것을 의미한다.

아래로부터, 외부로부터, 그리고 고객으로부터 의견을 수렴하는 회사와 수평조직에서는 리더 자신이 지배적 위치를 갖기보다 다른 리더들을 창조하고 양성하려고 노력할 때, 리더십의 본질이 드러나게 된다.

행동하는 선도자

지금 당신이 리더 역할을 수행하는 조직에서 두각을 나타내는 예비 리더의 목록을 만들어라. 그리고 하루, 일주일, 혹은 더 오랫동안 그들에게 리더십을 부여하고, 그들이 서로 인정하고, 동기를 부여하고, 축하하는 일에만 전념하라. 리더십을 창조하는 사람이 되기 위해 전념하라는 말이다. 새롭게 리더들의 목록을 만들고, 그들이 처음과 어떻게 달라졌는지 확인하라. 이것은 바로 당신 다음 세대 리더들의 목록이다.

PART

05

창조자형

전략과 전술에 적합한 팀을 만든다

팀을 위해서든 회사를 위해서든, 메이저리그 야구팀의 메니저처럼 당신의 2군 팀 체계를 만들어라. 당신이 가지고 있는 재능이나 당신이 찾고 있는 인재들의 특성을 확인하라. 인재를 점찍고 끌어올 수 있는 방법을 결정하고 셀링 포인트—한 상품을 대표할 수 있는 장점이 될 수 있는 이미지—를 파악하라. 그리고 인재들이 당신의 조직으로 들어 온 후에는 그들의 발전을 도와주는 과정을 고안하라. 또 당신의 핵심 세대, 즉 곧 은퇴할 최고 지위에 있는 사람들에서부터 당신이 유심히 지켜보고 있지만 아직 접촉은 하지 않은 신참들과 전도유망한 사람들까지, 그들의 이름을 써 내려가기 시작하라. 2군 팀 체계는 인재를 관리하는 과정인 것이다.

문제가 크고 어렵고 경쟁적일수록, 해법을 고안하고 구축하고 전개시키는 일에 적극적으로 도전해야 한다. 위기를 현명하게 헤쳐 나가는 완벽한 해법은 인재와 도구, 자원, 정보 이 네 가지를 적절하게 조화시키는 것인데, 여기서 창조자형 리더들의 역할이 중요해진다. 창조자형 리더들은 가능한 한 적은 비용으로, 안전하고 정확하게 목표를 성취할 수 있는 해법을 고안하고 구축한다.

이들이 끊임없이 마주하게 되는 도전 중 한 가지는 바로 규모의 문제다. 탐험가가 작은 규모의 해결책으로 여정을 계속하는 것과 기업이 세계적인 확장을 위해 큰 규모의 해결책을 구축하는 것은 완전 별개의 문제다. 오늘날의 복잡한 사업 문제들을 풀어갈 때 아이젠하워의 전략을 참고해보는 것도 좋을 것이다.

노르망디 상륙작전, 올바른 선택

한 번에 가장 많은 인원과 기계가 동원된 모험을 꼽으라면 단연코 노르망디 상륙 작전을 들 수 있다. 그들은 주로 밤에 이동하면서 완전무장한 적군을 상대로 싸워야 했고, 베를린에 도달할 때까지 수많은 전투를 치러야 했다. 작전의 진두지휘는 드와이트 아이젠하워Dwight Eisenhower가 했고 결국 승리로 이끌었다. 아이젠하워는 사람들과 기계, 규칙과 조약, 명령과 통제 이 모든 것을 골고루 사용할 줄 알았다. 그는 창조자형 리더로서, 군사력을 질서정연하고 능란하게 조직해 제2차 세계대전을 승리로 이끌 수 있었다.

아이젠하워가 사용한 전략은 시장에서 경쟁자를 공략하고, 새로운 기업을 창조하고, 고층 건물을 건설하고, 정치적 운동의 토대를 형성하는 창조자들이 사용한 것과 같다. 그것은 필요한 영역에서 사용할 수 있는 능력을 고안하고, 시험하고, 구축하는 능력이다.

노르망디 상륙 작전을 준비하고 수행할 수 있었던 것은 초인적인 노력 덕분이었다. 연합군은 작전을 수행하고, 수백만 명의 사람을 실어 나르고, 극심한 저항에 대항해서 진지를 마련하고, 함락시킨 지역은 견고한 통제 아래 지켜냈다. 현대의 기업들이 시장 점유율을 유지하기 위해 노력하는 것도 이와 비슷하다고 할 수 있겠다.

리더들은 정교하고 세련된 해결법과 빠르지만 모호한 해결책 사이에서 고투하기 마련이다. 창조자형 리더들은 '어느 정도 좋은' 지점을 잡고, 자원을 아끼기 위해 가능하다면 사용했었던 해결법을 다시 사용한다.

지식 시대에서 해결법을 고안하고 구축하는 것은 그리 쉽지 않다. 꾸준히 속도를 유지하면서 새로운 과학기술을 접목시키기 위해서는, 사람들과 업무 과정, 정보, 장비를 적절히 배합하여 사용할 줄 알아야 한다. 기업은 최고 속도로 질주하면서도, 경쟁자들에게 뒤지지 않기 위해 타이어를 갈고 엔진 부속을 갈아 끼우는 일에 숙련되어야 한다. 상품 생산자들은 계속적으로 시장 점유율을 유지하고 성장시킬 강력한 해결책을 개발해야 한다.

문제가 발생하고 상황이 최악으로 치닫는 이유 중 하나는 해결책이 잘못 고안되었기 때문이다. 해결해야 할 문제에 적합하지 않고 변화에 적용할 수 없는 해결책을 만들면 또다른 문제가 발생하게 된다. 최고의 해결법을 얻기 위해 특정한 기술에만 매달려서는 안 된다. 창조자들은 다양한 대안을 (구성요소와 특성 둘 다에서) 모색해야 하고, 대안의 상대적 비용과 이익, 위험부담을 정밀하게 조사해야 한다.(표 1)

현명한 리더들은 언제나 가능성 있는 기술과 위험한 유혹을 동시에 생각한다. 그들은 견고한 도구와 한번 쓰고 버리는 도구의 차이점뿐만 아니라 실

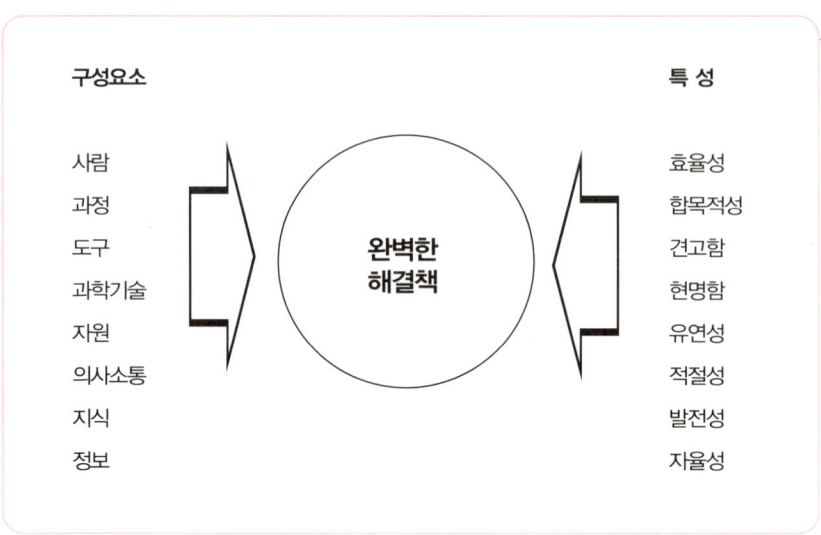

구성요소		특 성
사람		효율성
과정		합목적성
도구		견고함
과학기술	완벽한 해결책	현명함
자원		유연성
의사소통		적절성
지식		발전성
정보		자율성

〈표1〉 완벽한 해결책의 창조

험에서만 효과가 있는 과학기술과 실제 세계에서 효과가 있는 도구의 차이점 또한 이해한다. 또한 도구 자체는 완벽한 해결책이 못된다는 것도 알고 있다. 그들은 새로운 기술과 도구를 사용하는 방법에 대해 창조적으로 생각한다. 그러나 정말로 자원과 정력을 투자해야 할 시기가 오면, 문제에 초점을 맞추고 문제를 해결하는 과정에 집중한다.

이 장에서는 최고의 창조자형 리더들을 만나게 될 것이다. 창조자들이 적절한 인재들을 찾아내고 완벽한 해결책을 도출하는 과정을 살펴보자.

빌 게이츠

Bill Gates

일에 알맞는 적합한 인재를 찾는다

마이크로소프트만큼 뛰어난 인재와 훌륭한 생산공정을 적절히 조화시
킴으로써 성공한 조직은 찾아보기 힘들다. 어떤 분야에서든, 뛰어난 인
재를 확보한다면 풍부한 역량을 갖출 수 있다.

적당한 인재를 배치하는 일은 목적에 대한 분명한 비전을 갖는 것에서
시작한다. 이것은 일반적인 능력과 전문적인 지식이 어우러져 발휘된다.
훌륭한 리더는 일반적 기술과 특수 기술을 'T자 모양'으로 배치한다. 최
고의 조직은 일반적 기술에 집중하면서, 다른 한편으로는 시시각각 진화
하는 특수한 일을 흡수하고 재학습한다.

빌 게이츠 Bill Gates 가 주력한 일은 종합적인 사고력, 실무에서의 판단력,
야망, 그리고 기술적 전문성이었다. 여기에서 종합적인 사고력이 가장
중요한 자리를 차지한다.

일단 무엇을 찾고 있는지 알았다면, 그 다음에는 그것을 어디서 어떻게

찾아야 하는지를 알아야 한다. 최고의 인재를 확보하는 것을 대신할 만한 일은 없다. 즉, 경쟁사에 일하는 사람이 누구인지, 누가 랭킹 안에 들어 있는지를 알아야 한다. 여기에는 가장 재능 있고 잠재력 있는 인재를 스카우트하는 것도 포함된다.

MS방식에 쉽게 적응하는 사람만 채용한다

마이크로소프트의 직원 채용 전략은 뚜렷하고 공격적이며, 선택적이고 집중되어 있다. 그들은 최고의 대학에서 매년 1만 2천 개의 이력서를 선별하고, 몇 안 되는 뛰어난 인재를(대략 100명 중 2명) 고용한다. 또한 세계 각지에서 독특한 문제해결 능력과 자질을 갖춘 사람을 발굴한다. 인재선발 팀은 다양한 분야에서 성공한 사람뿐만 아니라 경쟁사에서 일하는 사람들과도 접촉한다.

회사에 대한 관심을 끄는 것도 중요하지만 올바른 선택을 하고 인재들을 자기회사로 데리고 오는 것이 목적이다. 직원들과 회사가 잘 어울리는지를 평가하고 양측이 서로 익숙해질 수 있는 기회를 보기 위해서는 철저한 작업이 필요하다.

마이크로소프트는 회사 방식에 쉽게 적응할 수 있는 사람들만 채용함으로써 회사와 직원 사이의 조화를 꾀한다. 여기에서 핵심은 문제를 해결할 팀들이 새로운 팀원을 선택할 수 있도록 하는 것이다. 모든 사람들이 결정에 참가할 수는 있지만 그들이 아주 사소한 공통의 관심사에 만족하는 데 그치지 않도록 정밀한 선택 과정을 거친다. 채용 과정에는 인터뷰 외에도 시험과 문제해결 상황이 주어진다. 마이크로소프트의 인터뷰에서는 도전적인 질문들이 던져진다. 답의 정확성보다는 문제해결을 위해 사용한 전략과 방법, 접근법을 평가하는 것으로 유명하다.

인터뷰에 통과한 사람들에게 주어지는 다음 과제는 함께 일을 해보는 것이다. 얼마나 조화를 이뤄 주어진 문제의 해결책을 구성하고 창조해내는지가 중요하다. 그밖에 다른 것은 필요없다. 올바른 일은 언제나 과정이 있기 마련이다. 과정 혹은 작업흐름은 문제를 해결하기 위한 일련의 행동이다. 과정을 통해 무엇이, 얼마나 많이, 언제, 어떤 순서로, 그리고 누가 해야 하는지 알게 된다.

종종 새로운 문제가 발생하거나 시급한 해결책이 필요할 때, 문제해결 과정을 무시하거나 문제에 적합하지 않은 낡은 과정을 가지고 돌진하는 사람들이 있다. 그들은 번번이 작업흐름을 무시한 채 역할과 책임을 전가한다. 표면적으로는 권력과 책임이 분명한 것처럼 보이지만, 결과가 나올 때쯤에는 반드시 혼란이 발생한다. 작업흐름을 우선적으로 고려함으로써만 좋은 출발을 할 수 있고 진정한 계기를 만들어낼 수 있다.

마이크로소프트는 '프레임워크Framework'라는 솔루션을 사용하여 작업흐름을 관리한다. 프레임워크는 소프트웨어 개발 과정(계획, 개발, 안정화의 세 단계)과 핵심 역할(마케팅, 개발, 프로그램 관리, 시험, 트레이닝, 그리고 세부계획)을 합친 것이다. 마이크로소프트의 모든 팀은 제품을 생산하는 데 두 가지 모두를 사용한다. 모든 프로젝트 팀은 마케팅, 개발, 프로그램 관리, 테스트, 트레이닝, 구매 업무를 맡은 사람들로 이루어진다. 모든 단계에서 팀이 함께 협의하고 문제를 해결하는 것이다.

제품과 생산 과정과 사람들의 조화를 통해 마이크로소프트는 고객이 원하는 소프트웨어를 빠르게 제조해왔다. 올바른 정보와 도구만 주어진 다면 그것은 앞으로도 가능한 일이다. 물론, 뛰어난 인재들이 그것을 관리하고 발전시켜야 한다는 전제하에서 말이다.

인재 채용 전략은 끊임없이 진화한다

문제가 발생했을 때, 해결책을 마련하기 위해서는 적절한 일을 수행할 수 있는 팀을 발굴하는 것이 선행되어야 한다. 도구를 사용하거나 관리하는 인간의 능력을 고려하지 않는다면 그 해결책은 실패하거나 유명무실해진다. 문제해결에서 가장 큰 실수는 일을 수행할 인재와 일의 구조 대신에 기술적 요소들에만 집중하는 것이다.

창조자형 리더들은 특정한 정황에서 사람들과 업무를 살핀다. 바로 그때 효과적인 도구, 훌륭한 과정, 그리고 유능한 사람들이 결합하여 실패하지 않는 해결책을 만들 수 있다. 훌륭한 사람들을 얻는 것은 가장 어려운 일일지도 모른다. 필요한 기술을 확인하고, 유능한 사람들을 확보하고, 강하고 상호보완적인 팀을 구성하기 위해 노동력을 분배하는 일은 리더들에게 가장 필요한 능력 중 하나다. 이 능력을 갖추면 기계를 점진적으로 조립하고 조절할 수 있다. 이 능력을 갖추지 못하면 목적지에 도달하기는커녕, 사람들이 작업 궤도에서 벗어나는 것을 막느라 모든 시간을 소모하게 될 것이다.

팀원 각자의 역할이 각자의 재능과 조화를 이루는 조직을 만들어야 한다. 물론 이 재능과 동기는 목적에 부합하는 것이어야 한다. 세계에서 가장 성공한 소프트웨어 기업 마이크로소프트의 인재 채용 전략은 오늘날

많은 기업들이 응용하고 있으며, 마이크로소프트를 지탱해주는 전략과 시스템은 끊임없이 성숙하고 진화하고 있다.

팀을 위해서든 회사를 위해서든, 메이저리그 야구팀의 매니저처럼 당신의 2군 팀 체계를 만들어라. 당신이 가지고 있는 재능이나 당신이 찾고 있는 인재들의 특성을 확인하라. 인재를 점찍고 끌어올 수 있는 방법을 결정하고 셀링 포인트(한 상품을 대표할 수 있는 장점이 될 수 있는 이미지)를 파악하라. 또 인재들이 당신의 조직으로 들어 온 후에는 그들의 발전을 도와주는 과정을 고안하라. 또 당신의 핵심 세대, 즉 곧 은퇴할 최고 지위에 있는 사람들에서부터 당신이 유심히 지켜보고 있지만 아직 접촉은 하지 않은 신참들과 전도유망한 사람들까지, 그들의 이름을 써 내려가기 시작하라. 2군 팀 체계는 인재를 관리하는 과정 중 하나다.

creator 02

NASA의 화성탐사

적절한 도구를 찾아낸다

　　화성탐사를 실현하기 위해서는 폭넓고 다양한 도구가 필요하다. 화성
탐사라는 긴 여정에서, 도구를 개발하는 것은 많은 실수가 발생할 수도
있는 고난도의 작업이다. 화성에 도달하기까지 아마도 6개월 정도가 걸
릴 것이다. 대부분의 도구는 3년 동안의 화성탐사 임무를 마치고 우주비
행사가 무사히 귀환할 수 있도록 돕는다. 예를 들면, 아폴로가 달에 착륙
하기 위해 3대의 우주선이 사용되었다면 현재의 '화성으로 직접 가는'
계획(고려중인 여러 대안 중 한 가지)은 적어도 5대의 우주선이 필요할 것이
다. 하나는 궤도 안에 진입하기 위해, 하나는 화물을 화성 표면에 내리기
위해, 하나는 승무원을 화성으로 보내기 위해, 하나는 화성에 착륙하기
위해, 그리고 하나는 그곳을 떠나 지구로 돌아오기 위해서다. 일단 화성
에 착륙하면, 패스파인더pathfinder(무인탐사기) 탐사에서 소저너 같은 로봇을
이용하여 지질과 대기 정보를 수집하고 실험하고, 승무원들의 안전을 보

장할 수 있어야 한다.

과학기술의 범위는 특수 시스템에서부터 화성의 대기를 이용한 연료를 만들어내는 도구에 이르기까지, 또한 원거리 의사소통기구에서 우주비행사의 건강을 위한 인체공학에 이르기까지 매우 넓고 복잡하다. "우리는 우주비행사의 귀에 칩을 장착해서 체온과 혈구수를 측정하며 2~3년에 이르는 여행 내내 그들의 건강을 점검하는 방법에 대해 논의해오고 있습니다." NASA의 부행정관 로리 가버Lori Garver의 말이다.

그러나 이런 과학기술과 유인 화성탐사가 가능하려면, 일단 NASA는 유인 탐사를 할 수 있는 효과적인 무인 탐사 시스템을 만들어내야 한다. 지금까지의 기록을 살펴보면, 적어도 한 가지 주목할 만한 성공과 실패가 뒤섞여 있다. 패스파인더 탐사는 성공했지만 마즈 옵서버Mars Observer(화성의 대기, 화학적 조성, 기상 상태, 토양의 광물 조성 등을 연구하기 위한 실험도구를 실은 우주선)의 실패부터 화성계획을 완전히 중지시켰던 최근 몇몇 탐사의 실패까지 실패가 연이어졌다.

명확한 목표에 필요한 도구를 만든다

NASA는 적합한 도구를 생산할 수 있는 과학기술을 개발하고 연구하는데 수십만 달러를 사용한다. 가버는 말한다. "과학자들은 합금재료, 로켓추진, 광학 등 많은 목적을 추진합니다. 그리고 이런 돌파구가 마련되었을 때, NASA는 전략적으로 세워둔 계획에 기초해서 프로그램을 구성합니다. 차세대 망원경이나 우주선은 우리의 목표가 아닙니다. 우리는 더멀리 나아가거나 태양계를 탐험하는 목표를 품고 있습니다. 그리고 그 목표를 성취할 수 있는 과학기술을 추진합니다." 작업흐름을 고안하는 것처럼, 핵심은 무엇을 우선순위로 두는가를 결정하는 것이다. 그리고 난 뒤 도구를 만드는 것이다.

과학기술적 잠재력을 가지고 있는 특정한 도구들이 특정 임무를 달성시키기 위해 등장한다. 큰 성공을 거둔 패스파인더 탐사를 예로 들어보자. 탐사의 목표는 화성의 대기와 표면에서 정보를 수집할 수 있는 움직이는 로봇을 시험하는 것과, 그것을 화성으로 수송하는 데 드는 비용을 최소화하는 운반 체계를 창안하는 것이다. 탐사를 위해 개발한 도구는 이 목표를 충족시켜야 했다. 패스파인더 도구를 만들기 위해 스물다섯 가지 새로운 과학기술이 사용되었다. 그러나 공학자 토니 스피어^{Tony Spear}가 이끈 계획은 20여 년 전 바이킹^{Viking} 탐사보다 거의 10분의 1 비용으로, 절반 정도의 시간을 소요하며, 예상된 데이터 양보다 네 배를 더 전달하며 목표를 이뤘다. 이 팀의 구성원들은 뛰어난 과학기술과 분명한 임무, 고도로 훈련된 문제해결 능력으로 이를 성취했다.

예를 들면, 패스파인더 팀은 탐사 대책을 구성할 때 다양한 해결책을 엄격하게 평가했다. 우주선을 안전하게 착륙시키기 위해 착륙 속도를 늦춰줄 낙하산과, 브레이크를 장착하고 착륙을 부드럽게 해줄 역추진 로켓, 이 두 가지 대안을 고려했다. 그리고 창조적 공학자 스콧 허버드^{Scott Hubbard}가 충격을 완화하기 위한 에어백을 제안했다. 이제 그들은 세 가지 대안을 가진 것이다. 하지만 에어백은 패스파인더가 60mph(시간당 이동거리가 60m) 이하로 이동할 때에만 효과가 있었고, 계산된 예상 속도는 거의 140mph였다. 실험을 수없이 했지만 해답을 얻지 못했다. 결국, 그들은 앞의 세 가지 대안들을 결합했고 완벽한 효과를 보았다. 문제를 해결

정밀한 실험 — 매우 정밀한 실험은 다른 전략이 없을 때조차 성공과 실패의 차이를 만든다. 예를 들어 패스파인더는 무게와 비용 절감을 위해 여분이나 예비물이 없었지만 매우 정밀하게 실험할 수 있었다.

다양한 예비책 — 실패했을 경우, 여분의 체계를 대신할 수는 없지만 해결책이 완전히 붕괴하는 것을 막기 위한 예비책이 있을 것이다.

여분의 시스템 — 한 시스템이 무너지면 정확한 복제물이 업무를 대신한다. 그래서 인간은 폐가 두 개며 우주선은 다섯 대의 백업 컴퓨터가 있다.

풍부한 허용치 — 허용치란 예견된 실패에 대한 범위이다. 예를 들어 컴퓨터는 영하 20도에서 영상 120도까지는 정상적으로 작동한다. 허용치가 풍부하고 넓을수록 실수의 여지는 낮아진다.

믿을 만한 과학기술 — 오랫동안 신뢰를 얻어온 과학기술은 위험을 줄임으로써 견고함을 증가시킨다.

보완 가능성 — 해결책은 자체적으로 고치거나, 보완하기 쉽게 대체할 수 있다.

〈표 2〉 견고한 해결책을 위한 전략

하기 위해 가능한 다양한 도구들을 찾지 않았다면 목적지에 도달할 수 없었을 것이다.

그러나 패스파인더의 성공 뒤에는 견고한 해결책이라는 또 다른 요소가 있었다.(표 2) 창조자들은 실제 세계에서 도구를 고안할 때, 그 도구 안에서 오류를 수정할 수 있도록 고려해야 한다. 예견했던 조건이 변할 수도 있고, 장비가 부서질 수도 있다. 도움을 얻기에는 너무 먼 장소에서 도구가 부서지면 쉽게 대체할 수 있는 부속품으로 직접 수리를 하든지 비상품을 갖추어야 한다. 공학자들은 이 모든 문제를 다룰 수 있는 해결책을 위해 '견고한' 이라는 한 가지 단어를 사용한다. 견고한 해결책은 믿을 수 있는 과학기술과 여분의 시스템, 풍부한 허용치, 다양한 예비책, 그리고 여러 번 반복되는 시험으로 구성된다.

마지막으로, 적절한 도구와 창조적이고 견고한 해결법을 갖추어도 다른 다양한 도구와 호환할 수 없다면 큰 쓸모가 없다. 오늘날의 도구는 다양한 '집합적 도구상자'에서 사용할 수 있도록 고안되어야 한다.

유인 화성탐사가 가능해진다면, 그곳에는 화성탐사라는 문제의 완벽한 해결책을 만들기 위해 서로 호환되고, 비행사와 함께 작용하는 수많은 도구가 존재할 것이다. 이 도구들 뒤에는 우리의 첫 행성 간 여행을 가능하게 만들, 또한 예상치 못한 방식으로 우리의 지구를 바꿀 수 있는 새로운 과학기술이 받치고 있을 것이다.

유능한 사람에게 유능한 도구가 힘을 준다

유능한 사람들로 구성된 팀에는 적절한 시스템과 도구가 존재한다. 사람들과 도구가 잘 결합하면 그것이 바로 힘이다. 리더는 가지고 있는 도구만으로 일을 수행할지, 상황에 따라 도구를 개조해야 할지, 혹은 전적으로 새로운 기술과 도구를 만들어야 할지를 결정해야 한다. 기존의 도구만으로도 충분한데도 새로운 도구를 불필요하게 만들 때도 있다. 또한 어떤 일은 전에 항상 같은 방법으로 행해졌기 때문에 새로운 도구를 개발할 기회 자체를 없애기도 한다. 이전에 해결해본 적이 없는 문제에 직면하면 창조자형 리더들은 특별한 주의와 훈련이 필요한 'bleeding-edge(아직 완전히 개발되지 않은 시험적, 혹은 견본의)' 기술을 이용한다.

특정한 문제에 맞는 적절한 도구를 얻기 위해서, 창조자들은 도구를 통해 해야 할 일을 정의하고 다듬어서, 세부적이고 확고한 설계서를 만든다. 기술적 대안을 계속 평가하고, 가장 적절한 것을 선택한 다음에 가장 유력한 기술과 설계서를 조화시킨다. 창조자는 인디 500(인디애나 폴리스 500마일 레이스)을 위해 레저용 차량을 사용하거나 오프로드 경주를 위해 스피드 경주용 자동차를 사용하지는 않는다.

2020년은 인간이 최초로 화성 유인탐사 계획을 실현할 수 있는 시기일지도 모른다. 화성으로의 무인탐사, 그리고 잠재적인 유인탐사에서 선두에 선 NASA는 우주에 새로운 발판을 마련할 역사적인 탐험을 실현시키기 위해 인간에게 필요한 도구에 신중하게 접근하고 있다.

행동하는 창조자

매우 중요한 문제나 기회를 선택한 다음, 단 몇 시간 동안만이라도 한 가지 문제에 대한 다양한 시각을 갖는 데에 투자하라. 그 문제를 해결하기 위한 기술적 대안이 있는가? 각각 다른 훈련을 받은 사람들, 기술을 익힌 사람들과 아닌 사람들, 문제에 친숙한 사람들과 전혀 관련이 없는 사람들을 모아라. 전문가와 초보자 모두 모아라. 가능한 한 가장 넓은 창조적 스펙트럼을 지닌 접근법을 찾아라. 이제 최고의 다섯 가지 대안 목록을 만들어라. 이전에 고려했던 기술들과 비교해보고 대조해보라. 자신에게 도전하고 싶다면 모순된 상황을 대입해보고, 더 나은 도구를 선택하고 새로운 해결책을 얻고 싶다면 신뢰할 수 있는 것들을 사용하라. 최적의 결과를 얻기 위해 대안을 결합하는 것을 고려하라.

존 소우힐

노아의 방주 전략으로 희소한 種을 보존하다

John Sawhill

존 소우힐 John Sawhill 은 뉴욕 대학 총장이자, 세계적인 컨설팅 회사의 뛰어난 파트너였다. 그는 지식 자원이든, 에너지 자원이든, 자원경영에 있어 세계적으로 유명한 전문가다. 희소한 천연 자원을 보존하려고 수십 년간 노력해온 TNC The Nature Conservancy (자연보호회)의 CEO이자 회장으로서 그는 생태계를 유지하기 위해 멸종위기에 처한 종자를 보호해야 하는 새로운 문제에 직면했다. 지난 40년 동안, TNC는 민간단체의 힘을 빌어, 시장주의에 적응하면서도 공적 목표를 성취하는 최고의 비영리 단체의 자리를 지켜왔다. 그 동안 매입하거나 기부받은 1천2백만 에이커에 달하는 땅을 1,600개의 보호지역(사유 보호지역 중 가장 큰 규모)으로 지정했고, 전세계에 350개의 사무실을 두고 23억 달러의 자산을 운영하고 관리해왔다. 그들의 임무는 식물과 동물을 보호하는 것이다. 소우힐은 그것을 '노아의 방주' 전략이라고 부른다. "노아처럼, 우리는 방주를 짓고 있습니다. 더 정확하게는 작은 방주들을 여러 척 짓고 있죠." TNC의 비전은 멸종위기에 처한 종^種이 살고 있는 땅을 확보하여 그것을 보호하는 것이다.

"노아처럼 우리는 방주를 짓는다"

어느 날 소우힐은 멸종할 위기에 처한 종을 보호한다는 목표를 제대로 수행하지 못하고 있다는 사실을 깨달았다. 매사추세츠 주의 스키놉 브룩이 늪지 보호구역이었음에도 불구하고 거북이 수가 감소하기 시작하자 의문이 생겼다. 조사 결과 보호지 경계 밖의 수질 자원이 거북이의 생태에 영향을 주었다는 사실을 알 수 있었다. 곧 그들은 이와 같은 문제가 어디에서나 일어날 수 있다는 것을 깨달았다. 작은 땅 덩어리에 울타리를 치는 것만으로 그 곳에 살고 있는 모든 종을 보호할 수는 없었던 것이다.

TNC가 확보한 땅은 점차 증가하고 있었지만, 그들은 땅 외에 다른 자원, 즉 물 같은 자원들도 살펴야 했다. 물은 땅처럼 사거나 통제할 수 있는 자원이 아니다. 물은 상류와 하류에 그 물을 소유하고 권리를 행사하는 사람들 사이에서 복잡한 관계를 갖고 있어 전혀 새로운 영역이었다.

TNC는 땅과 물, 공기를 포함하는 희소한 자원들과 그것들을 사용하는 사람들의 행동에 초점을 맞춘, 전적으로 새로운 전략을 전개해야 했다. 희소한 자원에 목표를 맞추고 그것을 보호하기 위한 TNC의 전략 변화는 문제를 해결하기 위해 과학 지식을 어떻게 사용하는지를 보여주는 모델이 된다. 그들의 새로운 전략은 '위대한 환경들^{Great Place}'이라는 프로그램이다. 이 프로그램을 효과적으로 관리한다면, 생태계에 영향을 주는 땅과 물에 집중할 수 있을 것이었다. 그들은 진정으로 희소한 자원은 물이

나 땅 그 자체가 아니라 종種이라는 것을 다시 확인했다. 문제를 해결하기 위해서는 더 완벽한 해결책이 필요했다.

소우힐은 자원을 관리하면서 배운 것을 이렇게 말한다. "당신은 당신이 어디로 가고 있는지 그리고 어떤 문제를 해결하고 싶은지에 대해 명확한 비전을 가져야 합니다. 전혀 관계가 없는 자산이나 자원에 매달려서는 안 됩니다." 문제에 따라 필요한 자원의 유형과 수준이 결정된다. 자원경영의 진정한 의미를 발견할 정도로 충분히 그것을 이해할 수만 있다면 말이다.

소우힐은 자신이 오래 전 뉴욕 대학의 총장이 되었을 때를 이야기했다. 그는 그때 희소한 자원을 가지고 산출량을 극대화시켜야 했다. 뉴욕 대학은 많은 계획을 가지고 있었지만, 계획을 이행하는 데 필요한 재정은 극소량이었다. 문자 그대로 돈이 한 푼도 없었다. 그래서 소우힐은 자원을 찾지 않으면 자신의 재임기간 동안 아무런 성과도 내지 못하고 끝날 것 같았다. 소우힐은 우선 '당신이 가지고 있는 목록을 이용하라'라는 가장 단순한 아이디어로 시작했다. 그리고 목록을 만들었을 때, 그 대학이 뮬러 마카로니 Muller Macaroni라는 회사를 소유하고 있다는 것을 발견했다. 하지만 그것은 자원이 되기는커녕 오히려 돈이 새는 구멍이었다. 그 회사를 매각하면 이자를 벌어들일 수 있고, 세금이 없는 기금을 마련할 수 있었다. 여기에서 얻은 수익으로는 대학 발전을 위한 비용으로 사용할 수 있을 터였다.

소우힐은 회사를 경매에 부쳤다. 마지막 매각 순간을 회상하는 그의 눈은 반짝였다. "나는 가능한 한 가장 높은 가격을 적어서 앞 주머니에 넣어두었습니다. 그 정도 가격이면 매각하기에 적절하다고 생각했죠. 그런

데 마지막 순간에 나는 더 많이 요구하기로 결정했고, 1억 1천 5백만 달러를 요구했습니다. 즉시 동의하더군요. 처음 적어갔던 가격은 8천 5백만 달러였습니다."

TNC에서 소우힐은 그때의 교훈을 따라 재산 목록을 만들고, 재산을 전략적으로 사용할 수 있는 자문단을 위촉했다. 주된 질문은, TNC가 세계로 나아가 역량을 넓혀야 하는가, 아니면 보유한 자원과 자산을 더 잘 활용해야 하는가였다. 답은 후자로 결정되었다. 이 결정은 새로운 보존 전략에 입각한 것이다.

자원을 이용하여 최선의 것을 얻는 데는 다양한 방법이 있다.(표 3) 이 모든 선택사항을 정기적으로 평가하고, 희소한 자원에서 산출량을 늘리기 위한 방법을 찾는다면, 더 좋은 결과를 얻을 것이다.

보존 — 가장 간단하고 쉬운 방법은 적게 사용하는 것이다. 당신에게 얼만큼의 자원이 필요한지 결정하라.

대체품 — 많은 자원이 대체품을 가지고 있다. 대체품은 더 저렴하고 원자재와 같은 기능을 수행한다.

공급자의 제품 공급 — 이것은 자원관리 전문가가 공급자로서의 역할을 맡는 것이다.

재사용 — 부분적인 재활용과 한 번 사용해본 해결책은 시간과 에너지를 절감한다.

재활용 — 재활용은 해결책을 다시 사용하는 재사용과는 다르다. 재활용을 통해 효과적으로 자원을 이용할 수 있다.

공유와 규모 — 마지막으로, 자원을 공유하거나, 혹은 규모의 경제학에서 이익을 보기 위해 자원을 공유하는 것 역시 자원산출을 증대시킬 수 있다.

판매 — 많은 가치를 얻을 수 있는 사람에게 자원이나 자산의 통제권을 넘긴다.

〈표 3〉 자원을 효과적으로 사용하는 전략

희소한 자원을 보존하라

유능한 팀이라도 자원이 부족하다면 실제로 실행할 수 있는 잠재력이 거의 없는 것과 마찬가지다. 창조자들이 고안해내는 해결책은 시간과 에너지, 그리고 천연적이든 인공적이든 자원을 사용할 수밖에 없다. 물론 돈으로 기본 자원을 구입할 수 있지만, 돈만으로 해결될 문제는 아니다. 자원을 항상 구입할 수 있는 것이 아닌 데다 충분하지도 않기 때문이다.

창조자들은 묻는다. 목표에 이르기 위해 어떤 자원이 가장 중요한가? 그 자원들은 어느 정도 희소한가? 경쟁자는 누구인가? 수요와 공급의 상태는 어떤가? 적당한 가격으로 충분히 구입할 수 있는가?

행동하는 창조자

가장 희소한 자원과 재산 목록을 만들고, 이유를 생각하라. 그리고 그것을 완전한 목록으로 만들고 당신이 실제로 가지고 있는 것을 보라. 당신이 1, 2년 안에 직면할 수 있는 가장 중요한 문제와 기회를 세 가지 적어보라. 그리고 다음 질문들에 답하라. 이 문제들을 해결하는 데 필요한 자원이 무엇인가? 그 자원을 가지고 있는가? 부족한 자원을 확보하기 위해 처분할 수 있는 자원이 있는가? 이제 자원과 자산의 재고를 파악하고, 실제 문제가 발생했을 때 그 자원을 재배치하라.

질병통제센터 CDC

항생제 vs. 박테리아 vs. 결핵의 싸움

지난 반세기 동안 전염병 문제에서 가장 성공한 해결책 중 하나는 항생제다. 이 약품들은 치명적인 병에 사용되어 사람들의 고통을 경감시켰다. 그러나 우리가 이미 알고 있듯이, 그것은 불완전하였고 현명한 해결책이 아니었다(그 당시의 의사와 환자들은 불완전한 투약이 얼마나 위험한 것인지 이해하지 못했다). 그것은 더 심각한 문제인, 어떤 것에도 죽지 않는 약제내성(의약품을 사용했을 때 점차 그 사용을 늘리지 않으면 효력이 나타나지 않는 성질)을 지닌 변형된 박테리아를 만들어냈다.

이 문제를 해결하려고 노력하는 최전선에 CDC Centers for Disease Control(질병통제센터)가 있다. 전염성 질병이 세계 어딘가에서 발생했을 때, CDC가 알려지지도 보이지도 않는 적에 맞서기 위해서는 가장 높은 신뢰도를 갖춘 정보교환이 필요하다. 효과가 없는 항생제를 사용함으로써 세계적으로 부활한 치명적인 박테리아 결핵[TB]을 처리한 것도 이같은 경우다.

아직도 해마다 전세계에서 약 2백만 명의 사람들이 결핵으로 생명을 잃고 있다. 이와 비견할만한 치명적인 감염성 질환으로는 에이즈가 유일하다. 사실 세계건강기구WHO는 1993년 세계적으로 결핵이 급속하게 퍼지고 있다고 선언했다. 점차 좁혀지는 세계에서, 결핵은 감염된 한 사람이 기침을 하는 것만으로도 지구상의 모든 사람에게 위협이 되는 폐 질환이다. 한 명의 감염자가 항공기 여객실 안에서 기침을 하면 24시간 안에 세계에 결핵이 퍼질 수도 있다. 이토록 높은 전염성 질병의 경우 예방뿐만 아니라 치료도 중요하다.

결핵과 전쟁을 벌이고 있는 CDC와 다른 건강 단체들의 경우, 적시에 적절한 사람에게 적절한 정보를 전달하는 일이 중요하다. 발병을 예방하고 해결책을 찾기 위해 문제에 빠르게 반응하고 정확한 정보를 갖춰야 한다.

예방하고 반응하고 제거한다

우선, 적절한 정보가 있다면 병을 예방할 수 있다. 예를 들면 의사들은 결핵의 약제내성 변형 박테리아가 환자들에게 잘못된 약을 투여했거나 일정 기간 동안 약을 투여하지 않았기 때문에 발생했다고 믿는다. 즉, 낮은 교육 수준이나 그릇된 정보 때문에 많은 의사와 환자들이 유용한 약을 오용한다는 것이다. 확실한 정보가 있다면 (즉, 유용한 약의 사용법) 병을 처음부터 막을 수 있다.

두 번째, 새로운 변종이 발생하거나 예전의 것이 다시 등장했을 때, 초기에 정보를 확보함으로써 그 질병의 확산을 줄일 수 있다. 생물학적 무기의 시대에 접어든 현대에는 조기 경고가 특히 중요하다. 새로운 병이 발생했을 때 그것이 적대국의 군사적 공격인지를 가능한 빨리 파악해야 하기 때문이다.

세 번째, 질병을 제거하는 과정에서 올바른 정보가 있다면 CDC와 전 세계의 공공건강 단체의 네트워크가 질병이 퍼지는 유형과 치료의 효과를 공유함으로써 완벽하고 효과적인 해결책을 찾을 수 있다.

정보의 개발은 새로운 컴퓨터에서 시작하는 것이 아니라 정보가 필요한 사람들에게서 시작한다. 그들이 어떤 문제를 해결하려고 하는가? 어떤 결정을 내려야 하는가? 그들은 서로에 대해, 그리고 외부의 고객과 투자자들과 의사소통하기 위해 어떤 책임이 있는가? 이 질문들을 통해 핵심적 역할을 하는 사람들과 그들이 필요로 하는 정보가 무엇인지를 확실히 알 수 있다.

수 년 동안, CDC는 미 정부기관으로써 결핵을 미국의 문제로 간주하고, 핵심 역할을 하는 사람들을 미국의 의사, 간호사, 그리고 공공건강 관리들로 생각했다. 그러나 국경을 넘는 여행이 폭발적으로 증가하면서 미국은 세계 보건 환경과 밀접한 관련을 맺게 되었다.

이제 CDC는 질병을 세계적 관점을 갖고 바라본다. 핵심 역할을 하는 사람들은 여전히 의사들과 건강 복지 종사자, 공공 건강 관료들이지만 이들은 전세계의 사람들을 대상으로 삼는다. 의사와 간호사는 질병에 감염된 환자들을 대할 때 CDC의 눈과 귀가 된다. 그러나 그들은 결핵을 치료하고 예방하는 데 한정된 지식만을 가지고 있을 수도 있다. 공공건강 관료들은 백신 프로그램처럼 질병을 예방하거나 제거하기 위한 거대한 캠페인에 공공의 자원을 유용하게 사용해야 한다.

그러나 결핵에 효과적으로 대응한 경험이 없는 국가들에서 이런 캠페인은 자원의 낭비로 보일 수도 있다. 따라서 핵심적인 의사결정자가 누구인지를 확인하고, 그들에게 필요한 것들이 무엇인지를 결정하여, 완전한 해결책을 유도하도록 정보 체계를 보강하는 것이 관건이다. 사람들은 자신만의 고유한 방법으로 정보를 전달한다. 주는 쪽에서는, 정보가 올바르게 사용될 것이라는 신뢰가 없다면 효과적으로 전달하기 위해 노력하지 않을 것이다. 받는 쪽에서는, 정보의 질과 구성을 신뢰할 수 없고, 전달 과정이 문화와 유형적 문제에 민감하게 이루어지지 않는다면 그 정보를 받아들이지 않을 것이다. 이런 원리를 고려하지 않는다면 전체 정보 체계가 파괴될 수도 있다. 정보가 정확하고 가치 있으며, 정보의 효과가 아무리 탁월하다 해도 말이다.

"완전히 정복할 수 없으면, 통제할 수 있어야 한다"

정보의 가치는 표현에 따라 달라질 수 있다. 전달자는 정보를 효과적으로 전달해야 한다. CDC와 세계건강 관료들도 정보를 구성하고 전달하는 데 각별한 관심을 기울여야 하는 지역이 따로 있다. 러시아를 예로 들면, 미국인들은 러시아의 감옥에 심각한 결핵 위기가 닥쳤음에도 불구하고 결핵에 대한 새로운 해결책을 가지고 접근할 수 없었다. 1999년 러시아의 백만 명의 수감자 중 십만 명이 이미 결핵에 감염된 것으로 추정되었고, 3만 명이 추가로 감염될 것이라고 예상되었다. 불결하고 과밀한 감옥은 박테리아의 양성소로 묘사될 정도였다. 결국 러시아 감옥에서 결핵 감염 비율은 WHO의 유행병 기준의 60배 정도에 달했다.

그러나 아직도 결핵에 대해 예전 방식을 버리지 못하는 러시아 공공건강 관료들과 의사들이 있다. "러시아의 결핵에 대한 접근은 몇 십 년 전에 우리가 사용한 방식과 다르지 않습니다. 수술과 요양에 크게 의존하고 약물 치료를 하는 외래 치료에는 상대적으로 덜 의존하는 거죠. 오랜 냉전의 결과로 러시아는 상대적으로 고립되었습니다. 러시아의 전문가들은 결핵에 대한 서구의 접근법을 접할 기회가 없었죠. 실제 눈으로 보지 못한 것을 위해 자신들이 배워온 것을 버리고 싶어 하지는 않는 것이 당연한 일 아닙니까? 우리의 정보를 전달하기 위해서는 그들이 미국의 현실이 아니라, 그들 자신의 환경을 바라보게 함으로써 설득을 해야 합니다."

이것은 CDC가 러시아 의사들이 환자들을 보는 방식, 그들의 의학 철학, 과학적 접근, 문화적 기준을 보는 방법을 이해하고, 이것에 민감성을 가지고 접근한다는 것을 의미한다.

정보는 상대방이 수용할 수 있는 형태를 갖추고 적절한 양식으로 전달해야 한다. 정작 필요한 때에 파일 보관함이나 데이터 베이스에 꽂혀 있고 이용할 수 없는 정보는 아무런 쓸모가 없다. 질병의 발생처럼 상황이 복잡하고 빠르게 변할 때에는 정보를 유용하게 만드는 일이 특히 어려워진다.

1990년대에 뉴욕이 결핵으로 고생하고 있을 때, 주와 연방관리들은 경쟁적으로 그것을 억제하려 했다. 결국 리커 아일랜드에 현대식 수용시설을 건설하고 대형 노숙자 수용시설들을 폐쇄했다. 보건 종사자들은 마약 취급소와 지하철 역, 공원을 순회하며 환자들이 약을 복용하고 있는지를 확인해야 했다. 환자의 상당수가 집이 없는 사람이거나 마약 중독자였기 때문이다. "우리는 새로운 자원을 배치해야만 했습니다. 그래서 새로운 직원들을 고용했습니다. 그들 중 많은 사람들이 그 지역 출신이었습니다. 노숙자들이 치료를 하고 있는지 확인하기 위해 접근이 용이하기 때문이었습니다."

완전한 해결책을 보장하기 위해 환자들이 약을 복용하는지를 감시하는 것이 목표이기는 했지만, CDC는 보건 종사자들이 환자들의 모든 문제에 대한 정보를 얻고 적절한 방법으로 반응하고 도움을 줄 수 있었기 때문에 이것이 효과가 있었다고 생각한다. 그들은 환자들이 약물로 건강을 회복하는 프로그램에 참여하도록 도왔다. 집이 없는 환자들의 경우에는 주택도시개발부 HUD가 후원하는 독방 수용 호텔과 연결해주는 것을 도왔다. 보건의료 종사자들은 환자의 특정 질병이 아니라 전반적 건강에 주목함으로써 환자들이 여러 달이 걸리는 프로그램을 자연스럽게 따를 이유를 제공했다. 이런 새로운 접근은 환자들을 CDC의 해결책에 연결하는 데 성공했고 환자가 필요로 하는 때에 새로운 정보를 생산하고 제공했다. 결국 그것은 사람들의 참가를 이끌어내는 동기를 창출했다.

그러면, 결핵과의 전쟁에서 지금 우리의 위치에 대해 CDC는 어떻게 말할 수 있는가? 사실 결핵은 '근절'이라기보다는 '제거'와 관련되어 있다. 제거는 2010년까지 결핵 발생 비율을 백만 명당 한 명 정도 수준으로 줄이는 것으로 정의한다. 근절은 천연두처럼 완전히 제거하는 것을 의미할 것이다. 그렇다면 근절이 가능하다는 것인가? 1996년, CDC의 이사는 이렇게 말했다. "지금 우리가 사용할 수 있는 도구로는 불가능합니다. 아마도 매우 좋은 백신이 필요하겠죠. 좋은 백신이 있다면 결핵의 근절에 대해 이야기 할 수 있겠죠. 하지만 우리가 지금 가진 것으로는 할 수 없습니다. 우리는 전염성 질병을 절대로 정복하지 못할 것을 압니다. 문제는 우리가 공존할 수 있도록 이 질병들을 통제할 수 있느냐 하는 것입니다."

문제를 해결하기 위해 도구를 사용하는 사람들이 그 도구를 절대적인 것으로 확신하는 잘못을 저지르기 쉬운 분야가 있다면, 그것은 의학이다. 적절한 도구만 가지고 있으면 문제를 해결할 수 있다는 태도는 리더들이 빠지기 쉬운 가장 위험한 태도다. 게다가 적절한 도구를 획득한다는 것은 생각만큼 간단한 일이 아니다. 전염성 질병 문제를 해결하려는 노력에서, 우리는 몇 가지 훌륭한 도구를 가졌다. 하지만 그 도구들은 예방보다는 치료를 위한 것이었다. 의사들은 그 도구를 사용하는데 효과적으로 지도하지 못했고, 환자들도 그것을 효과적으로 사용하지 못했다. 결국 우리는 너무 늦어버릴 때까지 완전한 해결책에 초점을 맞추지 못한 것이다. 약품에 내성이 있는 박테리아가 '새로운 약품'이라는 도구를 창조하는 우리의 능력을 앞지르기 시작했기 때문에, 인간과 박테리아 중 누가 더 훌륭한 문제해결가가 될지는 아직 두고 볼 문제이다.

올바른 정보를 제공하라

현명한 해결책은 지혜와 경험, 그리고 의사결정이 잘 어우러질 때 나온다. 훌륭한 의사결정을 위해서는 최고의 정보가 필요하다. 모든 해결책에는 올바른 정보를 적절한 사람들에게 사용할 수 있는 정보 체계가 필요하다.

정보시대의 리더들이 문제를 해결할 때 어려운 것은 올바른 정보를 창조하고, 비축하고, 전달하는 정보 시스템을 구축하는 일이다. 또한 그 시스템을 안전하고, 정확하고, 신속한 상태로 유지하고, 필요할 때 사용할 수 있도록 만드는 것이다. 최고의 정보 시스템은 누가, 무엇을, 언제, 왜 알아야 하는지, 그리고 어떤 것을 기초로 쓸 수 있는지에 대해 분명히 이해함으로써 끌어낼 수 있다.

에릭 위샤우스

Eric Weischaus

태아 형성과정을 설명하여 노벨상을 받다

하나의 세포가 태아로 자라나는 과정을 발견한 노벨상 수상자 에릭 위샤우스Eric Weischaus 박사와 크리스타인 뉘슬라인–폴하르트Christiane Nusslein-Volhard 박사는 태아의 형성과정을 이끄는 자연의 원리를 포착했다.

이를 통해 창조자형 리더가 튼튼하고 진화할 수 있는 해결책을 고안하는 방법을 엿볼 수 있다.

위샤우스와 뉘슬라인–폴하르트는 1995년 의학·생리학 분야에서 에드워드 루이스Edward B. Lewis와 공동으로 노벨상을 수상했다. 이들의 연구는 세포 다발이 수정 후 처음 몇 시간과 며칠 후에 유기적인 인체조직을 만들기 위해 어떤 방식을 사용하는지를 조명하는 것이었다. 이 과정에서 두 과학자는 사물이 함께 어울리면서도 서로 개별적인 자율성을 갖는 유형과 관계에 매력을 느꼈다. 뉘슬라인–폴하르트는 그녀의 실험에 대해 이렇게 설명했다. "한 유전자가 다른 유전자들과 어떻게 어울리는지를 모른다면 그 유전자가 하는 일을 알 수 없다는 생각이 갑자기 떠올랐어요. 그것이 유일한 것인지 많은 경우 중 하나인지? 얼마나 많은지? 분류 단계에서의 그것의 위치는 무엇인지? 그 체계가 얼마나 복잡한지? 이 질문들의 답을 알아내는 일이 본질적인 문제로 생각되었죠. 그토록 복잡한 인체조직이 어떻게 단순한 세포다발로부터 발달할 수 있는지? 그것이 핵심질문이었어요."

해답은 세포가 복잡한 유기체로 성장하면서 전문가도 될 수 있고, 만능 선수도 될 수 있는 놀라운 능력을 갖고 있다는 데 있다. 일반적으로 특정 문제에 대한 최적의 해결을 원한다면, 전문가들을 엄선해서 복잡하게 결합시켜보면 답이 나올 것이다. 반면, 시간을 두고 가장 빠르고 유동적으로 진화하는 해결책을 원한다면, 일반적 능력과 전문화된 능력을 혼합해야 한다. 그런데 후자가 바로 태아가 형성되는 방법이었던 것이다. "핵심은 모든 세포가 무슨 일이든 할 수 있는 성향을 지니고 있다는 것입니다." 위샤우스가 설명했다.

자연의 원리로 태아의 형성과정을 설명하다

이것은 볼보Volvo에서 전통적 조립 라인을 대체하여 도입한 '대량주문 제작' 방식과 비슷한 점이 있다. 새롭게 꾸민 팀 지향적인 조립 라인에서, 노동자들은 발아기의 세포처럼 만능 선수들이다. 그들은 어떤 일이든 할 수 있도록 교차 훈련을 받는다. 이런 능력을 갖춤으로써 노동자들은 특정한 위치에서만 작업하는 것이 아니라 서로 의사소통을 하면서 다양한 선택을 하고, 두 가지 이상의 기능을 발휘하는 것이다.

세포는 성장함에 따라 특정한 유전자가 발현하고, 그 결과 그 세포가 피부가 될 것인지 근육이 될 것인지, 뇌에 속할 것인지 아니면 신체의 다른 부분에 속할 것인지가 결정된다. "성장과정에서의 궁극적인 차이, 즉 근육이 될 것인지 피부가 될 것인지를 결정하는 것은 아주 미묘한 차이에서 시작된다는 것입니다." 위샤우스의 설명이다.

"유전자는 두 가지의 스위치 방식(발현, 미발현)으로만 반응합니다. 그리고 환경의 신호나 여러 가지 화학물질의 분포에 기초하여 스스로 결정을 내립니다. 유전자들은 반응하고, 선택하고, 발현되거나 발현되지 않는 식으로 인체조직을 만들어갑니다."

위샤우스는 스스로 과업을 할당하는 빌딩 청소부들에게서 비슷한 경향을 본다. "거기에는 자기들만의 신호가 있습니다. 그들은 처음에 각자 다른 곳에 자리를 잡고 일을 시작합니다. 그 과정에서 그들 중 한 명이 가장 더러운 지역을 선택하기 때문에 다른 한 명은 상대적으로 덜 더러운 장소를 고르게 되죠. 서로 아무런 말이 없어도 그들은 각자 자신이 할 일을 할당합니다. 개별 유전자들이 반응하는 방법도 마찬가지입니다. 청소부들은 서로 말하지 않고도 스스로 다른 업무에 끌리고 업무를 할당합니다. 이것이 청소하는 과정에서 노동분화가 이루어지는 방법입니다."

빌딩이 많이 더럽지 않다면 오히려 서로간의 노동분화가 더 어려울 수 있다고 위샤우스는 말한다. 잠재적으로 중복되는 책임이 있을 수 있기 때문이다. "세포들은 암묵적으로 서로 이야기하고 확인하는 작용을 합니다. 어떤 하나의 세포가 특정한 일을 한다면, 다른 세포들은 이런 식으로 판단할 겁니다. '음, 네가 그 일을 한다면 나는 그 일을 하지 않을게'라고 말이죠. 한 세포가 결정을 내리면 다른 세포들은 같은 것을 선택하지 않도록 의사소통을 하는 것입니다." 이 과정은 '측면 억제'라고 불린다. "당신은 이웃을 억제합니다. 옆에 있는 사람들이 당신과 같은 선택을 내리는 것을 막는 것이죠." 위샤우스는 말한다. "이런 과정을 통해, 한 세포가 어떤 결정을 내렸다면 다른 세포들은 다른 선택을 합니다." 마찬가지로, 볼보 생산 라인에서 한 노동자가 특정 업무를 수행하려고 나서면 다른 노동자들은 자연스럽게 다른 일을 한다. "결국 첫 발은 누군가 결정을 내리는 것입니다. 그 다음 단계는 세포들이 서로 반응하는 것입니다. 즉, 다른 세포들이 같은 결정을 내리지 못하도록 하는 것이죠."

유기체가 일정한 비율로 성장하고 발달함에 따라, 세포 사이의 의사소통도 변한다. "세포는 다른 세포와의 결합 강도를 바꾸기도, 위치를 바꾸기도, 만들어내는 단백질의 유형을 바꾸기도 합니다. 따라서 세포 간의 의사소통은 계속 변하고, 세포의 성장 상태를 반영합니다. 그것은 당연히 다른 모든 세포들에게도 영향을 미칩니다. 각각의 세포 작용은 다른 세포들의 존재와 그 세포들로부터의 메시지에 의존하기 때문이죠."

즉, 태아는 일반적 능력과 전문적 능력을 모두 갖춘 구성요소들 사이에서 지속적이고 민감한 의사소통을 통해 발달한다. 성장과정이 진행함에 따라 이런 능력들은 전문화하는 쪽으로 스스로 진화한다. 궁극적으로 일단 한 유기체(해결책)가 완성되면, 더 이상의 학습은 필요 없다. 이제 그 육체의 물리적 구조를 변화시키고 생명을 유지하기 위해서 복제를 통해 새로운 창조가 시작된다.

위샤우스는 자신의 가장 위대한 발견은 초파리의 유전자든 인간의 유전자든, 유전자들은 같은 일을 수행한다는 것을 발견한 것이라고 말한다. "인간이든 초파리든 생체조직을 만드는 과정에서 어떤 새로운 의사

결정 전략이나 새로운 유전자 생산을 필요로 하지 않았습니다. 세포의 계획, 의사소통, 진화된 의사결정을 위한 근본 전략들은 이미 파리와 인간의 원시 조상에게서 일어나고 진화했습니다. 해결책을 구성하는 방법에 필요한 일반적 구조는, 모든 생명체의 핵심에 이미 존재하고 있습니다. 이 일반적 구조가 진화하고, 본래의 유기체가 분화하고 퍼져나가서 오늘날의 세계에 존재하는 다양한 유형의 동물과 식물을 형성하게 된 것입니다. 그 유기체는 근본적인 의사결정 능력을 가지고 있고, 자신이 내린 결정을 자기 스스로 세포들 사이에서 소통시키는 능력이 있기 때문입니다."

여기에 바로 자연이 우리에게 제공해주는 지혜가 담겨 있다. 해결책이 유동적이고 진화하는 것일수록 문제해결, 의사결정, 의사소통의 변화과정을 발달시키고 다듬는 일이 중요해진다. 또 진화하는 해결책을 구축하기 위해서는 창조적 팀들이 일반적 과정과 일련의 원칙에 따라 스스로를 조직할 수 있어야 한다. 이런 식으로 창조적 팀들은 새로운 문제에 어울리게 팀을 재구성하면서 진화한다.

진화하는 해결책을 고안하라

최고의 해결책은 변화하는 환경 속에서, 구조와 기능을 진화시키고 성능을 향상시킬 수 있어야 한다.

진화하는 해결책을 고안하기 위해 창조자들은 두 가지 상반되는 요구를 만족시켜야 한다. 첫 번째는 해결에 필요한 모든 요소들이 함께 작용할 수 있도록 통합하는 능력이다. 두 번째는 해결책이 환경의 변화에 빠르고 유동적으로 반응할 수 있도록 융통성 있게 대응하는 것이다. 이런 융통성을 갖추기 위해서, 창조자들은 서로 다른 요소들이 자율성과 적응성을 갖도록 해야 한다. 정보를 입력했을 때 그 정보를 곧바로 인식하게 되면 해결책은 더 현명해지고 자율성을 가지며 상호의존적이 된다. 그것은 나노 도구일 수도 있고, 뛰어난 물질이거나 소프트웨어일 수도 있다.

행동하는 창조자

복잡하게 계속해서 반복되는 문제를 풀기 위한 해결책을 선택하라. 작업자 개개인은 세포로, 해결책이 도출되는 과정은 태아의 성장과정으로 생각해보라. 해결책의 구조를 구축하는 과정에서 자연의 교훈을 어떻게 적용할 것인가? 예를 들어, 직원들이 더 넓은 분야를 담당하는 동시에 의사소통과 협동을 강화할 수 있도록 교차 훈련을 어떻게 강화할 수 있을까? 가장 중요한 것은 높은 수준의 '구조'나 조직에서 결정을 내리고 문제를 해결하는 방법을 추진하는 원리를 담은 해결책 구조를 계획하는 것이다. 이 자료는 당신이 진화하는 능력의 핵심이 될 것이다.

마이크로소프트

넘지 말아야 할 선을 넘고 난 후

마이크로소프트사의 간부가 자신들의 요구에 불복종하는 경쟁자들의 '숨통'을 조이겠다고 위협했을 때, 계약서의 호전적인 말들은 이 거대 컴퓨터 기업이 선을 넘어섰다는 연방정부의 소송을 예견하게 했다. 마이크로소프트와의 독점금지 소송에서, 연방정부는 마이크로소프트가 경쟁사들을 위협하고 진압하는 불법적 전술을 사용해서 소비자들에게 손실을 입혔다는 혐의로 고소했다.

빌 게이츠와 마이크로소프트가 처음으로 운영체계 소프트웨어로 시장에 진입한 1975년부터 법무부가 이 회사를 기소하기로 결정하기까지에는 기나긴 과정이 있었다. 마이크로소프트는 처음에는 존경받았지만, 힘을 획득하기 위해 전략·전술을 쓰기 시작하면서 두려움의 대상이 되었다.

리더가 권력이 없는 상태에서 권력을 얻기 위해 노력하고 있든, 아니면 이미 획득한 권력을 보호하거나 힘의 균형을 이루기 위해 노력하고 있든, 그는 먼저 사물을 있는 그대로 평가해야만 한다. 얼마나 많은 경쟁자들이 있는가? 그들의 상대적 권력은 무엇인가?

새로운 경쟁자들이 규칙적으로 빠르게 등장하고 있는가, 아니면 드물게 천천히 등장하고 있는가? 누가 권력을 획득하고, 누가 잃고 있는가? 그 속도는 얼마나 빠른가? 경쟁자들이 무엇을 위해 그들의 권력을 사용하고 있는가? 그것의 효과는 일시적인가, 항구적인가? 구조 안의 권력은 스스로 균형을 맞추고 있는가, 아니면 통제가 필요한가?

1970년대 말부터 1980년대 초까지 마이크로소프트가 권력을 획득하는 과정에서 빌 게이츠는 컴퓨터 산업에서의 권력 균형에 대한 전략적 판단을 내렸고, 궁극적으로 성공했다. 먼저 그 판단은 소프트웨어에 대한 관심에서 시작되었다. 그는 하드웨어를 공급하는 기업의 권력은 이미 쇠퇴하고 있다고 판단했다.

사이버공간에서의 새로운 힘의 균형

"나는 우리가 소프트웨어에만 집중해야 한다고 생각했습니다. 당신이 2년마다 마이크로프로세서의 파워를 두 배로 향상시킨다면, 어떤 면에서 당신은 컴퓨터 파워를 거의 공짜라고 생각할 수 있습니다. 그러면 당신은 묻게 되죠. 거의 공짜와 마찬가지인 상품을 만드는 사업을 왜 하는 것인가? 희소한 자원은 무엇인가? 무한한 컴퓨터 파워로부터 가치를 끌어낼 수 있는 원천은 무엇인가? 그것은 바로 소프트웨어입니다."

두 번째로, 그는 특정한 소프트웨어보다는 오히려 컴퓨터의 가장 기본적인 요소인 운영체계에 초점을 맞추었다. 이것은 기계와 사용자 사이에

중대한 간섭자 위치를 차지함으로써 권력을 만들어낸다.

세 번째는 이중의 고객, 즉 소프트웨어의 궁극적 사용자와 응용 소프트웨어 개발자에 대한 평가였다. 특히 개발자들은 소프트웨어 시장을 지배하기 위해 반드시 손에 넣어야 하는 강력한 지식 자본의 중심이다.

일단 균형을 확인하고 자신의 이해관계에 맞춰 그것을 변화시키기로 결정했다면 새로운 균형을 위한 계획을 세워야 한다. 단지 작은 발판을 취할 것인가? 가장 큰 몫을 위해 싸울 것인가? 아니면 지배적인 경쟁자를 전복시킬 것인가?

새로운 균형을 계획하는 일은 평범한 일이 아니다. 새로운 균형을 만들기 위해서는 이미 존재하는 균형과 경쟁자들의 이해관계를 파악해야 한다. 그러나 권력의 모양을 바꾸는 일은 항상 새로운 능력을 구축하고, 경쟁자의 능력을 억제하거나, 혹은 힘의 균형을 재조정하기 위해 그들과 연합하는 일에 이르게 된다. 이 세 가지 선택의 한 가지, 혹은 세 가지 모두가 사무실에서, 이웃에서, 회사에서, 혹은 산업에서 새로운 힘의 권력을 만들어내는 수단이다. 권력의 중심에 서는 과정에서, 마이크로소프트는 소프트웨어 산업에서 새로운 힘의 조화를 창출하기 위해 모든 전략을 짜냈다. 마이크로소프트는 뛰어난 인재를 끌어오고 유치함으로써 강력한 내적 능력을 구축했다. 또한 다른 경쟁사를 희생시키면서까지 자신들의 해결책을 보호하기 위해 개발자, 하드웨어 공급자, 컴퓨터 운영체계와 관련이 있는 사람들과 동맹을 형성했다.

마지막으로, 마이크로소프트는 경쟁자들의 능력을 제한했다. 마이크로소프트가 곤경에 빠진 것이 바로 이 마지막 단계였다. 이러한 제한은 작게는 소비자들에게 잠재적 피해를 일으키고, 크게는 혁신에 해를 입혔다.

권력의 균형을 재편한다는 것은 승자와 패자를 만들어내는 것을 의미한다. 사람들은 높은 지위를 차지하기 위해 경쟁하고, 교묘하게 우위를 꾀한다. 그리고 에너지와 자원이 소비된다. 이 과정에서 위법행위도 있을 수 있다. 이때 성공한다면 웃을 수 있을 테고, 패배한다면 고통스러울 것이다. 권력 관계를 다시 구축하기 위해서는 흔들리지 않는 추진력과 결단, 협정을 맺을 수 있는 교섭력, 전략을 재확인하고 절대적 인내력과 기술을 통해 권력을 획득할 수 있는 능력이 필요하다. 마이크로소프트는 출발선에서부터 거대한 권력을 창출하는 데까지 이 모든 기술을 보여준다.

그러나 법무부에서 고용한 변호사 데이비드 보이스David Boise는 마이크로소프트가 권력의 균형을 무리하게 재편하려는 고집 때문에 '넘지 말아야 할 선을 넘었다'고 보았다. 마이크로소프트의 공동 설립자 빌 게이츠는 1995년 5월 새로운 경쟁사의 조짐을 보았고, 넷스케이프Netscape가 윈도우즈를 파괴할 수도 있다고 생각했다. 그는 넷스케이프와 협상을 원했고 그 과정에서 넷스케이프에게 돈을 받고 물러서든지 아니면 넷스케이프의 상당 부분을 매입하겠다고 제안했다. "바로 여기에서 독점에 대한 의지와 거래를 제한하려는 의도가 드러납니다." 보이스는 재판에서 이렇게 주장한다. 보이스는 일이 잘 되지 않으면 "넷스케이프의 숨통을 조이겠다"고 위협한 게이츠의 직원을 고소했다.

마이크로소프트는 넷스케이프 같은 회사들을 장악했는데, 그 이유는 이런 기업들은 윈도우즈에 연결하기 위해서는 마이크로소프트의 애플리케이션 프로그램 인터페이스Application Program Interfaces, 즉 APIs를 알아야만 하기 때문이었다. 그리고 3개월 동안 마이크로소프트는 넷스케이프가 윈도우즈와 양립하기 위해서는 반드시 필요한 APIs를 억제했다. 또한 윈도우즈에 자신의 브라우저를 공짜로 넣어서 판매했다. 넷스케이프가 브라우저를 판매하려 하는 상황에서 마이크로소프트의 이런 행동은 "약탈을 목적으로 하는 가격 캠페인"이었다고 보이스는 말한다.

마이크로소프트가 취한 약탈 방법의 또 다른 증거로, 보이스는 게이츠가 아메리카 온라인America Online에 압력을 넣어 넷스케이프의 브라우저를 덤핑하고 마이크로소프트의 인터넷 익스플로러를 촉진하도록 해왔다고 주장했다. 보이스는 1996년 1월 아메리카 온라인의 간부와 게이츠의 대화를 이메일로 제출했다. "게이츠는 평소처럼 퉁명스러운 질문을 했다. 당신이 넷스케이프를 압박하는데 우리가 얼마를 지불하면 되겠는가?" 보이스는 또한 마이크로소프트가 PC 제조자들이 윈도우즈 아이콘의 화면출력 모양을 바꾸는 것을 더 어렵게 만들었다고 주장한다. 보이스는 그것이 개혁이나 소비자를 돕기 위한 것이 아니라 경쟁자를 억압하기 위한 기술의 조작이었다고 주장한다.

독점할 것인가, 나눠가질 것인가

마이크로소프트의 재판은 흥미로운 과제, 즉 사이버 공간에서의 새로운 균형을 창출하는 문제를 제기한다. 마이크로소프트가 법정에서 협상을 하든 혹은 처벌을 받든 궁극적 해결책은 힘을 이동시키기 위한 세 가지 요소를 포함한다. 첫째, 새로운 힘이 창출되도록 허용하면 마이크로소프트에 손해를 입히는 경쟁이 증가할 것이다. 둘째, 특정 유형의 시장이나 상품에 참가하는 마이크로소프트의 능력에 제한을 받을 수 있다. 셋째, 권력 균형의 재편은 이 거대 기업의 분해와 관련될 것이다.

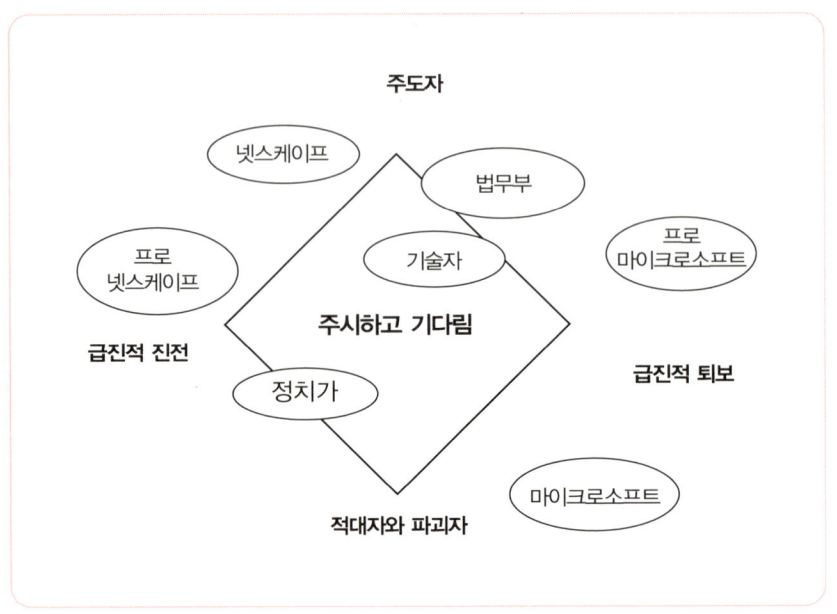

주도자

넷스케이프

법무부

프로
마이크로소프트

프로
넷스케이프

기술자

주시하고 기다림

급진적 진전

급진적 퇴보

정치가

마이크로소프트

적대자와 파괴자

〈표 4〉 권력 다이아몬드 – 기업사례 연구

권력의 균형을 다시 조정하는 과정은 축구에서 다이아몬드 편성을 윙편성으로 바꾸는 것과 비슷할 수 있다.(표 4)

당신은 다이아몬드의 바닥(당신에게 반대하는 플레이어들)을 잘라내고, 모양을 바로잡아 당신에게 호의적인 방향으로 조정할 수 있고, 다이아몬드의 몸통을 확장하고, 선수들을 당신의 노력에 끌어들이고 개조함으로써 그 날개를 넓게 펼칠 수 있다. 이 '펼쳐진 날개' 모양은 상징성 이상의 중요성을 지닌다. 당신이 실제적인 해결책을 내놓고, 당신이 결정한 목적지로 성공적으로 나아가기 위해서는 바로 이와 같은 배치가 있어야 하기 때문이다.

판사가 판결을 하기 전에도 한 가지 사실은 분명했다. 법무부가 과학기술 세계에서 공정한 경쟁기반을 마련하고자 한다면, 그 파급효과는 엄청

날 것이라는 점이었다. 마이크로소프트는 제지당했고, 컴퓨터 제조업자들은 마이크로소프트 경쟁사의 운영체계를 포함하는 PC를 판매할 용기를 갖기 시작했다. 레드 햇 소프트웨어Red Hat Software는 마이크로소프트의 운영체계 독점을 맡았다. 트랜스메타Transmeta는 종종 윈도우즈와 인텔을 카르텔로 보는 이름의 '윈텔' 왕조로 마이크로소프트와 협력관계를 유지해온 인텔 마이크로칩의 포지션을 맡았다.

힘의 균형은 정부가 바라던 대로 변하고 있었다. 다이아몬드는 이미 거대한 컴퓨터 산업에서 스스로 모양을 변화시키고 있었다. AOLAmerica Online. Inc은 세계 컴퓨터의 다음 세대 인터페이스를 위한 마이크로소프트와의 경쟁에서 넷스케이프를 대신했다.

권력의 집중은 21세기 민주주의에서 소비자의 선택을 제한하고 언론과 정보의 자유로운 흐름을 방해한다. 마이크로소프트의 사례는 우리의 과학기술이 아무리 정교해도 힘의 획득과 균형의 법칙은 조금도 변하지 않았다는 것을 분명히 보여준다. 셰익스피어가 말했듯이 말이다. "오! 거인의 힘을 갖는 것은 훌륭하다. 그러나 거인처럼 그것을 사용하는 것은 포악하다."

사람들이 원하지 않으면 해결책은 효과가 없다. 그리고 그들이 해결책을 원하는지, 아니면 다른 사람이 해결책을 가지고 있기를 원하는지는 한 영역에서 핵심 플레이어들이 그들의 이해관계를 바라보는 관점에 따라 달라진다. 어떤 조직, 산업, 정치 단체의 내부에는 서로 같거나, 비슷한 목표를 지닌 사람들도 있고 갈등관계에 있는 사람도 있기 마련이다. 또한 목표가 없는 사람들도, 목표가 무엇인지도 모르는 사람들도 있다. 순간마다 목표를 바꿀 사람들도 있는가 하면, 무슨 일이 일어나더라도 주어진 길에 고집스럽게 매달리는 사람들도 있다.

힘의 균형을 이동하라

완벽한 해결책이란, 당신의 해결책과 다른 해결책 사이에 필연적으로
존재하는 경쟁에서 승리하는 방법까지 담고 있어야 한다. 당신에게 유리
하게 힘의 균형을 옮겨온다면 궁극적으로 당신이 고안한 대로 해결책을
작동할 수 있다.

우리는 이미 역사를 통해 힘의 불균형은 파괴를 가져온다는 것을 알고
있다. 정치, 자연, 경제학, 혹은 군사적 문제 어떤 것에서든 말이다. 힘이
너무 부족하거나 분열되어 있으면 혁신보다는 혼란과 무질서를 만들어
내기 쉽다. 반면, 독점처럼 너무 많이 집중된 힘은 하나의 해결책만을 압
도적으로 지지할 수 있기 때문에 혁신을 억제한다.(표 5)

힘의 획득과 균형이라는 두 가지 원리는 모든 리더들에게 있어 본질적

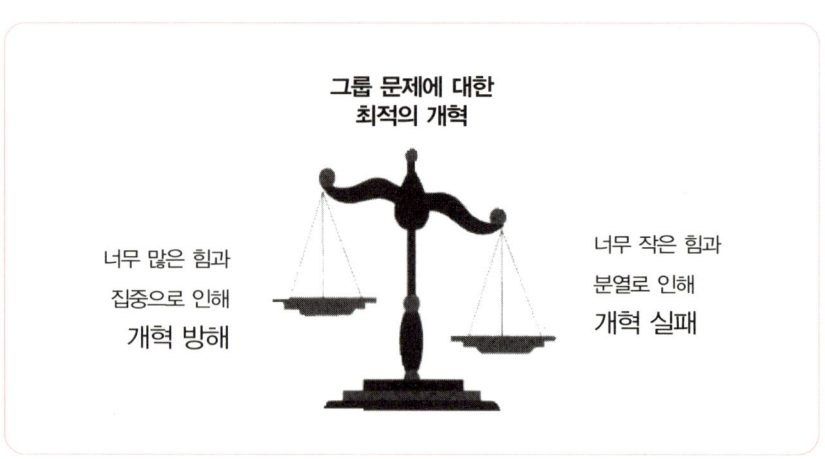

〈표 5〉 힘의 균형

인 문제다. 이 원리를 무시하는 것이 얼마나 위험한지를 마이크로소프는 잘 보여준다. 마이크로소프트는 성장 능력을 갖추며 성공했지만, 그것이 너무 지나쳐 독점금지 소송을 불러왔다. 마이크로소프트에 적용된 힘의 획득과 균형이라는 법칙은 어떤 조직, 회사, 공동체에나 적용된다.

행동하는 창조자

현재, 혹은 잠재적으로 외부에서 압력을 받고 있는 상황을 선택하라. 당신의 업무를 뒤쫓는 사람, 프로젝트를 수행하는 경쟁 팀, 혹은 당신의 고객을 노리는 경쟁자 등이 당신의 외부압력이라 할 수 있다. 당신에 대항하는, 지지하는, 또한 중립적인 힘을 표현하는 정치적 다이아몬드를 그려라. 이제 그것을 펼쳐진 날개로 만들 전략을 형성하라. 먼저 적대자를 중립화시킬 방법을 고안하라. 두 번째로 중립자들을 변화시킬 방법을 연구하라. 세 번째로 지지자 층에 힘을 실어줘라. 이제 문제와 약점은 곧 사라질 것이다.

실행자형

직관에 따라
행동하는
리더십

실행자형 리더는 특유의 추진력으로 성과를 이끌어낸다. 이들은 예상치 못한 상황에서 기회를 잡을 수도 있다. 결과를 도출하는 것은 앞으로 나아가고 장애물을 피하고, 경로에서 벗어나지 않고, 순탄한 길을 개간하는 것을 의미한다. 그것은 이상과 현실, 그리고 계획과 성취 사이의 벽을 허무는 것이다. 실행자들은 해결책을 창조하는 것과 그것을 실행하는 것 사이에는 중요한 상호 관계가 있다는 것을 인정한다. 훌륭한 해결책은 갖추었지만, 그 환경이 혼란스럽고 도전적이라면 해결책을 실행하는 데 있어 특별한 기술이 필요하다. 지금의 세계 경제에서 경영자들이 겪고 있는 상황이라고 할 수 있다. 성공과 실패는 해결책을 얼마나 실행할 수 있느냐에 달려 있다.

위기를 극복하고 문제를 해결하는 마지막 단계는 결과를 도출해내는 것이다. 이 단계에서는 새로운 목표나 여정, 혹은 혁명적 능력이 중요하지 않다. 결과 도출 단계에서는 주어진 해결책을 가지고 계획을 집행하는 능력이 필요하다. 이런 능력은 종종 당연한 일로 여겨지거나 간과되기 쉬운데, 실제 '실행' 단계를 빈칸으로 남겨두는 계획과 방법은 무수히 많다. 하지만 성공적인 탐험에는 반드시 실행자가 있어야 한다.

우리는 완벽한 문제해결을 위해 기꺼이 희생할 준비가 되어 있는 강인하고 실천적인 사람들을 실행자형 리더라고 부른다.

두려움을 넘어 에베레스트로

1953년 5월 29일, 에드먼드 힐러리Edmund Hillary경과 텐징 노르가이Tenzing Norgay는 인류 역사상 처음으로 에베레스트 산의 정상에 도달했다. 지구상의 궁극적 목적지, 세계의 지붕, 세 번째 극지방이라고 불리는 에베레스트. 이 외딴 장소는 이후 일본, 독일, 영국, 미국 등 많은 나라에서 거대한 팀들의 도전을 받아 정복되었다. 그들은 산소통부터 길안내 장비에 이르기까지 과학기술로 무장을 하고, 여러 달에 걸쳐 정상에 오르기 위한 돌격을 감행했다. 하지만 당시에는 산소통도 없이 에베레스트에 오르려고 생각하는 사람들은 거의 없었다.

바로 그 점에서 라인홀드 메스너Reinhold Messner는 위대한 등반가였다. 1980년 여름, 몬순기후(계절풍기후)가 진행되고 있을 때, 메스너는 아무도 시도한 적이 없는 에베레스트의 북쪽 길을 택했다. 그는 또 단독 등정에 필요한 부츠와 로프, 폭풍 대비 장비, 배낭을 제외한 어떤 다른 기술에도 의존하지 않았다. 등정을 마쳤을 때, 메스너는 산소통 없이 에베레스트를 혼자서 오른 첫 번째 사람이 되었다. 그는 의지력과 인내, 그리고 실행력에 있어서 역사적 선구자라고 할 수 있다.

그는 어떻게 이 일을 해낼 수 있었을까? 단지 재능의 문제만은 아니었다. 시간과의 싸움, 추위와 극심한 두려움을 견디고 극적으로 계획을 완벽하게 실행한 메스너의 힘은 탄탄한 훈련과 집중력, 유연성과 기동성, 풍부한 수완, 위기에 대한 예측 등이 모두 결합된 결과였다. 그에게도 난관이 없었던 건 아니었다. 그는 탐험 일지에서 자신이 느꼈던 두려움에 대해 썼다. 에베레스트 등정을 준비하기 위해 캉가 팔막Kanga Parmak에 올랐을 때 세 번이나 그냥 되돌아올 정도로 무서웠다고 고백한다. 메스너는 실행자의 진수를 보여준다. 그는 목표와 수단을 단순화했다. 과학적인 관측장비도 없었고, 동료도 없었으며, 최소한의 등반 장비만을 갖추었다. 그는 적절한 속도를 설정한 다음 그것을 유지했고 정상에 이르는 최선의 경로를 찾았다. 마지막 정상을 눈앞에 둔 단계에서는 우연적인 요소를 최소화하고 자신을 더욱 엄격하게 다잡았다. 날씨의 유형과 등반 경로, 자료를 분석하고 결정적 순간이 올 때 올바른 선택을 했다. 위험부담은 최소화하고 목표달성의 가능성은 극대화했던 것이다. 무엇보다 그에게는 어떤 고난도 견뎌낼 수 있는 강인함이 있었다.

실행자형 리더는 특유의 추진력으로 성과를 이끌어낸다. 이들은 누구도 예상치 못한 상황에서 기회를 잡기도 한다. 장애물을 피하고, 경로에서 벗어나지 않고, 순탄한 길을 개간하면서 앞으로 나아간다. 그것은 이상과 현실, 계획과 성취 사이의 벽을 허무는 것이기도 하다.

날로 복잡하고 경쟁이 치열해지고 있는 오늘날, 정보의 홍수 속에서 살고 있는 우리는 일관성을 유지하며 일을 수행하는 능력을 높이 평가한다. 최고의 실행자들은 오랜 경험에서 나오는 판단력, 즉 특정 조건 하에서 무엇이 가능하고 무엇은 불가능한지를 결정한다. 또한 자기 팀을 보호하기 위해 질서 있고 체계적인 접근법을 따르고, 앞으로 나아갈 수 있다면 어떤 기회라도 이용한다.

실행 과정이 엉성하면 계획하지 않은 방법으로 일이 진행되고, 사람들은 수동적으로 변하며, 결국 방향을 상실하고 실패할 수밖에 없다. 실행 과정이 성공적이면 문제가 초기에 드러나고, 문제를 해결하기 위한 자원이 원활하게 동원되며, 새로운 가능성에 맞춰 목표를 수정하며, 예상치 못했던 위험에 신속하게 반응할 수 있다.

실행자들은 해결책을 창조하는 것과 그것을 실행하는 것 사이에는 깊은 상관관계가 있다는 것을 안다. 해결책이 적절하고, 앞으로의 일을 예상할 수 있다면 아무런 장애 없이 실행할 수 있다. 일단 다 완성된 건물을 운영하는 것처럼 수월하다는 말이다. 적절한 해결책은 갖추었지만, 환경이 혼란스럽고 가변적이면 실행하는 데 특별한 기술이 필요하다. 지금의 세계 경제에서 경영자들이 겪는 상황이 후자의 경우라 하겠다. 결국 성공과 실패는 해결책을 얼마나 능숙하게 실행하느냐에 달려 있다.

기꺼이 희생하고 직관을 따르라!

계획에 따라 해결책을 실행하려면 고도의 훈련이 필요하지만, 리더의 행동과 결정이 지금 상황에 적합한지를 알기 위해서는 직관intuition도 필요하다. 직관을 무시하면 기회는 물론 눈에 보이지 않는 위험의 징후도 놓칠 수 있다. 그러나 직감에 너무 지배당하면 궤도에서 빠르게 벗어날 수도 있다. 특히 사람들의 요구가 다양하고 규모가 큰 문제일수록 더 그렇다. 따라서 해결책이 계획대로 가고 있는지를 확인하고, 결정적인 순간에 무너지는 것을 예

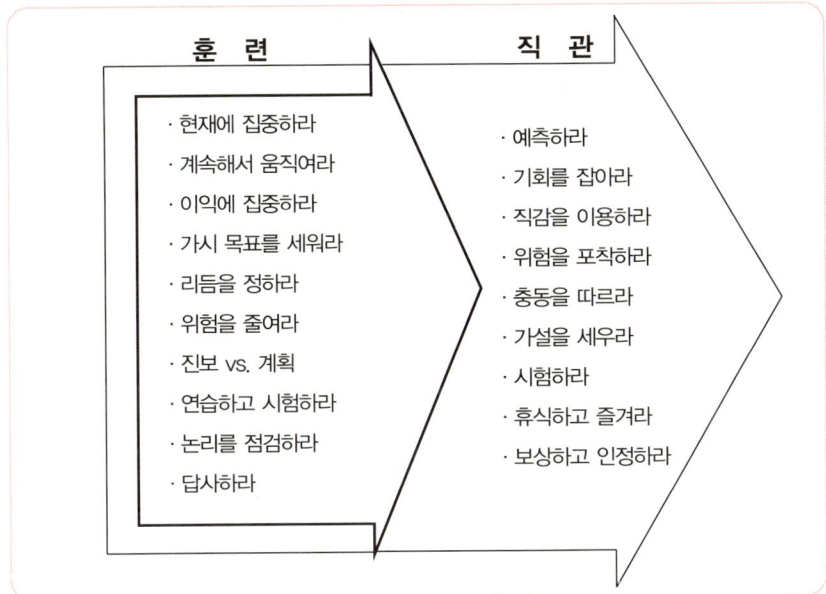

훈 련	직 관
· 현재에 집중하라	· 예측하라
· 계속해서 움직여라	· 기회를 잡아라
· 이익에 집중하라	· 직감을 이용하라
· 가시 목표를 세워라	· 위험을 포착하라
· 리듬을 정하라	· 충동을 따르라
· 위험을 줄여라	· 가설을 세우라
· 진보 vs. 계획	· 시험하라
· 연습하고 시험하라	· 휴식하고 즐겨라
· 논리를 점검하라	· 보상하고 인정하라
· 답사하라	

〈표 1〉 직관과 훈련의 균형

방하기 위해서는 지속적인 교육과 훈련이 필요하다. 한 마디로 직감과 훈련의 균형이 필요한 것이다. 때로는 본능적인 직관으로 때로는 분석력으로 문제를 파악할 수 있는 사람들, 때로는 영감으로 궤도를 빨리 수정하고 때로는 계획된 방향을 유지할 수 있는 사람들, 때로는 기회를 잡기 위해 단거리 경주를 하고 때로는 휴식을 취할 수 있는 사람들, 이 사람들이 바로 자신의 경기에서 최고의 위치에 오를 수 있는 리더들이다.

이 장에서는 최고의 실행자들이 결과를 도출하기 위해 그들의 전술적 수행 기술을 사용하는 방법을 자세히 다룬다. 다음의 각 장들은 실행자형 리더들이 단순하고 집중적인 행동을 통해 결국 경쟁적 우위를 차지하는 과정을 보여줄 것이다.

performer 01

이자벨 오티시에르

단독 세계일주, 멈추지 않는 항해

Isabelle Autissier

세계일주 단독항해 경주만큼 거친 경쟁도 드물 것이다. 해마다 여러 차례의 경기가 열리고 대담한 도전자들이 모여든다.

매년 봄, 프랑스 벤디에서는 벤디 글로브Vendee Globe라는 경기가 열린다. 경기는 단독으로 진행되며, 세계를 최대한 빨리 일주하고, 6개월 안에 4만 3천 킬로미터를 항해하여 다시 출발점으로 돌아와야 한다. 중단은 없다. 가능한 한 세계를 빨리 일주한다는 것은 곧장 남극대륙으로 이어지는 남극해를 거치는 것이다. 이것이 가장 단거리로 세계를 일주할 수 있는 길이다. 기상 조건은 최악이다. 시속 120킬로미터가 넘는 바람과 18~24미터의 파도가 불어닥친다.

이 항해에는 문제해결 과정에서 리더들이 겪을 수 있는 모든 도전이 총망라되어 있다. 각 항해사들은 거의 동일한 항해 장비를 사용한다. 대부분 같은 회사에서 만든 배를 탄다. 뛰어난 해결책이 경기의 승패를 가르는 것은 아니다. 이 경기의 승패는 실행 기술에서 판가름난다. 물론 운에 따라 결정되는 경우도 있다. 거의 매년 한 명이 목숨을 잃는다. 우선은 살아남는 것이 첫 번째 목표이며, 우승은 그 후의 문제다.

극단적 항해 경기에 여러 번 참가한 프랑스의 이자벨 오티시에르^{Isabelle} ^{Autissier}도 이 경기에 참가했다. 현대 여성 스포츠의 우상이 된 그녀는 실행자의 궁극적 모습을 보여준다. 오티시에르는 케이프 호른^{Horn} 주위를 돌아 뉴욕에서 샌프란시스코로 가는 경기에서 세계 기록을 보유하고 있으며, 세계일주 단독항해를 완수한 첫 번째 여성이자, 세계 항해 엘리트 공동체에 편입한 첫 번째 여성이다. 기술적 훈련으로 단련된 몸, 조용하고 내성적인 태도, 믿기 어려울 정도의 인내, 그리고 뛰어난 전술로 오티시에르는 최고의 자리를 지키고 있다.

"일정한 속도를 유지하는 게 중요합니다"

오티시에르가 지닌 실행 기술 중 가장 비범한 것은 간단하고 효과적인 해결책을 찾아내는 능력이다. 도전자들은 완벽하고 잘 정비된 기계를 갖추고 출발하지만, 여행의 3분의 1정도를 완수할 때쯤이면 돛대와 돛, 무선통신 장비의 부속 등을 유실할 수도 있다. 따라서 살아남아 경기를 끝마치기 위해서는 계획을 수정하는 데 전문가가 되어야 한다. 거친 폭풍에 돛대가 완전히 부러지면, 무너진 장치와 부서진 기계 때문에 배가 더 파괴되기 전에 동력 도구, 칼을 이용해 돛대를 잘라내야 한다. 임시로 사용할 새로운 돛을 만들어서 비록 완전하지는 않지만 생존할 수 있을 정도로는 수리를 해야 한다.

치명적인 사고를 피할 수 있다 하더라도, 오티시에르와 같은 선장들은 3,40킬로미터의 속도로 배를 조종하며 거대한 소용돌이를 뚫고 항해해야 한다. 최고의 항해가들은 정방향으로 부는 높은 바람을 이용하는 경로를 선택하지만, 아주 위험한 날씨는 피하고, 눈앞의 파도를 뚫고 항해한다.

벤디 글로브는 장거리 경기이기 때문에, 일정한 속도를 유지하는 것이 중요하다. 최근의 경기에서 오티시에르의 경쟁자 중 한 명이자 우승자인 크리스토프 오귀앵Christophe Auguin은 처음 몇 주간은 대열의 뒤에 처져 있었다. 오귀앵은 경기의 절반은 최고의 경기 수행을 위해 배를 시험하고 조절하며 시간을 보냈다. 다른 배들을 뒤쫓아가면서 초기에는 준비 운동을 하듯이 나아갔으며, 일정한 속도로 위험한 지대를 통과했고, 무리하게 선두를 차지하려는 실수를 하지 않았다. 오귀앵은 이런 극단적인 환경에서 욕심을 부리는 것은 돌이킬 수 없는 실수가 된다는 것을 알고 있었기 때문이다. 오티시에르는 존경을 표하며 이렇게 말한다. "내가 할 수 있는 만큼 열심히 앞으로 나아가려고 합니다. 너무 세게 밀어서는 안 돼요. 무언가 부서질 수도 있습니다. 중요한 것은 균형을 유지하는 것입니다." 경기의 후반부에서 오귀앵은 꾸준히 선두를 유지했고 상당한 거리로 오티시에르 앞에 있었지만, 그는 속도에 변화를 주지 않았다. 결승점 근처에 이르러서는 자기 자신과 기계 장치의 휴식을 위해 배를 멈췄다. 오귀앵은 마지막 순간에 체력이 소진하거나 기계의 결함으로 경기를 망치고 싶지 않았다.

오티시에르와 같은 선장들은 뛰어난 수완, 속도 조절 능력과 더불어 결단을 내리는 데 탁월한 능력이 있다. 그들은 A지점에서 B지점으로 가는 과정에서 수백 혹은 수천 가지의 결정을 내려야 한다. 순조롭게 결정을 내리고, 그릇된 결정을 막을 수 있는지 여부가 승패를 좌우한다.

오티시에르는 결단력 덕분에 살아난 경험도 했다. BOC 도전이라 불리던 세계일주 경기에서 자동 조타기가 제대로 작동하지 않아 배가 완전히 전복된 적이 있었는데, 케이프 호른에서 3,000킬로미터 떨어진 곳이었다. 그때 곤경을 극복한 수완으로 그녀는 세계적인 이목을 끌었다. 배가 흔들리는 것을 느낀 순간, 그녀는 물이 내부로 들어오는 것을 막기 위해 선실 문을 닫았고, 침착하게 손전등을 들고 수력에 의해 조절되는 용골(큰 배 밑바닥 한가운데를, 뱃머리에서 꼬리에 걸쳐 선체를 받치는 길고 큰 목재)을 이용해 배를 똑바로 세우려고 노력했다. 하지만 실패했고, 그녀는 팀 본부에 위성 전화를 걸어 "배가 뒤집혔어요!"라고 말했다. 전원이 꺼지기 직전이었다. 그녀는 비상 신호를 보내고 기다렸다. 그 후 곧 전력이 끊어졌다. 상황은 급속도로 악화되었다. 승강구 문이 떨어져 나가고 그녀가 있는 작은 방으로 바닷물이 쏟아져 들어왔다. 오티시에르는 빠르게 문을 봉하고 선체의 균형을 잡기 위해 배 아래쪽으로 무거운 물건들을 옮겼다. 그리고 나서 그녀가 취한 다음 행동은 두 개의 비상 신호를 더 가동시키는 것이었다. 체온저하에 대비해, 구명복도 입었다. 마지막으로 조명탄과 무선레이더, 물, 가스 스토브, 그리고 신선한 음식을 확보하고 기다렸다. 다행히 가까운 거리에 있던 동료 도전자에게 구조되었다. 오티시에르는 그때 상황을 차근차근 이야기한다. "목숨이 걸린 상황에서는 두려워하는 것조차 허용해서는 안 됩니다. 마음을 아주 굳게 먹어야 합니다. 살아남아야 하고 배 또한 살아남아야 한다는 것, 그밖에 다른 것에 대해서는 생각할 시간이 없습니다. 위험이 아주 가까이 다가왔다고 느껴질 때 저는 위험을 생각하지 않습니다. 죽음에 대해서 생각하지 않아요. 생명과 살아남는 것에 대해서만 생각합니다."

파도가 배 밖으로 당신을 밀어내버리고, 24미터 높이의 큰 파도에 배가 전복되고, 한밤중에 보이지 않는 화물선이나 빙산과 충돌할 수도 있는 위급한 상황에서 위험을 관리하는 것은 아마도 가장 중요한 실행 기술일 것이다. 도전자들은 계속해서 배를 수리하고 비상시를 대비하여 기상 조건을 주의 깊게 살펴봄으로써 이 극적인 드라마에서 성공한다. 비록 그 과정이 며칠이 걸리더라도 말이다.

"인내를 통해 나 자신을 자랑스럽게 생각합니다"

도전자들은 위험이 기회로 바뀌는 순간을 인식할 수 있어야 한다. 승리는 종종 위험을 무릅쓰는 것을 의미한다. 날씨에 정면으로 맞서는 것은 잠재적으로 당신을 죽게 할 수도 있지만 반대로 당신이 경기에서 우승하는 것을 도울 수도 있다. 올바른 경로를 선택한다면 말이다. 오티시에르가 살아남았고 동시에 우승했던 또 다른 경기에서, 그녀는 미리 일 년 동안 날씨 패턴을 연구했다. 출발 신호가 떨어졌고, 그녀는 동쪽으로 향했다. 다른 사람들은 북쪽을 향해 출발했다. 그녀가 선택한 길은 사우스캐롤라이나의 찰스턴에서 남아프리카의 케이프타운으로 가는 여정 중 가장 까다로운 루트였다. 한 관찰자는 이렇게 말했다. "항해가는 버뮤다 주변의 고기압의 날씨를 피해야만 합니다. 대서양의 무역풍이 불어오는 쪽으로 향하고, 불안정한 무풍지대를 지나고, 세인트 헬레나 근처의 고요함을 피하고, 남대서양 쪽에서 불어오는 무거운 바람에 실려서 목적지로 돌아와야 합니다." 오티시에르의 혁신적인 경로는 여정을 이틀이나 줄여주었다. 다른 사람들은 평균 3~4노트의 속도를 유지했지만 그녀는 평균 9노트의 속도를 유지했다. 그들은 버뮤다에서 나흘 동안 잡혀 있었지만, 그녀는 단지 열두 시간 머물러 있었을 뿐이다.

오티시에르의 진정한 성격은 그녀가 자신의 삶과 경력에 대해, 그리고 해가 갈수록 점차 증가하는 시험과 도전을 추구하면서 얻은 기술과 자신감에 대해 이야기할 때 나타난다. 그녀는 분명 가장 큰 규모의 문제에 이르기 위해 노력하면서 작은 규모의 문제를 해결하기 위한 기술을 체계적으로 구성할 줄 아는 전문가다. 그녀는 이렇게 말한다. "제가 바다에서 저 자신을 신뢰할 수 있었던 이유는 단계적으로 전진하고 어떤 일을 맡든지 어려움을 미리 예측하고 균형을 잡으려 노력했기 때문입니다." 그녀는 다른 훌륭한 실행자들처럼, 점점 커지는 문제의 규모와 그 어려움의 정도를 경험과 기술로 보완하는 방법을 알고 있었다. "열두 살에 결심했던 단독 세계일주를 실행에 옮기는 데에는 20년 이상이 걸렸습니다. 인내가 필요한 일이었습니다. 우리 사회는 종종 그것을 인정하지 않지만, 저는 그 인내를 통해 저 자신을 자랑스럽게 여깁니다."

환경과 나의 약점, 강점을 조화시켜라

결단력과 경쟁적 본능을 가진 오티시에르 같은 항해사들 때문에 설계자들은 배의 기능을 향상시키기 위해 새로운 기술과 디자인을 개발한다. 그녀는 몇 년 전 첫 세계일주 경기를 했을 때, 어떻게 하면 다음 경기에서 더 나아질 수 있는지를 눈여겨보았다. 나중에 그녀는 자신의 항해 스타

일에 맞게 배를 개조함으로써 항해 능력을 증가시키려고 설계자와 마주 앉았다. 일단 배를 단순하고 가볍게 만드는 것으로 시작하였다. 그녀는 이렇게 말한다. "혁신할 것들의 목록을 만드는 것은 쉽습니다. 하지만 실현 가능하고 실행 지향적이며 예산 내에서 해결할 수 있는 것을 선택하는 것은 시간이 좀더 걸리지요. 우리의 주요 혁신인, 선회 용골은 완전히 새로운 아이디어는 아니었습니다. 하지만 그것은 매우 매력적이었죠. 그렇다 해도 그것은 다소 위험한 도박이었습니다. 그러나 저는 그것을 고수했죠."

오티시에르는 실행자로서 성공하는 데 필요한 것이 무엇인지를 요약했다. "뛰어난 항해사가 되기 위해서는 바다와 바람을 이해해야 합니다. 그것과 싸우거나 정복하려고 해서는 안 되죠. 또한 배뿐만 아니라 자신의 약점과 강점을 잘 알아야 합니다. 그렇게 한 후에야 그것들을 조화롭게 결합하여 목적지를 향해 앞으로 나아갈 수 있습니다. 훌륭한 경주자가 되기 위해서는 모든 것을 헌신할 수 있어야 합니다. 마음과 정신을 온전히 투자해야 합니다. 단독 경기에서는 모든 것이 다 중요합니다. 실수를 위한 여지는 없습니다. 하지만 기쁨을 억제하는 것도 없죠. 더 강해질 수 있습니다."

오티시에르와 그녀의 동료들은 유능한 실행자의 특성이 무엇인지를 보여준다. 그들은 주어진 환경을 최대한 이용해 탄력을 만들어내고 그동안의 훈련과 본능적인 직감을 통해 속도를 조절하고 통제한다. 또 새로운 위험에 직면할 때 과감하게 부딪치면서 사태를 헤쳐나간다. 한 마디로 그들은 험난한 도전에 맞서기 위해 무엇이 필요한지를 알고 있고, 새로운 전략과 기술을 구사함으로써 자신들의 강점을 유지하는 것이다.

프랑스의 위대한 항해가 이자벨 오티시에르와 그녀의 세계일주 단독항해에 대한 이야기는 실행자형 리더들의 모습을 보여준다.

경로를 벗어나지 않고 속도를 유지하고 있는가? 목표달성을 위해 속도를 계산했는가? 시기나 예산의 이정표를 놓치고 있는 것은 아닌가? 다음 이정표에 곧 도착할 수 있다고 생각하는가? 현재 당신이 능력을 활용하는 수준은 어떤가? 지금 어떤 자원을 가지고 있으며, 곧 이용할 수 있는 자원은 무엇인가? 비용은 어느 정도로 예상하고 있으며, 장애물과 지름길은 존재하는가? 장애물을 보완하고 지름길을 이용하기 위해서는 어떻게 경로를 수정해야 하는가?

실행자형 리더에게는 정보뿐만 아니라 본능적인 직관도 필요하다. 때로는 직관으로 때로는 분석력을 바탕으로 문제를 파악하며, 때로는 영감으로 궤도를 빨리 수정하고 때로는 계획된 방향을 유지할 줄도 알아야 한다.

performer 02

페덱스

운송 추적, 우리가 먼저 할 것인가 경쟁자가 먼저 할 것인가

Fred Smith

십년 전, 페덱스^{Federal Express}는 UPS^{United Parcel Service}와 치열한 경쟁을 벌였다. 이 경쟁은 육군 대 해군, 혹은 하버드대와 예일대의 경쟁보다 치열했다. 그들은 경쟁적 우위를 차지하기 위해 운송 체계에서 가치와 효율을 높이려고 애썼다. 문제는 누가 먼저 다음 단계에서 비약적인 도약을 이룰 수 있는가였다.

그때까지만 해도 우편 추적은 아직 개발되지 않은 가장 큰 기회 중 하나였다. 고객의 기대와 신뢰를 운송 체계에 구축하기 위해서는 평균 17시간 동안 주의를 기울여야 했다. 페덱스의 CEO인 프레드 스미스^{Fred Smith}가 세운 첫 번째 목표는 고객이 언제든 소포의 배달 상태를 30분 이내에 확인할 수 있도록 하는 것이었다. 이런 체계를 구축하기만 하면 고객만족과 서비스의 질에서 결정적인 경쟁우위를 차지할 수 있었다. 새로운 역사를 만드는 것이다. 페덱스는 그 문제를 빠르게 해결해야 했다. 그렇

246 —— 위기를 극복한 리더들의 생각을 읽는다

지 않으면 UPS에게 뒤처질 수도 있었다.

페덱스가 이 문제에 착수했을 때, 그 해결책의 일부인 중앙 통제센터에서 운송 트럭으로 정보를 전달하는 발송 체계는 이미 있었다. 다음 단계인 트럭에서 중앙으로 정보를 발송하는 체계를 구축해야 했다.

페덱스의 우편 추적과 운송 시스템을 구축할 때, 최고정보관리자 론 폰더 **Ron Ponder**는 수백 가지의 결정을 내려야 했다. 모든 일에 심사숙고하는 성격 때문에 교수님이라는 별명을 가진 그였지만 복잡한 것들을 단순하게 만든 것이 성공과 실패의 차이를 가져왔다. 물론, 폰더와 그 팀은 항상 시간에 쫓기고 치열한 경쟁에 시달려야만 했지만 말이다.

문제를 최대한 단순화하라

개념은 간단했지만, 실행하기에는 매우 힘든 일이었다. 소포에는 바코드를 붙이고, 판독기가 이 정보를 확실하게 읽어야 했다. 폰더와 기술자, 군대의 병참 전문가, 기능(실시, 효력, 운용) 조사자, 그리고 프로그래머로 구성된 팀은 오랫동안 논쟁을 벌였다. 그러면서 시간은 계속 흘러가고 있었다. 폰더는 계획자들이 '완벽한 해결책'이라는 덫에 빠져 있다고 생각했다. 문제를 단순하게 만들어야 했다.

폰더는 이렇게 충고한다. "대부분의 사람들이 완벽하게 문제를 해결하려고 노력합니다. 하지만 문제의 복잡성과, 사람들을 선도하는 리더십과 자신의 일에 대한 이해가 부족하여 결국 실패합니다. 그 자체로 함몰하는 거죠. 우리는 문제를 여러 조각으로 나누어 단순화해야 합니다. 그 각각의 조각에서 간단한 주제와 아이디어를 창조하십시오. 물론 그 문제에 대해 충분히 알고 모든 측면을 이해하며 그 분해된 것들을 논리적으로 통합할 수 있는 사람은 있어야 합니다. 오늘날 대부분의 사람들은 여전히 이것을 이해하지 못합니다."

페덱스는 소포 자체에서 데이터를 얻는 방법(손바닥만한 스캐너), 그것을 중앙 컴퓨터에 다시 입력하는 방법(트럭에 장착한 컴퓨터), 정보를 표시하고 관리하는 방법(데이터 베이스의 구축), 데이터에 접근하고 상호작용하는 방법(고객 연계)의 네 조각으로 문제를 나누었다.

일단 해결책의 구성 요소를 이해했다면, 다음 도전은 목표가 '가시권 안'에 있도록 설정하는 것이다. 이것은 팀원들이 목표를 직접 상상할 수 있고, 그것이 달성 가능하다는 것을 믿게 만드는 것을 의미한다. 수많은 언덕과 계곡을 탐험해야 도달할 수 있다기보다는 이동하는 도중 눈앞으로 다가오는 표지판처럼 말이다. 이같은 목표의 가시성은 달성할 수 있다는 가능성을 증대시키면서 참가자들로부터 더 많은 에너지를 이끌어 낸다. 가시거리에 있는 작은 여정은 여행자가 궤도를 벗어나지 않도록 해주고, 계속 노력하고 전진할 수 있게 해준다. 인내력을 갖고 그 과정을 계속한다면 전체적인 문제도 점차 길들이기 쉬워지는 것이다.

페덱스는 두 번째 문제 요소인 트럭에 장착한 컴퓨터에서 일이 잘 풀리지 않았다. 그들에게는 소포의 데이터를 읽을 수 있는 스캐너가 있었다. 그리고 트럭에는 DADS라 불리는 장치가 있어서 데이터를 중앙 컴퓨터로 전송할 수 있었다. 그러나 스캐너로부터 DADS 장치로 정보를 가져올 방법이 없었다. 사실 이 장치는 우편 추적 시스템을 만들기로 결정하기 이전에 이미 고안되고 설치돼 있었다. 하지만 두 가지 기술이 서로 잘 맞지 않았던 것이다. 이 두 장치를 호환하기 위해서는 처음부터 전체 시스템을 다시 구축해야 할 것처럼 보였다. 이 문제를 해결하기 위해 많은 대안을 제안할수록 해결책은 점점 복잡해지고 전체 수행 과정이 통제 불능 상태가 되었다.

폰더가 생각한 간단한 해결책은 서투르지만 트럭의 DADS 시스템, 즉 스캐너를 위한 도킹스테이션(노트북을 데스크톱처럼 편리하게 사용할 수 있게끔 해주는 하드웨어장치와 일련의 접속 장치)에 직접 수정을 가하는 것이었다. 그들은 '슈shoe'라고 불리는 작은 검은색 장치를 개발했다. 그것은 길쭉한 모양으로 데이터 전송을 위해 임시로 연결하는 것이다. 투박한 모양이었지만, 사람의 발에 맞는 신발처럼 손바닥 크기의 스캐너를 밀어 넣고 그것의 데이터를 시스템에 공급하기에는 꼭 맞는 작은 공간을 가지고 있었다. 그래서 '슈'라는 이름을 얻었다. 추적 시스템을 만드는 첫 번째 단계였고, 모든 것이 조화를 이루는 순간이었다.

생각에서 실행까지 너무 오래 고민하지 않는다

슈의 모양은 그다지 보기에 좋은 것은 아니었다. 정교하게 디자인된 것은 아니었지만 빠르고 효과가 있었다. 처음으로 송수신 겸용 체계가 만들어졌고, 그것은 단순화와 성취가능성이라는 목적에 잘 맞았다. 실험실에서 고안한 지 몇 달 지나지 않아 사용할 수 있게 된 것이다.

돌파구를 찾아야겠다고 생각하자, 생각에 탄력이 붙어 실행까지 이어진 중요한 사건이었다. 폰더는 이렇게 말한다. "일단 슈를 성공시키자, 사람들은 우리가 데이터를 보내는 미완성의 수단에서부터 좀더 정교함을 가진 수단을 만들어내는 과정으로 이동하는 방법을 볼 수 있었습니다. 이제 시작된 거죠."

모든 정보를 이용하지 않더라도, 그런 '방향감'이 있다면 더 나은 결정을 내릴 수 있다. 폰더는 말한다. "이런 접근법은 급할 때에 더 나은 결정을 내리도록 해줍니다. 전체 그림을 단순화하기 때문에 가능한 일입니다. 그렇다고 그런 결정이 자주 틀리지도 않습니다. 필요한 정보를 모두 가지고 있지 않아도 말입니다. 우리는 첫 번째 여정에서 얻은 경험으로 잘 해낼 수 있었죠. 결국 그것은 인터넷에 기반을 둔 개인 추적 시스템으로 발전했습니다. 요즘은 보편화되어 있는 일이죠."

복잡한 문제를 단순하고 간단한 관점으로 바라보고 일을 처리하는 것은 아주 효과적이다. 폰더는 이렇게 말한다.

"당신이 거대하고 복잡한 문제를 해결해야 할 때, 다양한 조각들로 그것을 재구성하고, 또한 모든 사람들을 위해 단순화한다면, 그 단순함이 바로 문제를 해결할 수 있는 방법입니다."

단순화하고 하나하나 열거하라

힘들고 복잡한 문제일수록 목표와 우선순위를 단순하게 만들고 일일이 열거해야 한다. 난해한 문제를 올바르게 인식하고, 결과를 결정하는 변수들과의 이해관계를 파악해야 한다.

실행자형 리더들은 이렇게 함으로써 세부적인 일에 함몰되지 않고 문제의 적절한 측면에 시간을 사용한다.

효과적으로 실행하기 위해서는 어디를 어떻게 공격할지, 결정은 어떤 과정을 거칠지, 성공과 실패를 결정하는 최종적인 해결책은 무엇인지에 대해 제대로 알고 있어야 한다. 물론, 시간에 쫓기고 문제의 복잡성에 압도당하는 상황에서 초점을 맞출 대상을 찾는 것은 쉬운 일이 아니다. 따라서 실행자는 항상 궁극적 결과를 주시하면서도 해결책을 그때마다 유연하게 선택할 수 있도록 촉각을 곤두세워야 한다.

행동하는 실행자

이제 막 시작했거나, 아직도 가야 할 길이 멀고 해결하기 힘든 문제를 선택하라. 5분 동안 당신이 지금 어디에 서 있는지를 정확하게 묘사해보라. 그리고 그 프로젝트 결말의 궁극적인 목적을 서술하라. 이제 또 5분의 시간을 갖고 가능성 있는 가시권의 목표를 묘사해보라. 그리고 마지막으로 첫 번째 가시권의 목표와 당신의 궁극적인 목적지 사이의 공간을 실현 가능한 목표의 고리들로 채워라.

루 거스너

Lou Gerstner

변화의 속도 조절에서 성공한 IBM

1993년 만우절, 루 거스너^{Lou Gerstner}는 아무도 하고 싶어하지 않는 일, IBM을 회복시키는 일을 하기로 결정했고 참담한 상태에서 시작했다. 거스너는 이렇게 말한다. "죽음의 소용돌이 안으로 들어가는 것 같았습니다. 해결할 수 있는 문제인지 확신할 수 없었죠." 주식은 계속 하락하여 주가는 IBM의 전성기였던 7년 전의 4분의 1에 불과했다. 직원은 대폭 감축되었고, IBM은 데스크톱 컴퓨터의 혁신으로 큰 타격을 입었다. 참호에 갇힌 듯했고, 책임을 질 사람들은 회사를 분할해서 그 조각들을 파멸의 왈츠에서 회전시킬 준비를 하고 있었다.

이사회에 들어갔을 때 거스너는 먼저 조정키를 잡고 분명한 진로를 설정했다. 그는 90일이 채 지나지 않아, IBM 전체를 지켜내겠다는 중요한 결정을 내렸다. 그 기간 동안 또한 그는 컴퓨터 본체에 초점을 맞추고 거대 기업 미국의 과학기술 파트너로서의 역할을 유지하고, 부채를 삭감하고, 직원들에게 활기를 불어넣고, 전면적으로 마케팅에 주력한다는 기본적인 전략을 수립했다.

살금살금 걷지 않고 성큼성큼 걷다

분명한 궤도를 설정한 후에, 거스너는 배를 안정시키기 위해 일했다. 누수를 멈추고, 승무원들을 평가하고, 그리고 꽤 긴 시간 동안 걱정했다. "IBM을 바꾸는 것은 1년이나 2년 동안에 할 수 있는 일이 아닙니다." 그는 그 일을 맡은 지 18개월이 지나서 말했다. "단기적인 것들을 잘 수정할수록, 장기적 문제를 다룰 수 있는 시간이 확보됩니다. 안정이 없다면 장기적 문제를 겨냥할 수 없습니다."

그 후 머지 않아, 거스너는 먼저 직원들에게, 그 다음엔 기자 회견을 통해, IBM에 35,000개의 일자리가 감소될 것이라고 발표했다. 그는 천천히 다가오는 죽음보다는 단두대를 사용하는 것을 신뢰한다. "조금씩 끊임없이 괴로움을 주는 것을 피해야 합니다." 직원들에 대한 비망록에서 거스너는 그의 속내를 드러냈다. "우리가 지난 2년간 해온 것처럼 구조조정을 분기별로 조금씩 하는 것은 불공정하고, 회사를 더 쇠약하게 만듭니다. 그것은 직원들에게 근심을, 고객들에게는 불확실성을 안겨줍니다. 빠른 행동이 중요합니다."

거스너는 과정을 좀더 다듬고, 네 가지 목표를 설정했다. 첫째, IBM을 좀더 효율적으로 만들기 위해 깎아낸다. 둘째, IBM이 어떤 사업에 초점을 맞출 것인지를 구체적인 전략으로 발전시킨다. 셋째, 의사결정을 분산시킨다. 마지막으로, IBM과 소비자의 관계를 돈독히 한다. 그 결과

IBM의 서비스 부문이 빠르게 성장하기 시작했다.

그러나 이런 경로 수정도 중요했지만, 거스너는 속도를 조절해야 했다. 월 스트리트는 빨리 바꾸기를 원했다. CEO들은 다그쳤만, 거스너는 압박 때문에 잘못된 결정을 내리지는 않았다. "그는 시간을 전략적으로 사용했습니다. 회사의 재정에는 꽤 빠르게 지혈제를 썼죠." 애널리스트이며 오랜 기간 메릴린치^{Merrill Lynch}에서 IBM을 지켜본 스티브 미루노빅^{Steve Milunovic}의 말이다.

첫 주주 총회가 열렸을 때, 거스너는 7년 전 175달러에서 45달러로 주식이 급락하는 것을 본 주주들에게 '빠른 회복'을 기대하지 말라고 경고했다. "우리가 취하려는 단계는 살금살금 걷는 것이 아니라 성큼성큼 걷는 것입니다. 우리는 우리가 속한 경쟁적 산업에서 이 회사를 적당한 크기로 만들기 위해 할 수 있는 한 열심히 노력할 겁니다."

대부분의 사람들은 단기간에 할 수 있는 일은 과대평가하고 장기간에 할 수 있는 일은 과소평가하는 경향이 있다. 속도를 조절하면서 인내하는 일이 문제를 해결하는 데 결정적인 요인이다. 해결 기간이 여러 달, 혹은 여러 해가 걸리는 크고 복잡한 문제일수록 더욱 그렇다.

너무 빨리 너무 강하게 추진함으로써 이 한계를 넘어선다면 마찰과 긴장이 생기고, 스트레스가 증가하고 결국 실패한다. 또한 너무 천천히 추진하면 목표에 도달할 수 없거나, 목적지에 도달하는 것을 갈망하며 열정을 보이는 사람들 사이에 그만큼의 좌절을 만들어낼 것이다. 초기 단계부터 적절한 균형과 리듬을 유지하는 것은 중요하다. 너무 빨리 출발해서 능력을 소진해버린다면, 그 경주의 나머지는 고통스러운 과정이 될 것이고 절대 실현될 수 없을 것이기 때문이다.

IBM은 때로는 앞으로 두 단계 이동하면서, 혹은 뒤로 한 단계 이동하면서 실패를 겪어왔다. IBM의 오랜 유산인 PC와 하드웨어 사업은 이제 그 기업의 가장 약한 부분일 것이라고 미루노빅은 말한다.

그러나 거스너는 계속하려는 의지로 실패를 참아냈다. 그는 원래 5년 임기로 계약했지만, 이후 5년을 더 하겠다고 동의했다. 자신이 IBM을 회복시킬 것이라 확신하면서 말이다. 이제 앞으로 나아가 선두를 차지할 때가 왔다. "바로 올해 우리는 그것을 실현해야만 합니다." 1998년 거스너는 직원들에게 IBM의 시장 점유율을 높여야 한다고 선언했다. "어느 누구도 이 자리에 머물러 있어서는 안 됩니다. 우리는 회사가 영구적으로 회복할 수 있기를 바라기 때문입니다." 미루노빅이 말한다. "그는 인내심이 많은 사람이 아닙니다. 그러나 그는 전략적 관계와 문제해결을 위해 긴 시간이 소요될 것이라고 생각했습니다. 첫 5년은 회복을 위한 시기였고, 두 번째 5년은 성장하고 다시 선두 기업으로 나아가기 위한 시기였습니다. 지금까지는 아주 좋았습니다."

거스너와 그의 팀에게 쉬운 일은 아니었다. 그러나 그들은 대담한 전략적 움직임과 지속적인 전술적 진보를 결합하며 긴 여정을 지나왔다. 매년, IBM은 획기적인 사업을 일으켰고, 질서 있게 그러나 빠르게 변화의 속도를 단계적으로 늘려갔다. 하지만 이를 함께 수행할 사람들이 감당할 수 없을 만큼 빠른 것은 아니었다. 그는 본래 세운 목표를 분명히 유지했고 IBM에 수십 억 달러의 새로운 가치를 추가했다.

1999년, 거스너는 3년간 주식 배당금이 92퍼센트 상승했다고 보고하며 연례 주주총회를 개최했다. 주주들에게 한 연설에서 그는 매년 서비스 분야가 20퍼센트 성장했고, IBM이 지구상의 다른 어떤 기업보다 미국 특허를 더 많이 따냈다는 사실을 강조했다. IBM을 맡은 지 6년째 되는 해였다.

거스너는 IBM이 그동안 이룬 부활을 자랑스러워하지만 아직 완성한 것은 아니라고 말했다. "아직 완수하지 못했습니다. 우리가 지금까지 해온 것은 단지 지금의 위치로 우리를 데려온 것일 뿐입니다. 이제부터 시작입니다."

변화의 속도를 설정하고 과정을 안내하라

너무 빠른 진행은 불필요한 스트레스와 소모를 가져오는 반면, 긴급함이 없는 느린 진행은 동기부여가 어렵다. 또 너무 꾸준히 일정한 속도로만 진행하면 여기저기 단거리 경주를 통해 성공할 수 있는 기회를 무시할 수 있다. 따라서 적절한 속도를 유지해야만 사람들에게 활력을 불어넣고 앞으로 나아갈 수 있다. 적절한 속도를 설정하기 위해서는 한계가 무엇인지를 자각하고 자신의 능력에 대한 깊은 이해가 필요하다. 또한 성취하려는 목표에 초점을 두고 단기간의 혹은 장기간의 장애물을 극복할 수 있는 능력도 필요하다. 적당한 속도를 설정하고 길을 찾기 위해 꾸준히 앞으로 나아간다면 곧 목적지에 도달할 것이다.

실행하기 위해서는 속도 조절 외에도, 예상치 못한 장애물을 잘 피해야 한다. 또한 지속적으로 나아가고, 우회로를 통과해야 하기도 한다. 이것은 상황을 전진시키고, 단계적으로 속도와 탄력을 구축하기 위한 행동과 전술로 이루어진다. 그리고 효과적인 항해술에 기초한 조종을 통해 당신이 끌어온 길이 올바른 방향을 유지하도록 보장할 수 있다.

IBM을 호전시키기 위해, 루 거스너는 속도를 조절하고 그의 기준을 조종했다. 루 거스너는 시장이나 주주가 그가 생각하고 있는 속도보다 빠르게 이동하라고 압력을 넣는 것을 허용하지 않았다. 그러나 민첩하게 움직였고, 회사의 유동성과 적응성을 증대하는 변화를 이끌었다. 거스너는 신중하고 꼼꼼하게 대응함으로써 마침내 '세기의 위대한 기업 회복'으로 평가되는 IBM의 성공을 이끌어냈다.

행동하는 실행자

문제나 기회가 있다면 이제 한발 뒤로 물러서서 눈을 감고 프로젝트의 리듬과 속도를 느껴보라. 그것은 안정적인가, 아니면 변동이 심한가? 너무 느리거나 너무 빨랐던 것은 아닌가? 그 속도를 의식적으로 관리하는 사람이 있는가? 단거리 경주만 한 것은 아닌가? 충분하지 않은가? 모든 사람들이 충분히 쉬고 있는가? 이제 다음 6개월 동안 무슨 일이 일어날지를 생각해보라. 지금까지 속도를 조절해온 방식과 당신이 직면할 방식을 생각하면 그 속에 포함된 관계는 무엇인가? 속도 조절에 대한 견해를 간단히 적어보고, 동료들과 시험해보라. 그리고 다음 여정에 그것들을 어떻게 이용할지를 생각하라.

performer 04

캐슬린 설리반

최고의 변호사에게 필요한 것은 명석한 분석력과 직관력

아름다운 휴양지, 호놀룰루의 와이키키 해변 거리 한 편에서는 T셔츠 판매원들이 붉은색, 푸른색, 녹색의 알록달록한 셔츠를 팔았다. 셔츠는 기본적으로는 꽃이 새겨진 여느 셔츠와 다르지 않았다. 다만 조금 다른 점이 있다면 셔츠에 새겨진 작은 메시지들이었는데, 이를테면 "느긋하게 지내라, 하와이!" 같은 문구들이었다. 이들 문구 중 어떤 것은 은연중에 정치적인 의미를 띨 수도 있었지만, 기본적으로 와이키키 해변은 정치적으로 무관심한 지역이었다.

문제는 유럽, 아메리카, 그리고 아시아의 상류층 여행객들을 접대하는 최고급 호텔 바로 맞은편에 판매대들이 즐비해 있다는 사실이었다. 교통 흐름에도 약간 지장이 있었고 안전 문제도 언급되기 시작했다. 더구나 시는 그 지역을 좀더 세련되고 이국적으로 만들기 위해 아름다운 타일을 깔고 목조 벤치를 설치하는 등 엄청난 투자를 끝마친 직후였다. 시는 칼

라카와 거리를 호놀룰루의 샹젤리제로 만들고자 했다. 시 지도자의 입장에서 보면 티셔츠 판매원들은 섬의 가장 아름다운 '상업적 얼굴' 위에 난 싸구려 시장 '여드름' 같은 존재였다.

티셔츠 판매원들에 반대하는 사람들은 호놀룰루 시 당국이었다. 여기에는 시장과 시의회, 상업적 이익단체, 그리고 시 정부를 위한 변호사 캐슬린 설리반[Kathleen Sullivan]이 있었다.

최고급 호텔 앞에서 티셔츠를 팔 수 있는 자유

시의 주 무기는 정부가 노점 지역을 제한할 수 있다는 법률이었다. 그러나 티셔츠 판매상들은 미국 헌법을 내세웠다. 그들은 '언론의 자유'라는 이름 아래에서 보호받을 것을 주장했고, 정부가 간섭한다면 소송할 것이라고 위협했다.

하지만 티셔츠를 파는 것을 언론활동이라고 할 수 있는가? 그리고 복잡한 상업 지역인 해변 앞 거리에서 티셔츠를 파는 것이 보호받을 수 있는 권리인가? 설리반이 시의 결정을 도와주기 위해 도착했을 때, 이미 이곳은 정치적으로 과열된 상태였다.

시가 결정할 수 있는 대안은 몇 가지 있었다. 그들에게는 와이키키 해변과, 다른 역사 유적지에서 행상을 금지하는 법령이 있었다. 그러나 만일 그들이 그 법률을 들이대고 집행할 경우, 행상인들도 맞고소할 태세였다. 그리고 일반적으로 시는 연방정부나 주정부의 보호 없이는 손해배상에 있어서 취약하다. 설리반은 이렇게 말한다. "결과적으로 시는 헌법에 보장된 권리를 위반하는 것, 실제로 역행하는 것에 대해서 매우 꺼렸죠. 이 문제를 해결하기 위해 의회는 두 번째 선택을 따르고 싶어했습니다. 새로운 법을 통과시키는 것이죠. 하지만 저는 '그만하세요! 아무 일도 하지 마세요. 그냥 그 자리에 있어요!' 라고 말했습니다. 새로운 법을 통과시키는 것은 입법부에서 특정인을 겨냥하는 '관점' 차별 혐의로 시를 더 취약하게 만들 것이었습니다."

퇴역 군인 출신의 펄 하버Pearl Harbor 시장은 좌절했다. "그는 결단력 있고 행동 지향적인 시장이었습니다. 늘 작업복 차림이었고 언제든 불자동차에서 뛰어 내려 문제를 해결할 준비가 되어 있었죠." 설리반은 이렇게 회상한다. 그는 인내가 부족했고 심사숙고해야 한다는 사실을 이해하지 못했다. 그는 아주 조급했고, 세 번째 선택을 생각했다. 하버는 거대한 야자수를 한밤중에 배달해 거리조경을 하게 했다. 행상을 막기 위한 헛된 시도였다. 물론 이것은 의도한 것과는 정반대의 효과를 가지고 왔을 뿐이었다. 행상을 막지도 못했을 뿐더러 행상인들로 하여금 더 대담한 행동을 하게 만들었다. 더구나 이제 시장이 특정 행상을 차별한다는 혐의로 행상인들이 고소를 할 경우 시는 더 어려워질 수도 있었다. 문제를 더 키운 셈이었다.

"먼저 해를 입히지 말아야 합니다"

설리반은 시의 의사결정론자들에게 더 신중한 행동을 고안하기 전까지는 한발 뒤로 물러서서 결정을 유보해야 한다고 설득했다. 복잡한 법적 문제가 진행되는 이런 상황에서 그녀의 원칙은 먼저 해를 입히지 않는 것, 고객이 그들의 위치에서 돌이킬 수 없는 해를 입을 어떤 행동도 하지 않도록 하는 것이었다. 위기에서의 유혹은 행동하라는 것이고 특히 정보 시대에서는 더욱 그렇다. 그러나 이런 유형의 문제에서 그런 급한 결정은 선택의 여지를 막고 이익보다는 많은 해를 입힌다. 결정을 내릴 시기가 오기 전에 더 많은 정보를 수집하고 더 많은 지식을 공유해야 한다.

먼저 설리반은 해결되지 않은 문제에 초점을 맞췄다. 그 문제는 법정이 판단할 사안으로서, 사건의 초점이 언론에 대한 법령인지 판매에 대한 법령인지의 문제였다. 그녀의 시각에서는 문제는 언론이 아니라 판매에 대한 것이었다.

두 번째로, 설리반은 올바른 방향에 대해 비슷한 결정을 내린 다른 사람들로부터 도움을 얻기 위해 노력했다. 설리반은 즉시 다른 법률 사무실과 연방정부의 핵심 정보원들에게 연락했다. 그녀는 그들에게 질문을 계속 던짐으로써 가능한 어떤 지식이든 얻으려고 노력했다. 그들의 충고는 그녀의 본능과 분석을 확실하게 해줬다.

세 번째로, 재판을 위해 다양한 대안을 구상해야 했다. 이를 위해 설리반은 자신이 '마음의 안정'이라 부르는 과정을 시작했다. 일어났던 모든 일을 되짚어보고 모든 방향을 생각했다. 마치 체스를 할 때 모든 움직임을 계산해야 하는 것처럼 말이다.

"이 사건이 불쌍한 행상들이 정부의 압력으로 질식사하고 있는 상황으로 규정된다면, 우리가 질 것이 분명했습니다. 하지만 만일 그 행상들이 이윤을 창출하기 위해 장사할 다른 장소가 있음에도 불구하고 그곳에서 타인의 안전을 위협하며 장사를 하는 탐욕스러운 티셔츠 판매원으로 규정된다면, 우리가 이길 수 있었습니다." 법정으로 하여금 시에서의 상업 활동이 어떻게 행해져야 하는지를 결정하도록 하고, 이 사태가 헌법상의 언론의 자유 문제가 아니라 상업 활동에 대한 문제라고 판단하도록 유도해야 했다.

사실 설리반은 이 사건이 판매 문제인지 언론 문제인지는 모르겠다고 했다. 그러나 그녀는 이것이 주요한 헌법상의 죄가 아니라는 것과 정부는 언론활동의 장소를 규정할 수 있는 여지를 가질 수 있다는 사실을 강조했다.

이런 견지에서 보면 이미 기록되어 있는 행상법은 '아름다운 법령'이었다. "그것은 일반적인 법령입니다. 그것은 언론에 국한되어 있지 않았죠. 그래서 제가 내린 결정은 다음과 같았습니다. '이 법령으로 그 행상들을 소환합시다. 만일 그들이 시를 고소한다면 제가 변호하겠습니다. 제 생각에 이 사건은 아주 간단한 사건입니다.'"

결정이 내려졌다. 경찰은 그 법에 기초해서 소환장을 발부했다. 행상들은 즉시 고소를 했고, 문제는 법정으로 옮겨갔다. 새로운 입법 과정을 피하고 존재하는 법에 근거해 기소함으로써 그들은 법정에서 정당한 기반을 둔 결정을 내릴 수 있었다. "법률가들이 하는 일은 추측입니다. 우리는 법정이 무엇을 할지를 추측하기 위해 노력합니다. 특히 판결의 범위를 추측하려고 노력합니다. 판결이 무엇을 포함하게 될지를 말이죠. 판결의 범위가 좁을 것인가, 넓을 것인가 말입니다." 이런 추측이 훌륭한 결정을 내릴 수 있다.

그러면, 와이키키 사태는 어떻게 끝이 났을까? 이 사건은 지방 법원에서 시작되어 2년 동안 공방이 이어졌다. 판사는 행상 법령에 따라 골목길에서는 허용이 되지만 번화가에서는 상업을 제한할 수 있다고 판결을 내렸다.

설리반은 이렇게 설명한다. "이것은 의견을 결정하는 한 가지 방법인 타협입니다. 양쪽 모두에게 올바른 것이 있다는 것이죠. 행상의 입장에서는 언론의 자유가, 정부의 입장에서는 합법적 안전과 미학의 문제가 있는 것입니다. 그러므로 서로 양보하고 그들이 골목길에서 물건을 팔도록 한 것입니다."

그러나 시의 입장에서 이 결정은 끔찍했다. 혼잡과 안전의 문제는 넓은 번화가에서보다 좁은 골목길이 실제 더 열악했다. 그래서 시는 상고했다. 마지막 결정에서 상고심 판사는 행상에게 도시의 다른 곳에서 장사를 하도록 요구하는 것이 합리적이라고 판정했다.

와이키키의 해변은 원래의 상태를 회복했다. 행상인들은 다른 곳에서 티셔츠를 팔며 돈을 계속 벌었다.

알맞은 때에 적절한 결정을 내려라

적절한 사람들을 포섭하면서 알맞은 때에 적절한 결정을 내리는 것은 실행자의 능력 중 가장 중요한 것이다. 이 능력을 통해 실행자는 리듬을 구축하는 단계에서 진정한 추진력을 불러오는 단계로 이동한다. 이 과정에서 가장 중요한 것은 실수가 허용되지 않는 완벽한 결정과 빠른 결정이다. 올바른 결정은 추진력을 만들 수 있다. 반면에 잘못된 결정은 추진력을 빠르게 파괴한다.

시기 또한 중요하다. 적절한 시기를 타지 못한 좋은 결정들은 아무 쓸모가 없다. 그들은 결정이 언제 가장 성숙해 있는지를 감지한다. 이것은 간단한 문제처럼 보일 수도 있지만, 실제 너무 자주 그 중요성이 인식되지 못하고 쉽게 간과된다. 우리는 결정이 무르익기도 전에 결정을 내리라는 압력을 받거나, 기회가 지나가는 순간까지도 결정을 내리지 못해 찬스를 날려버리는 경우도 많다. 실행자들에게 타이밍은 무엇보다 중요하다.

행동하는 실행자

중요한 결정을 내릴 때에는 세 가지 질문에 대한 답을 하라. 결정을 내릴 알맞은 시기는 언제인가? 어떻게 결정을 내려야만 하는가? 그리고 훌륭한 결정을 내렸는지는 어떻게 알 수 있는가? 처음에, 그리고 결정을 내리는 과정 내내 이 질문들을 하고 대답하면서 상황에 따라 대답을 재확인하고 수정하라. 또한 그 상황에 대해 알고 있는 세 명의 독립적인 사람들을 선택하고 당신에게 던진 질문에 대한 충고를 구하라. 처음부터 끝까지.

도미닉 폰티

Dominic Fonti

49층 건물을 세우면서 생길 수 있는 모든 문제들

천 피트 상공에 앉아서 내려다보면 사람들이 마치 개미처럼 보인다. 그 높이는 엠파이어스테이트 빌딩의 꼭대기나 라구아디아 공항에 착륙하는 비행기와 거의 같다. 맨해튼 중심에 있는 거대한 고층 건물 꼭대기에서 50명의 사람들이 총 160만 평방피트에 이르는 지붕을 얹기 위해 몇 달의 시간을 준비하고 있었다. 이 프로젝트는 기한과 예산을 초과할 위험에 처해 있었다. 이미 임대계약을 한 사람들은 입주할 준비를 하고 있었다.

그 팀이 49층 꼭대기에 수백 톤의 동판과 유리, 그리고 철제를 끌어올려 마지막 단계인 지붕을 얹기 위한 준비를 할 때 그들은 메스꺼움으로 속이 뒤틀렸다. 그들이 품고 있는 질문은 모두 같았다. 빌딩을 다 지었을 때, 건물이 무너지지는 않을 것인가?

이보다 2년 전인 1986년, 도미닉 폰티Dominic Fonti는 최고의 업무를 시작했다. 그는 땅을 파는 일부터 사람들이 입주할 때까지, 즉 3년 동안 210미터에 다다르는 고층건물을 지어야 했다. 그의 고객들은 까다로웠다. 그들은 새롭고 우아한 디자인, 빠르고 값싼 건설, 그리고 안전한 빌딩, 이 모든 것을 원했다.

"내가 그 일을 시작했을 때, 제 머리는 검은색이었죠. 하지만 그 일을 끝낼 때쯤에는 머리가 백발이 되었습니다. 3년이었습니다. 그 3년 동안 나는 일주일 내내 일했습니다. '글쎄, 이것이 쉬운 일이라면 누구나 할 수 있을 거야'라고 다짐하면서 말이죠. 나는 그것을 도전이라고 생각했습니다. 나는 도전을 즐기거든요." 폰티가 그의 짧은 머리를 만지며 미소를 짓는다.

오늘날의 많은 산업에서처럼, 월드와이드 프라자Worldwide Plaza 프로젝트는 스피드를 강조했다. 시간이 돈이다. 그래서 개발자들은 이 크고 긴 프로젝트를 '빠른 트랙', 특히 공격적인 일정에 맞추기 위해 주요한 결정을 내렸다. 이것은 시간을 절약하기 위해서 디자인, 재정 확보, 시공을 모두 동시에 진행해야 하다는 것을 의미했다. 기초 공사가 진행되고 철골 구조물이 세워지고 있지만, 아직 지붕 같은 문제에 대해서는 결정을 못했을 수 있다.

계획된 업무를 이렇게 '압축'하는 것은 프로젝트를 빠르게 진행시킬 수 있지만, 위험부담 또한 증대시킨다. 개발자들은 그것이 가능할 것이라 믿었다. 사실, 그들은 일정을 앞당김으로써 발생하는 문제보다는 빠른 속도로 인한 이익이 더 클 것이라는 위험을 받아들인 것이다. 그리고 그들에게는 훌륭한 실행자들이 있었다. 폰티는 그 실행자들 중 한 명이었다. "의심스럽지 않았냐구요? 전혀요." 건설과 디자인 작업을 동시에 진행하는 빠른 트랙에 대해 폰티가 말한다. "그것은 단지 다른 도전들을

만들뿐입니다. 방심하지 않고 서둘러야 합니다. 마지막 순간에 변화 요
소를 넣는 일에 좀더 개방적이어야 하죠. 동시에 비용과 일정이 늘어나
지 않도록 해야 합니다. 그것은 엄청 힘든 일이죠."

"뛰기 전에 걸어야 합니다"

빠르고 큰 규모의 문제해결에 대한 대답은 '나선형 접근 방식'에 있
다.(표 2) 그것은 월드와이드 프라자를 건설하기 위해 폰티가 사용한 기본
적 기술이다. 그 과정은 다음과 같은 단순한 논리에 따른다. 문제를 정의
하고, 해결책을 생각하고, 모델을 만들고, 시험하고, 평가하고, 수정하
고, 안정이 될 때까지 다시 디자인하고, 그리고 문제가 해결될 때까지 단

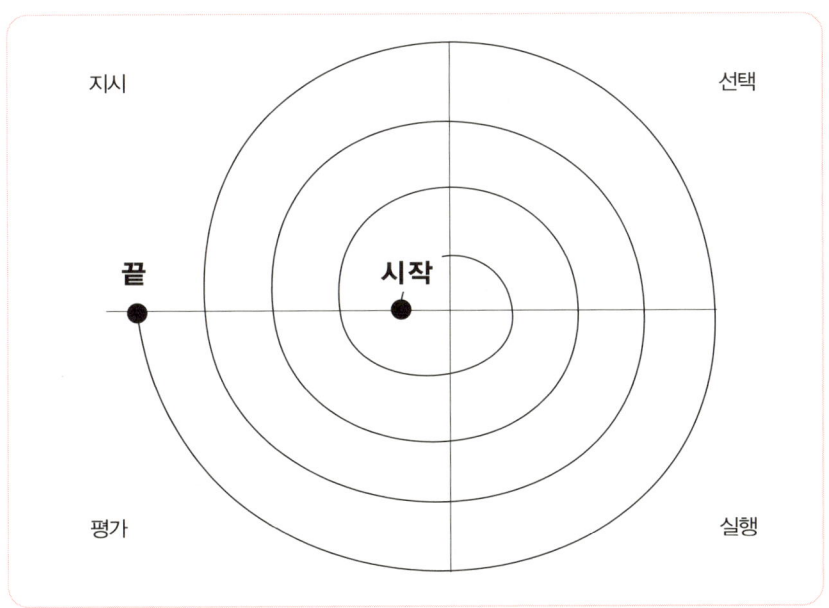

〈표 2〉 실행을 위한 나선형 접근 방식

계적으로 그 규모를 늘린다. 그 시작, 혹은 출발점은 당신의 현재 능력이다. 목적지는 당연히 완벽한 해결책이다.

각각의 고리에서, 당신은 지시를 내리고(목표를 세우고 대안과 제한 요건을 확인한다), 선택하고(비용과 위험부담, 이익과 가능성을 분석함으로써 최고의 대안들을 결정한다), 실행하고(표준을 만들어 그 해결책을 시험한다), 평가한다(당신의 실수로부터 배운다). 이 나선형 접근법은 당신을 출발점에서 목적지로 여러 번 데려간다. 그럴 때마다 조금씩 당신은 완전한 대답에 가까워질 것이다.

나선형 접근법으로 문제에 접근하면 위험부담을 최소화하고 빠른 속도에 적응할 수 있다. 그것은 학습 향상, 해결책 향상, 자신감 증대, 적응 증대라는 강점을 가져온다. 우선 나선형 접근법은 빠르고 정확한 학습을 유도한다. 둘째, 빠르고 공격적인 해결책을 창조한다. 셋째, 자신감과 탄력을 구축한다. 넷째, 프로젝트의 초기 단계에서 변화에 대처할 수 있는 융통성과 적응성을 증대시킨다.

폰티가 사용한 나선형 접근법으로 디자인은 나날이 발전해나갔다. 그들은 대강의 그림을 가지고 시작해서, 6개월 간격으로 축소 모형을 만들고 그 후 좀더 세부적인 디자인으로 이동했다. 이런 예비적인 그림에서 재정과 예산을 측정할 수 있었다. 12개월 째에, 전산화된 밑그림과 함께 실행할 수 있는 완벽한 디자인이 나왔다. 이 디자인은 첫 번째 모형을 기초로 디자인 프로그램을 이용하여 건물의 최종 모형을 만듦으로써 창조되었다. 컴퓨터 모형은 아주 실제적이어서 건축가들은 전체 건물, 혹은 실물 크기의 열쇠구멍까지 볼 수 있었다. 그들은 공사에 착수하기도 전에 그 건물을 살펴볼 수 있었다.

모형이 실행할 수 있는 안정적 디자인으로 만들어지면, 프로젝트가 나선에서 이동하며 해결책의 단계를 높여간다. 디자인에 문제가 발생한다면 그것을 해결하기 위해 어느 지점에서든 모형을 만들고 시험할 수 있도록 지속적인 관심을 쏟아야 했다.

모든 프로젝트는 아무리 관리를 잘 해도, 결국 힘든 시기를 겪기 마련이다. 예산이 초과되고, 일정이 연기되고, 팀 사이에 불화가 생기기 시작하고, 엄청난 스트레스에 시달릴 수 있다. 어려운 시기일수록 변화와 적응을 통해 신중하게 단계를 높여가면서 큰 문제들을 예방할 수 있어야 한다.

프로젝트를 시작하고 2년 뒤, 본격적인 철골구조 건설과 외부의 석조건설이 동시에 진행되고 있을 때, 곤란한 상황이 발생했다.

최선의 노력에도 불구하고 그 프로젝트는 후반 작업에서 큰 실패에 직면하고 있었다. 건물 상부의 철골구조가 유리를 들어올리는 기계를 지탱할 수 없었다. 그 구조는 처음의 계획과 맞지 않았으며 날씨도 하나의 요소였다. 폰티는 일주일에 몇 번씩 49층 계단을 올랐다. 게다가 계약자들은 도산했다. 이런 모든 장애로 시간은 지체되었고 비용도 초과했다.

그러나 비록 그들이 게임의 종반을 향하다가 꽤 큰 실패를 겪긴 했지만, 훌륭한 나선형 수행기술로 인해 더 심각한 실패들을 예방할 수 있었다. 폰티는 임시변통을 계속했고, 지붕에서 발생한 문제가 다른 일을 중단시키도록 하지 않았다. "계획을 수행하는 중에 해야 할 일 중 한 가지는, 당신이 문제에 직면하고 벽에 부딪쳤을 때 손을 놓지 않는 것입니다." 폰티는 말한다. "당신은 멈춰서 상황을 평가하고 자문해야 합니다.

문제가 무엇이고 문제의 원인이 무엇인지 말입니다. 그리고 이렇게 말해야 합니다. 특히 큰 프로젝트의 경우에 말이죠. '이 하나의 문제가 프로젝트에 미칠 영향을 최소화하기 위해 이 문제를 고립시킬 수 있을까? 문제를 우회해서 돌아가야 하나, 넘어서 가야 하나, 그 밑으로 가야 하나?' 당신은 그 문제를 출발지점으로 삼으려 하지 말고, 그 문제를 고립시켜야 합니다. 나는 항상 직원들에게 말하죠. '멈추지 마라. 위기가 닥치면, 그것을 분석하고 그것이 일에 미치는 영향을 최소화하기 위한 최선의 방법이 무엇인지 결정해라' 라고요."

성공하려면 일찍 실패하라

작은 규모의 가치는 전달하기 쉽지만 큰 규모의 가치는 그렇지 않다. 시시각각 변하는 세계에서는, 종종 예상하지 못했던 일이 당신의 계획을 압도한다. 소프트웨어를 만드는 일이든, 신상품을 시장에 내놓는 일이든, 새로운 사업을 시작하든, 혹은 판매촉진 캠페인을 계획하든 마찬가지다. 한편으로는, 부족한 자원과 시간의 압박이 선택과 실행을 재촉할 수도 있고 다른 한편으로는 또 까다로운 소비자들과 과열된 경쟁이 창조적인 선택과 경로를 찾도록 압박할 수도 있다. 그같은 압력으로 인해 위험이 증가하고, 비용이 추가되고, 심지어는 실패할 수도 있다.

규모가 크거나 매우 어려운 문제를 해결하려고 할 때, 가장 큰 잠재적 결점을 빠르게 인식하는 방법은 미리미리 작은 실패를 겪어내야 한다는 것이다. 즉, 문제가 발생할 때마다 일단 해결책을 시험하고, 그 문제가 해결되었을 때 다음 단계로 나아가야 한다. 이 전략을 사용하면 해결책 구축과 실행 사이를 오가며 부족한 부분을 지속적으로 수정할 수 있게 된다.

이 방법은 나중에 발생하는 더 큰 규모의 실패를 예방할 수 있게 돕는다. 대신 작은 규모의 조기 실패는 더 늘어날 수 있다. 맨해튼의 유능한 건축가 도미닉 폰티는 이 기본적 기술을 사용함으로써 49층짜리 고층 빌딩을 완벽하게 건설할 수 있었다.

행동하는 실행자

해결하고 싶었지만 접근할 수 없었던 가장 큰 문제나 기회를 생각하라. 일단 한 가지를 결정하면 일주일의 시간을 갖고 모델을 만들어라. 가장 작은 형태로 만들어라. 그것이 새로운 사무실이라면 밑그림이나 모형을 만들어라. 새로운 회사라면, 회사의 첫 번째 상품의 작은 모델을 만들어라. 상상력을 발동시키고 동기를 형성하기 위해 모델을 만드는 경험을 이용하라. 일단 이 연습을 마치면, 당신이 그 프로젝트를 정말로 하고 싶은지 아닌지에 대해 알 수 있을 것이다. 그리고 그것이 하고 싶은 일이라면, 이미 당신은 그 첫 번째 단계를 수행한 것이다.

부록
—
summary of leadership

도전하는 용기

　최고의 리더가 되기 위해서는 까다롭고 복잡한 문제에 도전하는 용기가 있어야 하며, 전문적인 여러 분야의 다양한 시각을 수용할 줄도 알아야 한다. 풍부한 경험을 토대로 시행착오를 거친 각계 전문가들은 특정 관심 분야에서 지혜롭게 해결책을 이끌어낼 줄 안다.

　우리는 이제 더 이상 시행착오를 겪을 시간이 없다. 전문가들이 제시하는 지식과 기술을 흡수하여 우리는 최고를 추구할 수 있고, 최악을 배제하는 방법을 배울 수 있다. 그것은 리더의 여섯 가지 특징을 사용하고 그것들을 하나로 통합할 때 가능해진다.

　이노베이터, 발견자, 의사소통자, 선도자, 창조자, 실행자, 이 여섯 가지 성격의 요소 중 당신에게 가장 잘 맞는 것은 어떤 유형인지 확인하라. 그것이 꼭 한 가지일 필요는 없다. 두 가지 혹은 세 가지를 결합한 것이 당신에게 잘 맞을 수도 있다. 당신은 어쩌면 모든 범주의 성향을 약간씩 갖고 있을지도 모른다. 고정된 공식은 없다. 당신이 어떤 성격이든 그것은 통찰력을 가져오고 틀에 박힌 낡은 형식이 아닌 유용한 범주를 창조할 것이다. 그것을 확인하는 과정이 끝난다면 당신이 지금 처한 문제를 해결할 수 있는 '팀'을 모으는 데 도움을 줄 것이다. 당신이 갖고 있는 강점과 비슷한 요소를 가지고 있는 사람보다는 당신의 약점을 보완할 수 있는 최소한의 사람들로 팀을 구성할 수 있다.

성공하는 팀 구성

훌륭한 리더는 자신의 강점과 약점을 파악하고, 그것을 제대로 보완할 수 있는 팀을 구성한다. 즉, 부분의 합과 같거나, 혹은 그것을 훨씬 뛰어넘는 전체를 창조할 수 있다. 자신의 성격을 파악했다면, 우선 가장 중요한 문제는 해결한 것이다. 이제 당신에게 온 기회나 문제가 무엇이든 간에, 완벽한 문제해결을 위해 필요한 것을 하나로 모을 수 있고 서로를 보완할 수 있는 사람들을 찾아라. 당신 자신은 물론 동료들의 강점과 약점, 그리고 그것들이 함께 모였을 때, 어떻게 조화를 이룰지에 대해서는 확실히 이해해야 한다. 그것이 완벽한 퍼즐은 될 수 없다. 다만 여섯 가지 성격을 골고루 갖춘 뒤, 겹치는 부분이 너무 많거나 갈등이 너무 많이 생기지는 않을지 점검하라.

〈표 1〉은 완벽한 문제해결 팀을 보여주지만 〈표 2〉에서 보여주는 팀은 균형이 맞지 않을 뿐더러 혁신과 실행 능력이 부족하다.

분명히 균형이 맞지 않는 팀은 상대적으로 창조성이 부족하고, 계획을 실행할 수 있는 가능성도 적다. 당신의 팀이 더 완벽해질수록 당신의 성공 가능성 또한 커진다.

여섯 가지 본질을 관리하라: 유용한 순환과 불완전한 순환

여섯 가지 본질은 완벽한 사고의 엔진을 만들 수 있는 높은 수준의 설계서라고 할 수 있다. 그 여섯 가지를 모을 수 있고, 그것들이 서로 어떤 연관을 맺고 있는지 알고 있다면, 또한 그것들이 함께 작용하도록 할 수 있다면, 당신은 결국 빠르게 문제를 해결하고 불가능하게만 보였던 목적지에 이를 수

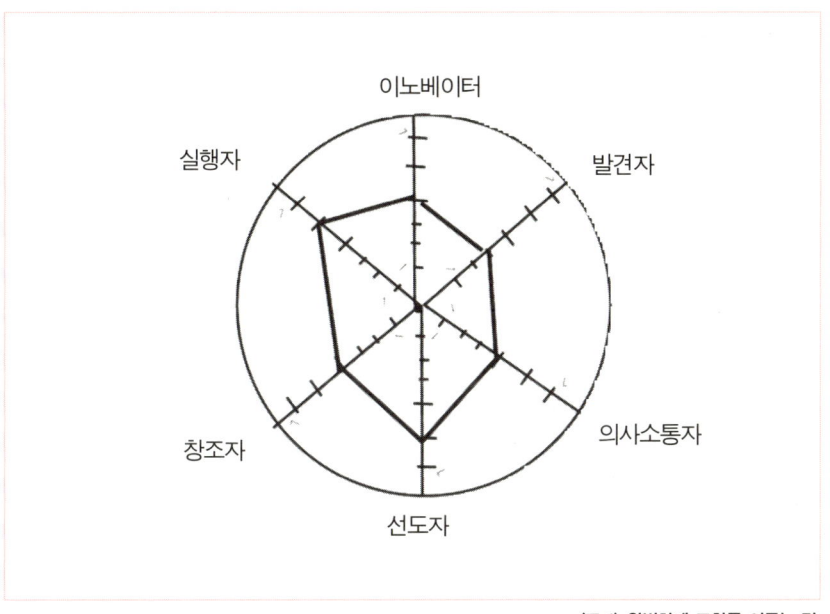

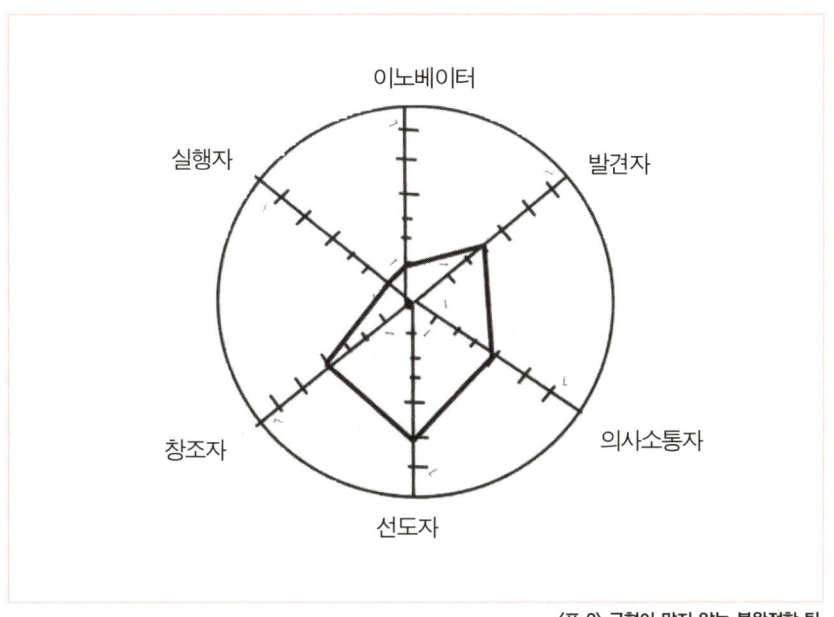

있을 것이다. 여섯 가지의 문제해결 본질 중 한 가지 기술을 계발시킬 수 있다면 다른 기술들과 협력하여 문제해결력을 키울 수 있다. 여섯 가지 모두가 함께 작동한다면, 그것들은 서로 도우면서 유용한 순환, 혹은 성과를 향상시키는 위로 향한 나선을 산출해내기 시작할 것이다.

그러나 여섯 가지 중 어느 한 가지를 잃거나, 그것들이 균형을 잃고 비율이 차이가 많이 난다면 유용한 순환이 불완전한 순환으로 변할 수 있고 문제를 해결하는 데 어려움을 겪을 수도 있다. 한 가지 본질만 약해도 다른 것들의 효율성까지 떨어뜨리고, 결국 다른 것들도 훨씬 나쁘게 만들 수 있다. 이것은 아래로의 나선, 혹은 정체해 있거나 평평한 곡선을 낳는다.

훌륭한 리더들은 여섯 가지 본질이 함께 작용할 수 있도록 이들을 다듬고 통합함으로써 유용한 순환을 만들어낸다. 올바른 태도로 접근하면, 적절한 판단과 의사결정을 할 수 있게 되며, 문제를 해결하는 과정에서 창조적이고 결단력 있는 행동을 할 수 있게 된다. 영역을 파악할 수 있는 지식을 발견한다면 문제를 효과적으로 정의할 수 있게 될 것이다. 깊이 있는 관계를 구축하는 것은 창조와 변화를 위해 필요한 강력한 인간관계를 제공한다. 문제해결 과정을 효과적으로 관리하고 고도의 해결책을 창조해냄으로써 필요한 결과를 쉽게 이끌어낼 수 있게 된다.

문제해결의 여섯 가지 본질의 상관관계는 단선적일 수도 있고, 아니면 꽤 복잡할 수도 있다. 각각은 서로에게 영향을 미쳐 다른 본질들이 갖고 있는 능력을 확장시킬 수도 있다. 그것은 긍정적인 영향일 수도, 아니면, 부정적인 영향일 수도 있다. 여기에서는 긍적적인 영향, 즉 유용한 순환을 만들어내는 여섯 가지 본질의 영향력을 살펴보기로 하자.

이노베이터가 올바른 태도로 접근한다면...

- **지식:** 창조적인 질문에 동기를 부여함으로써 유용한 지식을 창조해낸다.

- **관계:** 창조적 접근법으로 열린 마음을 불러일으킴으로써 관계를 구축한다.

- **문제해결 과정:** 여러 가지 대안과 잠재적 문제·기회를 만들어냄으로써 과정이 수월해진다.

- **해결책:** 혁신적인 생각을 많이 고안해냄으로써 완전한 해결책을 끌어낸다.

- **실행:** 수완을 통해 만족스러운 결과를 이끌어낸다.

발견자가 통찰력을 갖고 올바른 지식을 발견한다면...

- **태도:** 균형 잡힌 태도를 보완하는 적절한 정보와 풍부한 지식을 제공한다.

- **관계:** 풍부한 통찰력을 통해 강력한 관계를 구축한다.

- **문제해결 과정:** 분명히 정의된 문제와 대안적 문제들 사이에서 분명한 선택으로 문제해결 과정을 성공으로 이끈다.

- **해결책:** 특정하고 적합한 정보를 통해 해결책을 고안한다.

- **실행:** 훌륭한 정보로 인해 위험부담이 감소한다.

의사소통자가 깊이 있는 관계를 구축한다면...

- **태도:** 다양한 관점을 통해 창조적으로 생각할 수 있는 환경을 만든다.

- **지식:** 신뢰할 수 있는 원천에 쉽게 접근하여 유용한 지식을 발견한다.

- **문제해결 과정:** 문제에 대한 깊은 통찰과 좋은 정보를 제공함으로써 주도적으로 문제해결 과정을 이끈다.

- **해결책:** 사람들에게 올바른 길을 안내하는 능력이 향상되면서 해결책을 자연스럽게 이끌어낸다.

- **실행:** 탄력적으로 적절하게 업무를 수행한다.

선도자가 올바른 방향을 설정한다면...

- **태도:** 가장 중요한 문제들에 초점을 맞춤으로써 창조적 생각을 가져온다.
- **지식:** 핵심 사항에 대해 질문하고 목표를 정의함으로써 지식을 창조한다.
- **관계:** 문제해결책으로 관계가 지니는 가치를 인정한다.
- **해결책:** 정의가 잘된 문제는 올바른 해결책을 만든다.
- **실행:** 올바른 전략으로 순항한다.

창조자가 전략에 꼭 맞는 팀을 만든다면...

- **태도:** 성과향상을 위해 시간을 초월한 다양한 태도를 갖는다.
- **지식:** 가장 어려운 미지의 일에 집중할 수 있는 지식을 창조한다.
- **관계:** 자신감을 갖고 신뢰할 수 있는 관계를 구축한다.
- **문제해결 과정:** 잠재되어 있는 많은 문제를 다루는 기술을 제공함으로써 여정이 깊이 있고 풍요로워진다.
- **실행:** 쉽고 빠르고 낭비를 최소화할 수 있는 해결책을 이끌어낸다.

실행자가 직관에 따라 행동한다면...

- **태도:** 고정관념이 없는 아이디어와 자신감을 준다.
- **지식:** 행동만이 아니라 정보 수집과 학습을 위한 시간을 허용한다.
- **관계:** 상호의존성이 그룹 정체성을 창조한다.
- **문제해결 과정:** 더 큰 문제에 도전할 수 있는 신뢰와 동기를 준다.
- **해결책:** 비용은 줄어들고 이익은 늘어난다.

실제로 어떤 문제를 해결하기 시작하면, 당신은 곧 유용한 순환이든 불완전한 순환이든 그 흐름을 타게 될 것이다. 뒤섞여 있거나 천천히 이동하는 것처럼 보이는 것은 대개 불완전한 순환으로 빠지기 쉽다. 불완전한 순환을 막고 유용한 순환을 확장하는 것이 리더의 주요 임무다.

문제를 관리하라: 모든 문제가 하나의 여정이다

문제나 기회는 가장 작은 것에서 가장 큰 것까지, 가장 간단한 것에서 가장 복잡한 것까지, 가장 짧은 것에서 가장 긴 것까지 모두 시간을 두고 같은 단계를 겪는다. 이 단계들은 문제와 기회가 처음 모습을 드러내는 새로운 환경에 '적응'하는 것부터 시작해서, 무엇을 배웠고 무엇을 성취했는지를 '평가'하는 것으로 끝맺는다. 이 본질적 단계들을 이해한다면 문제가 아무리 크다 해도 그 문제를 정복할 수 있고, 당신이 그 여정의 어떤 단계에 있는지를 자각하면서 문제를 해결할 수 있는 능력을 획득할 수 있다.

〈표 3〉에는 문제의 종류들이 구체적인 예로 나와 있다. 문제가 완전히 해

- 기업 성장
- 신상품 개발
- 판매와 서비스
- 부실기업 회생
- 거래와 협상
- 개선 프로젝트
- 변화와 유지 프로젝트
- 위기와 갈등 해결
- 연구와 분석
- 건설
- 군사 배치와 전투
- 응용된 연구
- 탐험

〈표 3〉 문제와 기회의 선택

결된다면 이들 문제들은 모두 여섯 단계를 거칠 것이다.

이제 당신은 팀을 구성했다. 또한 여섯 가지 본질들 사이의 상호관계에 대해 어느 정도 이해했다. 이제 궁극적인 질문은, 문제를 해결하는 데에 사람들, 본질, 그리고 각 단계들을 어떻게 적용할지를 이해하는 것이다.

문제를 관리하라: 문제를 뚫고 항해

대부분의 문제해결을 성공적으로 완수하기 위해 전문가들은 수많은 선택을 내려야 하고(아이디어, 지식, 사람들, 계획, 해결책, 그리고 실행 등에 대한 선택), 이 각각의 것들을 목표를 정의하고 성취하는 데에 적용해야 한다. 이 책에서 다루어진 여섯 가지 요소들은 위에 소개된 여정을 가능하게 하는 것들의 다양한 유형에 부합한다. 이 요소들을 적용하는 방법에 대한 학습을 통해 당신은 올바른 선택을 하고 성과를 얻을 수 있다.

리더는 문제해결 과정의 특정 시기마다 각기 다른 성격을 강조하고 싶어 할 것이다(표 4). 이노베이터와 발견자는 문제를 시작하는 시기인 적응과 선택에 큰 영향을 준다. 이 시기에서의 창조적 비전과 올바른 지식이 부족하다면 시작부터 얼마만큼의 노력을 기울여야 하는지를 결정할 수 있다. 선도자의 역할은 계획수립과 목표설정에서, 즉 초기 단계에서 특히 핵심적이며 업무를 추진하는 데 노력이 많이 요구되는 단계에서 핵심 역할을 한다. 창조자는 일단 문제가 잘 정의되고 문제해결을 시작하기 위해 구체적인 해결책이 요구될 때 그 중요성이 드러난다. 변화를 위한 탄력이 만들어지는 단계, 그리고 그 노력이 헛수고로 돌아갈 것인지 문제가 극복될 것인지가 결정되는 시기에 실행자의 역할은 두드러진다.

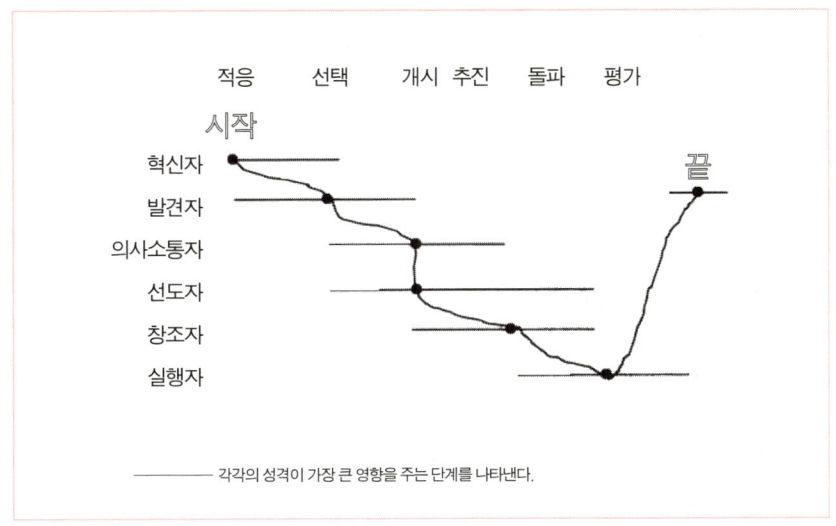

적응　　　선택　　　개시　추진　　돌파　　평가

시작

혁신자

발견자

의사소통자

선도자

창조자

실행자

끝

─────── 각각의 성격이 가장 큰 영향을 주는 단계를 나타낸다.

〈표 4〉 문제를 뚫고 항해하기

　문제를 해결하는 과정은 특정한 유형의 리더가 문제의 단계들을 이동할 때 내리는 선택의 유형으로 축소될 수도 있다. 이것은 항해와도 같다.

　움직임의 유형, 혹은 '항해의 경로'는 간단한 문제해결(직장을 구하는 등의)을 위한 단순하고 직선적인 것에서(요리책 접근법 같은) 좀더 어려운 문제(새로운 회사를 창업하는 등)를 위한 큰 규모의 복잡하고 직선적이지 않은 것까지 포괄한다. 리더는 문제해결 경로를 자유롭게 이동하고 변경할 수 있어야 한다. 이것은 문제의 다른 측면을 공격할 때 하나의 본질에서 다른 본질로, 그리고 하나의 단계에서 다른 단계로 빠르게 이동하는 것을 의미한다. 당신이 앞으로 더 나아가기 전이나 규모를 이동할 때, 바로잡아야 할 일이 있다면 그것은 퇴각을 의미할 수도 있다.

　간단한 예로, 당신이 어떤 상황에서 방향을 잡거나 잠재적 문제와 기회를 고려할 때, 이노베이터의 자유로운 태도는 무엇이 가능하고 가능하지 않은지에 대한 고정된 개념에 갇히지 않게 해준다.

당신이 해결할 문제를 선택하려 할 때 그 영역에 대한 발견자의 풍부한 지식은 어떤 문제가 실질적이고 어떤 영향을 미칠 것인지를 결정하는 데 필수적이다. 문제해결을 시작할 때쯤, 의사소통자의 핵심 팀을 구성하기 위한 조건을 만드는 능력은 상황을 올바른 방향으로 진행시키려 하는 선도자의 능력과 결합한다. 다음 단계에서, 탄력을 구축하기 위해서는 보이지 않는 조건들을 고려하여 빠르게 해결책을 가다듬고 고안하기 위해 실행자와 함께 작용하는 창조자의 리더십이 필요하다.

그 다음 단계에서, 보상이 없는 지점을 돌파하기 위해서는 실행자의 수완과 단련된 초점이 필요하다. 실행자들은 팀이 장애물에 굴하지 않고 전진하고, 어려운 장애를 극복하도록 돕는다.

마지막으로, 문제해결의 성취에 거의 다다랐을 때, 당신은 그 영역에서 배운 것과 관계를 이해하고, 당신의 고객과 투자자들과 함께 당신이 이룬 일이 시간과 비용 그리고 노력의 가치가 있었는지를 확인할 수 있다. 이 과정에서 당신의 관심은 다시 발견자에게로 옮겨갈 것이다.

문제해결 능력 평가하기

우리는 시간을 두고 다양한 문제해결에 필수적인 여섯 가지 본질들과 기술들을 익힌다. 문제해결 능력의 수준을 평가하기 위해 나는 간단한 기준을 적용한다. 이 기준은 문제가 드러났는지, 그 문제가 잘 해결되고 있는지, 그리고 반복해서 적용할 수 있는 해결책인지, 단순히 잠재력이 실현되었는지 혹은 실제로 창조되고 있는지 등 수많은 요소를 고려한다. 이 단순한 형태의 진단법을 통해서 문제해결에 대한 평가를 내리고, 문제해결 과정에 당신이나 조직이 어느 정도로 능력을 갖추었는지를 파악할 수 있는 통찰력을 얻을 수 있게 될 것이다. 일단 전반적인 평가를 내리면, 당신의 실행력을 강화하기 위해 무엇을 해야할지를 고려해야 한다. 이를 위해서는 한두 가지의 본질적 요소가 필요할 수도 있다. 이런 경우 당신은 단지 당신의 기술을 보완하고 함께 일할 능력을 갖춘 사람들을 찾기만 하면 될 것이다. 한편, 다른 부분들이 서로 조화를 이루어 작용할 수 있도록 그것들을 통합해야 할 수도 있다. 혹은 해결하고자 하는 문제와 기회가 당신이 각각의 영역에서 보여주는 기술 수준과 균형이 맞지 않을 수도 있다.

당신의 상황을 좀더 분석하기 위해 여섯 가지 본질의 변이가 높은 수준에서 전반적인 능력 수준과 어떻게 관련되어 있는지를 〈표 5〉를 통해 알 수 있다. 이를 통해 당신의 문제가 특정한 한 가지 본질과 관련이 있는지, 혹은 본질들이 조화를 이루는 방법과 관련이 있는지를 결정할 수 있다.

최고	잠재력 창조	기회 창조	극적인 성공	문제해결 확인
	잠재력 완수	문제 완전정복	반복적 성공	다양한 문제해결
	잠재력 진보	문제 도전	한 번의 성공	문제해결력 향상
	잠재력 인식	자신 이해	그럭저럭 성공	문제해결력 이해
	잠재력 거부	업무 구성	혼란스러운 억압	우선순위 결정
	잠재력 저하	지시 따름	의도적 억압	지시 실행 이해
최악	잠재력 파괴	정신 억압	조직화된 억압	사기 저하 이해

〈표 5〉 문제해결 효과

얼마나 빠르게, 얼마나 향상될 수 있는가?

사람마다 가진 능력은 다 다르다. 핵심은 자신이 가진 모든 것을 계발하고, 부여받은 수완을 최대한 발휘하는 것이다. 일단 실제 문제나 기회를 해결하는 과정에서 이 여섯 가지 본질에 대해 활발히 생각하기 시작하면, 그것들은 스스로 일을 진행한다. 그것들을 사용하는 것에서 시작하라.

적절한 기대를 설정하기 위해서, 언어를 배울 때를 상상해보라. 언어를 배우기 위해서는 그 언어를 많이 사용하고, 몰입하고, 실수에 대한 두려움 없이 새로운 아이디어를 적용해야 한다.

- 그 용어들을 가지고 실제 문제와 실험에서 작업하라.
- 원리를 시험하라.
- 문제해결을 방해하는 신드롬을 진단하라.
- 당신의 전진을 탐지하라.
- 자각을 높여라.
- 프로젝트 일지를 작성하라.
- 다른 사람들과 토론하라.
- 진행이 잘 되는 일과 그렇지 않은 일을 설명하라.

작은 단계를 많이 밟아라. 그러면 곧 먼 길을 걸어왔다는 것을 알 수 있을 것이다. 어떤 지점에서는, 당신이 상당한 양의 용어와 경험을 얻을 때 당신의 학습 비율이 직선적인 것에서 기하급수적인 것으로 변할 수도 있다.

연습을 통해 당신의 성장했음을 알 수 있게 될 것이며, 결과를 산출하는 능력 또한 증가했음을 알게 될 것이다. 점진적으로 당신은 생각과 의사소통, 행동, 그리고 새롭고 강력한 지식을 발견할 것이다. 당신이 성장하고 문제해결 능력이 확고하게 향상되기 시작하는 것을 발견할 수 있을 것이다. 또한 절대로 도달할 수 없다고 생각한 목적지를 향한 새로운 길에 서 있는 자신을 발견하게 될 것이다.

이 책의 활용법

이 책은 다음의 두 가지 가설을 바탕으로 해서 집필했는데, 이 책으로 인해 토론과 논쟁, 그리고 더 공식적인 연구 의제를 만들어낼 수 있기를 바라는 마음이다. 첫째는, 인간의 문제해결 기술을 향상하기 위해 포착하고 적용할 수 있는 상식 수준을 넘어선 보편적인 문제해결 지식이 존재한다는 것이며, 둘째는 문제의 규모가 크면 클수록 이 보편적 지식이 더 중요해진다는 것이다.

나는 사례 연구와 내 자신의 경험에 초점을 맞추었다. 이 접근법이 새로운 질문을 형성하고 가설을 발생시키는 최고의 수단이 되기 때문이다. 사례 연구는 자유롭게 대화하고 초점을 맞춘 인터뷰와 문헌 분석을 통해 이루어졌다. 또한 개인적으로 관련되었던 문제해결의 경험을 보탰다. 사례 연구를 하면서 나는 종종 무엇이 효과가 있고, 무엇이 그렇지 않으며, 무엇이 그들 자신의 전문적 영역을 넘어서서 다른 영역의 문제해결에 응용될 수 있는지를 알아내기 위해서 문제를 탁월하게 해결한 주요 인물을 인터뷰했다. 인터뷰로 얻은 정보는 각 조직의 현재 활동에 대한 문헌 분석과 보도된 내용 등을 보충하여 다루었다. 몇몇 경우에는 연구의 범위와 조직 대표에게 접근하는 것이 제한되었기 때문에 2차적인 자료에만 의존해야 했다.

이 책은 긴 모험의 끝이 아니라, 여행을 떠나기 위한 이정표이다. 나는 이 책이 문제해결의 본질을 조사하고 위대한 도전을 시도하기 위해 한 걸음 더 내딛게 해준다고 믿으며, 작은 공헌이나마 할 수 있기를 바란다.

참고문헌

프롤로그

Sir Ernest Shackleton, South (1998), Carroll & Graf: Roland Huntford, Shackleton (1985), Carroll & Graf; F. A. Worsley, Endurance(1999), Norton; Caroline Alexander, The Endurance(1999), Knopf: Alfred Lansing, Endurance (1959), Caroll & Graf.

PART 01 올바른 태도로 역사를 새로 쓰고 미래를 바꾼다

미지의 세계를 향한 콜럼버스의 도전

To America and the World: The Logs of Christopher Columbus and Ferdinand Magellan(1990), Branden; Samuel E, Morison, Admiral of the Ocean Sea(1970), Little, Brown; Samuel Morison, Christopher Columbus: The Four Voyages(1969), Penguin; Oliver Dunn and James Kelley, trans., The Diario of Christopher Columbus's First Voyage to America 1492-93(1989), University of Oklahoma.

제프 베조스

Kara Swisher, "Why Is Jeff Bezos Still Smiling?" Washington Post, April 24, 2000; "Ebay vs. Amazon.com, the Fight You Thought You'd Never See" Business Week, May 31, 1999; Peter de Jonge, "Riding the Wild, Perilous Waters of Amazon.com", New York Times, March 1999; Alex Fryer, "Inside Seattle's Biggest Online Bookstore", Seattle Times, July 26,

1998; "Booked Solid," Time Magazine, Sept. 7, 1998; Jonathan Rabinovitz, "Page of Progress," San Jose Mercury News, Oct. 11, 1998; Gale Research Inc., Newsmakers 1998; David Streitfeld, "Hitting the Big Time," Washington Post, Sept. 1, 1999, and "Booking the Future," Washington Post, Sept. 7, 1999.

비자카드

저자의 인터뷰 - Dee Hock, 1999, 8. 1999, 10; Dee Hock, "Institutions in the Age of Mindcrafting," Bionomics Annual Conference, San Francisco, Oct. 22, 1994; M. Mitchell Waldrop, "The Trillion Dollar Vision of Dee Hock," Fast Company, Oct./Nov. 1996; Dee Hock, Birth of the Chaordic Age (2000), Berret-Koehler; Joseph Nocera, A Piece of the Action(1994), Simon & Schuster.

토니 모리슨

Toni Morrison, Beloved (1998), Plume; Gale Research Inc., Newsmakers 1998; Barbara Bigelow, ed., Contemporary Black Biography (1997), Volume 15; Bryan Ryan and Katheleen Wilson, eds., Major Twentieth Century Writers, Second Edition (1998),; 60 Minutes, Aug. 9, 1998; David Streitfeld, "The Laureate's Life Song," Washington Post, Oct. 8, 1993, Washington Post; Claudia Dreifus, "Chole Wofford Talks about Tony Morrison, New York Times Magazine, Sept. 11, 1994; Christopher Borrelli, "Elusive Beloved," Block News Alliance, Oct. 15, 1998; Christine Vidal, "A Look at Nobelist's Writing Process," Reporter, State University of New York at Buffalo, May 1, 1997; Eugene Robinson, "Tony Morrison's Measured Words in Her Nobel Lecture," Washington Post, Dec. 8, 1993.

푸르덴셜

저자의 인터뷰 - Ron Barbaro, 1999, 6; David Bollier, Aiming Higher(1996) The Business Enterprise Trust; Tony Wong, "Meet the Economy Builders", Toronto Star, March 29, 1999.

루이스와 클라크의 영역 탐험

Elliott Coues, ed., The History of the Lewis & Clark Expedition (1893), Dover Editions, Volumes Ⅰ-Ⅲ ; Stephen Ambrose, Undaunted Courage (1996), Simon & Schuster; Bernard DeVoto, ed. The Journals of Lewis & Clark (1997), Houghton-Mifflin.

몬산토의 유전공학

저자의 인터뷰 - Robert Shapiro, 1999, 10; Alicia Hills Moore, "Monsanto's Bet," Fortune Magazine, April 14, 1997; John D. Cook, et al., "Food Biotechnology," Mckinsey Quarterly, 1997, no. 3; Michael Specter, "The Pharmageddon Riddle," The New Yorker, April 10, 2000; Robert Shapiro, Remarks before Greenpeace Business Conference, Oct. 6, 1999; David Barboza, "Biotech Companies Take on Critics of Gene-Altered Food," New York Times, Nov. 11, 1999; William Claiborne, "Biotech Crops Spur Warning," Washington Post, Nov. 24, 1999; Juan Enriquez and Ray Goldberg, "Transforming Life, Transforming Business: The Life Science Revolution," Harvard Business Review, March/April 2000; Scott Kilman, "Seeds of Doubt," Wall Street Journal, Nov. 19, 1999; Zins Mouhheiber, "A Hail of Silver Bullets," Forbes, Jan. 26. 1998.

하셀틴과 벤터의 게놈 지도

저자의 인터뷰 - William Haseltine, 1999 6, Craig Venter 1999, 7; James Schreeve, "The Code Breaker," Discover, May 1998; Eliot Marshall, "A High-Stakes Gamble on Genome Sequencing," Science Magazine, June 20, 1999; Harvard Business School, "Gene Research, the Mapping of Life and the Global Economy" Case No. N9-599-016, Oct. 19, 1998; "The Future of Medicine," Time Magazine, Jan. 11, 1999; "BioTech Century," Business Week, March 10, 1997; David Stipp, "The Real BioTech Revolution," Fortune, March 31, 1997; Nicholas Wade, "Beyond Sequencing of Human DNA," New York Times, May 12, 1998; J. P. Donlon, Interview for CEO Magazine, June 1999; Lisa Belkin, "DNA Is His Pay Dirt" New York Times, August 23, 1998; Tim Beardsley, "An Express Route to the Genome?" Scientific American, August 1998; Justin Zivin, "Understanding Clinical Trials," Scientific American,

April 2000; Lawrence Fisher, "The Race to Cash in on the Genetic Code," New York Times, August 20, 1999; Louise Fickel, "Writing the Book of Life," CIO Magazine, March 1, 2000. Oliver Wendell Holmes, Jr., Lecture, Harvard University, Feb. 17, 1886.

NOAA 기상예보센터

저자의 인터뷰 - Ants Leetmaa 1999, 6, D. James Baker, 1999, 8; Michael King and David Herring "Monitoring Earth's Vital Signs," Scientific American, April 2000; Curt Suplee, "This Season's El Nino Forecast to Have No Small Consequences," Washington Post, Dec. 5, 1997; Guy Gugliotta, "Beyond La Nina, A Changing Climate for Research," Washington Post, June 14, 1999; Nicole Lewis, "IT Tracks El Nino's Path," Federal Computer Week, Oct. 20, 1997; William Stevens, "Climate Expert's New Worry," New York Times, May 18, 1999, and "Remember El Nino?" New York Times, Jan. 27, 1999; "A Problem as Big as the Planet," The Economist, Nov. 5, 1994; graphic adapted from Lynn Steen, ed., On the Shoulders of Giants (1990), National Research Council.

바커 재단

저자의 인터뷰 - Robin Allen, 1999, 12; Ann Humphrey, "Adoption in the Future," Washington Parent Magazine, May 20, 1999; Barbara Mathias-Riegel, "Dating, Identity and the Adolescent Adopted Child," Washington Post, March 1, 1999; Carol Demuth, "Courageous Blessing-Adoptive Parents and the Search" (1993) Aries Center; Lincoln Caplan, An Open Adoption (1990), Farrar, Straus and Giroux; Arthur Sorosky, et al., The Adoption Triangle (1984), Anchor; Jill Krementz How it Feels to be Adopted (1988), Knopf; Nancy Verrier, The Primal Wound (1997), Gateway Press; David Brodzinsky, et al., Being Adopted (1992), Doubleday.

NTSB

저자의 인터뷰 - Bernard Loeb, 1999, 11; FAA letter of comment on NTSB Safety Recommendation A-98-88-106; Jonathan Harr, "The Crash Detectives," The New Yorker, August 5, 1996; David Josar, "Icing May Have Gone Undetected on Comair," The Detroit News, May 22, 1997; Flights Reported Ice Before Fatal Crash," The Orlando Sentinel, Jan.

11, 1997; AP. "Plan crashes Near Detroit, Killing 29" Jan. 10, 1997; Aircraft Accident Report: "In-flight Icing Encounter and Uncontrolled Collision with Terrain - Comair Flight 3272, Embraer EMB-120RT, N265CA, Jan 9, 1997"; Franklin Main "FAA: Turboprops Need Ice Detector," The Cincinnati Post, May 13, 1997; Manny Lopez, "Teams Pore over Twisted Metal to Unlock Flight 3272 Mystery," The Detroit News, Jan. 17, 1997; Keith Bradsheer, "All 29 on Commuter Aircraft Die in Crash Outside Detroit," New York Times, Jan. 10, 1997; Richard Leiby, "The Fragments of Flight 427," Washington Post, May 13, 1999.

제록스

저자의 인터뷰 - Raymond Lammes, Louis Olmos, 2000, 1; Alan Webber, "XBS Lears to Grow," Fast Company, Oct./Nov. 1996; Ellen Langer, The Power of Mindful Learning(1997), Addison-Wesley; Charles Gallistei, The Organization of Learning (1990), MIT Press; Howard Gardner, The Disciplined Mind(1999), Simon & Shuster.

PART 03 그들은 소통하는 방법이 다르다

역사를 바꾼 중국 혁명가들의 대장정

Jonathan Spence, Mao Zedong(1999), Lipper/Viking; Dick Wilson, The Long March(1971), Viking Press; Jean Fritz, China's Long March (1988), Putnam's: Harrison Salisbury, The Long March (1985), Harper & Row.

오르페우스 채임버 오케스트라

저자의 인터뷰 - Harvey Seifert, Nardo Poy, Ronnie Bauch, Eric Wyrick, 1999, 11.; Allan Kozinn, "Seeking Harmony in Discord: The Orpheus Ensemble Reconsiders the Way It Makes Music" New York Times, Oct. 27, 1999; James Traub, "Passing the Baton: What CEO's could learn from the Orpheus Chamber Orchestra," The New Yorker, August 26 and Sept. 2, 1996; Jared Burden, "The Chamber Orchestra Orpheus Wants No Conductor," Connoisseur, Feb. 1988; James Oestreich, "An Orchestra Navigates by the Stars," New York

Times, Sept. 30, 1999; Raphael Mostel, "Sounds Like Chamber Music," Chamber Music; John Lubans, "Orchestrating Success," Hemispheres Magazine, Jan. 1999; "Case Study in C-Sharp Minor," Training Magazine, Oct. 1998.

루스벨트

B. D. Zevin, ed. Nothing to Fear, The Selected Addresses of FDR (1946), Houghton Mifflin; James MacGregor Burns, Roosevelt: The Lion and the Fox, Vol. 1; David Brinkley, Washington Goes to War (1988), Ballantine; Liza Mundy, "What They Talk About When They Talk About Talk," Washington Post Magazine, Feb. 4. 1996.

USA 소프트웨어 개발팀

저자의 인터뷰 - Tom Peterson and Jim Orr. 1999,11.; Charles Fishman, "They Write the Right Stuff," Fast Company Magazine, Dec/Jan. 1997; "How Management Teams Can Have a Good Fight," Harvard Business Review, July/August 1997; Frederick Brooks. The Mythical ManMonth (1995), Addison-Wesley; Terry Winograd, Bringing Design to Software (1996), Addison-Wesley; Jim McCarthy, Dynamics of Software Development (1995), Microsoft Press.

농구 왕 존 톰슨

Michael Wilbon, "The Class of Style and Substance," Washington Post, Feb. 1. 1991; Colman McCarthy, "Mentoring Matters," Washington Post, March 29, 1996; Bill Bradley, Values of the Game(1999) Broadway Books; William Gildea, "Thomson Resigns Citing Personal Reasons," Washington Post, Jan. 9, 1999; Tony Kornheiser, "To the Contrary, and Loving It," Washington Post, Jan. 9, 1999; Thomas Boswell, "There's No Denying, His Aim is True," Washington Post, Jan 9, 1999; Michael Wilbon, "Thomson's Long Shadow Comforts Prized Pupil", Washington Post, June 5, 1994; Thomas Boswell, "Thomson Stood for Something," Washington Post, June 25, 1999; Michael Wilbon, "A Coach with the Courage to Make America Think" Washington Post, Jan. 9, 1999. Herminia Ibarra, "Making Partner: A Mentor's Guide to the Psychological Journey," Harvard Business Review, March/April 2000; Randy Komisar, "Goodbye Career, Hello Success," Harvard Business Review, March/April 2000;

빌 쇼어와 SOS 재단

저자의 인터뷰 - Bill Shore, 1999, 6.; Bill Shore, The Cathedral Within(1999), Random House; Steven Pearlstein "The New Prophet of Non-Profits," Fast Company, April/May 1996; Elizabeth Kastor, "From Rat Race to the Human Race," Washington Post, Feb. 2, 1993; Bill Shore, "It's Not How Much You Give, It's How You Give It," New York Times, Sept. 27, 1997; Marlon Millner, "Nonprofits Open Up Shop," Washington Business Journal, April 10, 1998; "The Business of Doing Good," Worth Magazine, March 1996; Bill shore, "Charities Change Role by Turning a Profit," USA Today, March 26, 1996.

맥킨지

저자는 McKinsey & Co 의 고문이었다.(1987-1991)

PART 04 올바른 목적지로 잘 가고 있는지 리드한다

달을 향한 인간의 도전

James Schefter, The Race: The Uncensored Story of How America Beat Russia to the Moon (1999), Doubleday; Eldon Hall Journey to the Moon(1996), American Institute of Aeronautics and Astronautics; Jim Lovell and Jeffrey Kluger, Lost Moon (1994), Houghton Mifflin; Alan Shephard and Deke Slayton, Moon Shot: The Inside Story of America's Race to the Moon(1994), Turner Publishing.

KPCB

David Kaplan, The Silicon Boys (1999), william Morrow; Laura Holson, "A Capitalist Venturing in the World of Computers and Religion," New York Times, Jan. 3, 2000; Michael Malone, "John Doerr's Startup Manual," Fast Company, Feb./March 1997; John Heileman, "The Networker," The New Yorker, August 11, 1997; Melanie Warner, "The Silicon Valley Machine," Fortune, Oct. 26, 1998; Elizabeth Corcoran, "Mother Hen to an Industry," Washington Post, Sept. 13, 1996; Anthony Perkins, "The Angler: The Secrets of Kleiner

Perkin's Success," Red Herring, Nov. 1, 1999; Roger Taylor, "New Economy's Capitalists See Glowing Future Fueled by Ideas," Financial Times, August 8, 1999; Michael Peltz "High Tech's Premier Venture Capitalist," Institutional Investor, June 1996; Zina Moukheiber, "Kleiner's Web," Forbes, March 25, 1996; Jerry Kaplan, Startup (1994), Penguin Books; Charles Ferguson High Stakes, No Prisoners (1999), Random House.

존스 홉킨스 ER

저자의 인터뷰 - Dr. David Nicolaou, 1999, 8.; Valerie Grossman, Quick Reference to Triage (1999), Lippincott-Raven; Gail Handysides, Triage in Emergency Practice (1995), Mosby Saunders; Mackway Jones, Emergency Triage (1996), BMJ Publishing; Michael allen, Business Portfolio Management (2000), Wiley & Sons; P. Bernstein, Streetwise: The Best of the Journal of Portfolio Management (1998), Princeton University Press; Robert Cooper, Portfolio Management for New Products (1998), Harper Collins; Frank Fabozzi, Handbook of Porfolio Management (1998), McGraw-Hill

아이데오와 앰트랙

저자의 인터뷰 - Aura Oslapas, 1999, 11.; Diane Calmenson, "Reinventing the Wheel," IS Magazine, Sept. 1997; Christina Bicchieri, ed., The Logic of Strategy (1998), Oxford University Press; Kathleen Eisnehardt, Competing on the Edge (1998), Harvard Business School Press; Stephen Cimbala, Coercive Military Strategy (1998), Texas A&M Press; Thomas Clear, ed., Book of Leadership and Strategy: Lessons form Chinese Masters (1996), Random House; Mary Cronin, Internet Strategy Handbook (1996), Harvard Business School Press; Harvard Business Review on Corporate Strategy (1999), HBS Press; Mikhail Shereshevsky, Endgame Strategy (1994), MacMillan.

넬슨 만델라

저자의 인터뷰 - Prof. Jeffrey Herbst, Princeton University, 1999, 10; Nelson Mandela, Long Walk to Freedom (1994), Little, Brown; Gilbert Hewthwaite, "Mandela's Long Walk Continues At a New Pace," The Age, March 28, 1999; Alice Howard and Joan Margretta, "Surviving Success," McKinsey Quarterly, 1995, No. 4; Derek Slater, "Is Benchmarking

Worth the Bother?" CIO Magazine, Nov. 15, 1997; Robert Kaplan and David Norton, "The Balanced Scorecard," Harvard Business Review, Jan./Feb. 1992; Arie Halachmi and Geert Bouckaert, Organizational Performance Measurement (1996), Greenwood Press; Jerry Harbour, Basics of Performance Measurement(1997), Quality Resources; Harry Hatry, Performance Measurement, Getting Results (1999), Urban Institute Press; The Conference Board, "New Corporate Performance Measures", July 1995.

아메리칸 에어라인

저자의 Sabre IFS에 대한 사례연구 참가; John Foley, "Sabre's Challenge" Information Week, August 18, 1997; M. Allison, Strategic Planning for Nonprofit Organizations (1997), Wiley & Sons; John Bryson, Strategic Planning (1995) Jossey-Bass; Alvin Gunneson, Transitioning Agility: Creating Twenty-First Century Enterprise Strategic Planning (1996), Addison Wesley.

콜린 파월

저자의 인터뷰 - Harris Wofford, Leslie Hortum, 1999, 8; Colin Powell, My American Journey (1965), Ballantine; America's Promise, Report to the Nation for 1999; Reed Abelson, "Charity Led By Gen. Powell Comes Under Heavy Fire: Organization Accused of Inflating Results," New York Times, Oct. 8, 1999; Kevin Merida, "Enjoying Private Life: Powell Stays in Public Eye" Washington Post, April 26, 1997; David Gergen, "Keeping Faith in Kids," U. S. News & World Report, May 31, 1999; Margaret Carlson, "Once Again on the March," Nation, May 24, 1999; Warren Bennis, Managing the Dream: Reflections on Leadership and Change (2000), Login Publishers; Dan Ciampa and Michael Watkins, Right from the Start (1999), Harvard Business School Press; William Cohen, Stuff of Heroes, Eight Universal Laws of Leadership (1998), Andrews & McMeel; Max Depree, Leadership is and Art (1989), Doubleday; Gilbert Fairholm, Perspectives on Leadership (1998), Greenwood; Howord Gardner, Leading Minds (1996), Harper Collins; Frances Hesselbein, ed., Leader to Leader (1999), Jossey-Bass.

노르망디 상륙 작전, 올바른 선택

Stephen Ambrose, D-Day (1994), Simon &Schuster; Ed Cray, General of the Army: George C, Marshall, Soldier and Statesman (1990), Simon & Schuster.

빌 게이츠

장래의 그리고 현재의 마이크로소프트 경영 간부들과 여러 해에 걸친 저자의 인터뷰; Michael Cusmano and Richard Selby, Microsoft Secrets (1995), Free Press; Microsoft Corporation, "Solutions Framework," Business document; Julie Bick, The Microsoft Edge (1999), Pocket Books; Tom Davenport, "The Skills that Thrill," CIO Magazine, Jan. 15, 1997; Alan Webber, "He Breeds Dodger Blue," Fast Company, April/May 1997; Nina Munk, "Organization Man," Fortune, Mar. 16, 1998; Thomas Stewart, "In Search of Elusive Tech Workers," Feb. 16, 1998; Jon Katzenbach and Doug Smith, The Wisdom of Teams (1993), HBS Press; David Thielen, The 12 Simple Secrets of Microsoft Management (1999), McGraw-Hill.

NASA의 화성탐사

저자의 인터뷰 - NASA 경영 간부들, 1999, 11.; Brian Muirhead and Price Pritchett, The Mars Pathfinder Approach to Faster-Better-Cheaper (1998), Pritchett & Assoc.; Brian Muirhead, High Velocity Leadership (1999), Harper Business; Susi Trautman Wunsch, The Adventures of Sojourner (1998), Mikaya Press; George Musser and Mark Alpert, "How to Go to Mars," Scientific American, March 2000; Kathy Sawyer, "Another Avoidable Mistake for NASA," Washington Post, March 29, 2000.

존 소우힐

저자의 인터뷰 - John Sawhill, 1999, 11.; "Surviving Success: An Interview with John Sawhill," Harvard Business Review, Sept./Oct. 1995; "The Perfect President Discovered," George Magazine, Nov. 1996; Bill Birchard, "A Pragmatic activist," Tomorrow Magazine, July/August 1999.

질병통제센터 CDC

저자의 인터뷰 - Kenneth Castro, 1999, 11.; Ed Regis, Virus Ground Zero: Stalking the Killer Viruses with the CDC (1996), Pocket Books; Elizabeth Etheridge, Sentinel for Health: A History of the CDC(1992), University of California Press; Richard Preston, The Hot Zone(1994), Random House; Gina Kolata, Flu (2000), Farrar Straus Giroux; Judith Miller, "Study Says New TB Strains Need an Intensive Strategy," New York Times, Oct. 28, 1999; Peter Radetsky, "Last Days of the Wonder Drugs," Discover, Nov. 1998; Michael Waldholz, "As Bacteria Outsmart Old Antibiotics, Drug Makers Ready New Arsenal" Wall Street Journal, Sept. 27, 1999; Susan Okie, "TB fights Back," Washington Post, August 17, 1999, and "The Frontiers of Medicine: Science Races to Stem TB's Threat," Washington Post, August 10m 1999; Daniel williams, "Siberian Sick Bay: Prisons Are Incubators for TB" Washington Post, March 14, 1999; Steven Leby, Insanely Great (2000), Penguin.

에릭 위샤우스

저자의 인터뷰 - Dr. Eric Wieschaus, 1999, 9; Sharon B. McGrayne, Nobel Prize Women in Science (1998), Birch Land Press; Eric Wieschaus and Christiane Nusslein-Volhard, "Mutations Affecting Segment Number and Polarity on Drosophila" Nature. Oct. 30, 1980; David Brown "Two Americans, German Share Noble Prize for Genetics Research," Washington Post, Sept. 10, 1995; Jennifer Ackerman, "Journey to the Center of the Egg," New York Times, Oct. 12, 1997; Natalie Anger, "Scientist at Work," New York Times, Dec. 5, 1995.

마이크로소프트

저자의 인터뷰 - 변호사 George Cary, 1999, 10; Ken Auletta, "Hard Core" The New Yorker, August 16, 1999; James Grimaldi, "The Man Going After Microsoft." Seattle Times, Feb. 12, 1998; "Bill and Warren" Fortune, July 20, 1998; Rajiv Chadrasekaran, "Microsoft Trial Ends with Firm Chastened," Washington Post, June 25, 1999; Joel Brinkley, "U. S. Judge Declares Microsoft a Market-Stifling Monopoly," New York Times, Nov. 6, 1999; Rajiv Chandrasekaran, "Judge Says Microsoft Wields Monopoly Power over Rivals," Washington Post, Nov. 6, 1999; John Markoff, with Steve Lohr, "Silicon Valley Cites Concern amid Glee on Microsoft Case," New York Times, Nov. 8, 1999; Steve Lohr, "Microsoft's Horizon," New York Times, Nov. 7. 1999; William Shakespeare, Measure of Measure.

PART 06   직관에 따라 행동한다

두려움을 넘어 에베레스트로

Reinhold Messner, The Crystal Horizon: Everest, the First Solo Ascent (1989). The Mountaineers; Reinhold Messner, Everest: Expedition to the Ultimate (1999), The Mountaineers; Reinhold Messner, The Big Walls (1977), Kaye & Ward.

이자벨 오티시에르

Derek Lundy, Godforsaken Seas (1999), Algonquin Books; Sheila Norman, "She May Have Lost Her Dream, But She Escaped with Her Life," interview with Isabelle Autissier, Los Angeles Times, Jan. 29, 1995; Deborah Bennett, "Alone But Not A Loner," Cruising World, July 1, 1994; Herb McCormick "The Unluckiest (and Luckiest) Day of Isabelle's Life," Cruising World, April 1, 1999; Dana Thomas, "Solo Survivor," Women's Sport and Fitness, Nov./Dec. 1999; Herb McCormick, "Alone No Longer," Sailing World, May 1999; Ivor Wilkins, "Isabelle Autissier: A Singular Woman," Sunday StarTimes, Feb. 21, 1999; Claudio Aspesi and Dev Vardhan, "Brilliant Strategy, but Can You Execute?" McKinsey Quarterly, 1999, no. 1.

페덱스

저자의 인터뷰 - Ron Ponder, 1998, 1. 2000, 6.; Carl Nehls, "Custodial Package Tracking at Federal Express," in Bruce Guile and James Quinn, ed., Managing Innovation: Cases from the Service Industries (1988). National Academy Press; "Fedex Wins Award for Its Excellence in Technology," Information Week, June 16, 1986; IMD Case Study 392-001-1, "Federal Express Quality Improvement Program"(1990); Laton McCartney, "AT&T Calling," Information Week, March 31, 1997; Speech by Ponder to IBM Transportation Conference,

Palm Springs, April 8, 1991; Walter Carlson, "Transforming an Industry Through Technology," IEEE Annals of the History of Computing, Vol. 15, No. 1, 1993; Kathy Chin, "The Two Who Absolutely, Positively Run FedEx's Networks," Communications Week, Dec. 22, 1986.

루 거스너

Robert Slater, Saving Big Blue(1999), McGraw-Hill; Amy Cortese and Ira Sager, "Gerstner at the Gates," Business Week, June 19, 1995; Ira Sager, "The View from IBM," Business Week, Oct. 30, 1995; Geoffrey Brewer, "Lou Gerstner Has His Hands Full," Sales & Marketing Management, May 1998; "Blue is the Colour," Economist, June 6, 1998; Michael Verespej, "Gerstner Looked Before Leaping," Industry Week, Jan. 23, 1995; George Febish, "Not Bad, Mr. Gerstner," Datamation, Nov. 1996; David Ignatius, "Back from the Brink of Extinction," Washington Post, May 3, 1999; D. Quinn Mills, "The Decline and Rise of IBM," Sloan Management Review, June 22, 1996; Barbara DePompa, "IBM's Comeback Team," Information Week, Jan. 9, 1995; Besty Morris, "He's Smart, He's Not Nice. He's Saving Big Blue," Fortune, April 14, 1997; Lou Gerstner, Remarks to 1999 IBM Annual Meeting of Stockholders, Miami, Florida, April 27, 1999.

캐슬린 설리반

저자의 인터뷰 - Kathleen Sullivan, 1999, 9.; John Hammond, Ralph Keeney, and Howard Raiffa, Smart Choices: A Practical Guide to Making Better Decisions (1998), Harvard Business School Press; Charalambos Aliprantis, Games and Decision Making (1999), Oxford University Press; C. Clayton, Supreme Court Decision Making (1998), University of Chicago Press; Terry Connolly, ed., Judgement and Decision Making: An Interdisciplinary Reader (1999), Cambridge University Press; Harry Greene, Decision Making in Medicine (1998), Harcourt Health; Reid Hastie, ed., Inside the Juror: The Psychology of Juror Decision Making (1994), Cambridge University Press; P. N. Johnson-Laird, Reasoning and Decision Making (1994), Basil Blackwell.

도미닉 폰티

저자의 인터뷰 - Dominic Fonti, 1999, 10; Karl Sabbagh, Skyscraper, The Making of a Building (1989), Penguin Books. Barry Boehm, "A Spiral Model of Software Development and Enhancement," IEEE Computer, May 1988; Steven. S. Ross, Construction Disasters (1984), McGraw Hill; Lowell Arthur, Rapid Evolutionary Development (1992), Wiley & Sons; Derek Dean and Robert Dvorak, "Do It, then Fix It: The Power of Prototyping," McKinsey Quarterly, 1995, no. 4; Gene Bylinsky, "Industry's Amazing Instant Prototypes," Fortune, Jan. 12, 1998; Rochelle Sharpe, "How a Drug Approved by the FDA turned into a lethal Failure," Wall Street Journal, Sept. 30, 1998.

위기를 극복한
리더들의 생각을 읽는다
....

초판 1쇄 인쇄일 2009년 2월 7일
초판 1쇄 발행일 2009년 2월 11일

지은이 크리스토퍼 호에닉_ 옮긴이 박영수
펴낸곳 도서출판 예문_ 펴낸이 이주현
주간 이영기_ 편집 송현옥 · 배윤희
마케팅 성홍진_ 관리 문혜경
등록번호 제5-477호 _ 등록일 1995년 3월 2일 _ 전화 02.765.2306_ 팩스 02.765.9306
주소 서울시 성북구 성북1동 184-48 2층 http://www.yemun.co.kr
ISBN 978-89-5659-122-3 13320